UNE HISTOIRE DE GENRES

GUIDE POUR COMPRENDRE ET DÉFENDRE LES TRANSIDENTITÉS

Un projet apporté par Ariane Geffard.

UNE HISTOIRE DE GENRES

Guide pour comprendre et défendre les transidentités

MARABOUT

sommaire

INTRODUCTION

À toi qui lis.
Je veux dire merci. Pendant toute l'année que ce livre aura demandé pour être écrit, préparé, mis en page, j'ai souvent pensé à toi. J'ai essayé de me projeter dans tes intentions et tes espoirs ; j'ai écrit chaque ligne en cherchant à la rendre utile. Écrire aura été plus difficile que je le pensais, mais aussi moins solitaire. Parce que tu étais déjà là.

En attendant les occasions de se rencontrer, d'avoir (enfin) des retours de lecteur·rices·x sur ce texte, je ne peux que parler de mes intentions. J'avais l'envie – et je m'étais mise au défi – de créer un double niveau de lecture, pour que, d'une part, les personnes trans puisent des ressources et un empouvoirement ; et que, d'autre part, les personnes cisgenres trouvent des réponses et un espace de pédagogie.
Pédagogie sur quoi ? Pédagogie pourquoi ? Parce que tout dans notre société se base sur des dynamiques de genres : tout n'y est qu'histoires de genres. Parce que le recul manque pour voir ce que ces dynamiques impliquent pleinement. Et surtout, parce qu'elles restent en grande majorité invisibles, et, au premier plan, celles qui concernent les personnes transgenres.

Il s'agit donc de comprendre et définir les spécificités des personnes trans et l'intégration de ce grand groupe social dans la société : une histoire de normes, de conditionnements, de rejets donc ; une histoire de la division trans/cis, des parcours individuels et des possibles blessures que la transidentité peut entraîner dans le rapport aux autres. J'ai voulu y mettre de moi ; un tel sujet aurait pu être traité de façon plus formelle mais j'avais à cœur de donner le sens d'une discussion entre nous, d'un partage de réflexions et de connaissances que j'espère pouvoir prolonger hors du papier.

J'avoue aussi avoir voulu être ambitieuse. Si l'exhaustivité n'était pas possible, l'idée était de créer un panorama des sujets que la transidentité peut recouvrir, des mots et arguments qui y sont souvent convoqués, des émotions que ceux-ci peuvent faire naître. Ensemble, nous tenterons une déconstruction de tout un tas de choses ; pas pour le plaisir de détruire, mais par besoin de reconstruire. Reconstruire mieux, et pour tout le monde.

Écrire cet ouvrage n'a pas été chose aisée. D'abord justement parce que j'ai voulu être ambitieuse et produire un livre qui serait utile dans le temps, mais aussi parce que mon expérience personnelle de l'écriture ne m'avait encore jamais amenée à réfléchir à comment construire un livre.

MES CHOIX D'ÉCRITURE

Derrière cette note d'intention, il reste que des choix formels ont été faits dans la forme qu'il me semblait important de présenter avant d'entrer dans le vif du sujet.

TROUVER LE BON TON

La question du ton a été centrale, et a nécessité une vraie réflexion pour être à la fois objective, informative, sans être aride. Vous trouverez ainsi tantôt des passages comme celui-ci, dans lesquels je m'adresse à vous à la première personne pour porter mes idées, tantôt des passages qui relaient des choses plus factuelles, à la troisième personne du singulier. Ce choix est donc conscient et voulu : il permet de gagner en vie, que ce soit par les anecdotes ou l'illustration du propos dans une expérience ; la parole est plus directe, plus fluide. Car ce livre n'est pas, à proprement parler, un essai, au sens universitaire. Mon expérience d'écriture est surtout marquée par les formats très libres et courts d'Instagram ; je tenais à conserver cet esprit dans ce livre, qui se veut l'occasion d'une discussion, d'un échange autour des mots, du manuscrit à la page que vous êtes en train de lire.

DÉLIMITER LE CADRE

Un autre choix a été important : celui de la contextualisation du propos. S'agissait-il de livrer une réflexion théorique sur la notion de transidentité, sur la nature humaine ? Quel était donc le cadre dans lequel j'allais ancrer ces mots ? J'ai choisi de parler de ce que je peux voir et connaître, et vivre également dans une certaine mesure. Ainsi, je parlerai principalement de la France en partieulier et de l'Occident plus généralement. Cet européocentrisme est un défaut conscient que le chapitre V tend à combler sans pour autant ignorer les enjeux de race. Les contraintes chronologiques, la crainte de parler pour des contextes et des personnes que je ne connais pas ont été des facteurs participant à ce choix, par conséquent à double tranchant : si le lectorat français est plus facilement renseigné, notamment dans l'accès et le fonctionnement de certaines démarches administratives, certains pourront y voir un manque de pertinence. Malgré tout, je l'espère, ces passages auront un intérêt informatif et offriront une base comparative entre différents pays.

L'accès à des sources scientifiques s'est avéré une vraie contrainte, mettant au jour un manque criant d'études concernant le genre et les transidentités dans de trop nombreux domaines – les traductions manquent, notamment pour les études concernant des contextes historiques et des régions extra-européennes. Le travail de lecture a été important, celui de décorticage des partis pris encore plus, afin de conserver et d'utiliser des sources permettant de construire et mobiliser un ensemble d'informations solides et fiables. J'ai collecté les études universitaires, mais aussi les articles de presse quand ceux-ci citaient leurs sources. J'ai en revanche évité le recours aux témoignages directs comme base au propos de ce livre : les ouvrages traitant de transidentité sont largement composés de témoignages, absolument nécessaires et utiles. Dans ce guide, je préférais une approche plus factuelle et sociologique, qui est finalement complémentaire aux témoignages. Enfin, si le titre de cet ouvrage dédié à la compréhension et à la défense des transidentités laisse peu de place au débat, la démarche n'est pas pour autant fermée. Les valeurs que je défends dans mon militantisme mais aussi la pertinence des réflexions de genre rendent absolument nécessaire d'ouvrir le sujet, quand cela est pertinent, à d'autres questions. Les comparaisons et digressions cherchent à faire de ce livre un allié. Il s'agit autant d'un impératif moral que d'un choix qui permet de mettre en lumière, avec pluralisme, les enjeux de dominations et de normes qui sont décrits et dénoncés ici.

INTÉGRER LA FORME NEUTRE

C'est d'ailleurs en partie parce que cet ouvrage se revendique d'une convergence des luttes et d'une volonté absolue d'égalité et de visibilité des genres, en toute transparence, que tout au long du texte l'écriture inclusive est utilisée. Ainsi, le modèle adopté intègre côte à côte les terminaisons masculines, féminines, ainsi que la particule neutre x comme suit : « les concerné·es·x ». Il était tout à fait impensable de ne pas intégrer la forme neutre dans cet ouvrage dédié à la communauté trans.

De même, les adjectifs sont orthographiés en rendant visibles les accords de genre masculin, féminin et neutre, comme suit : « un·e·x blanc·he·x ».

J'ai fait ce choix qui me semblait le seul convenable pour rendre justice au sujet abordé et aux personnes concernées. J'entends bien qu'il peut dérouter le lectorat non sensibilisé, pour lequel il s'agit de la première expérience de lecture de l'écriture inclusive, mais il s'agit d'une petite gymnastique intellectuelle et visuelle à laquelle, j'en suis certaine, tous·tes·x peuvent s'adapter.

TOUCHER LE PLUS GRAND NOMBRE

Entre les lignes, il est souvent question de moi, de choix que j'ai faits, de valeurs que je défends, du passif qui m'a amenée à la noble tâche de produire un livre. Mais au-delà de mon identité, je m'adresse à celles des lecteurs·rices·x. Ce livre se veut ouvert et, je l'espère, bienveillant. Son écriture a été nourrie par la volonté d'accessibilité au plus grand nombre, selon que l'on soit trans ou cis.

Je suis trans, je suis militante, et cela a directement conditionné ma façon d'envisager et construire mon propos. Dans mon parcours, j'ai d'abord été confrontée à l'invisibilisation (le fait de rendre invisible), à l'isolement et au manque de références, de modèles. J'ai l'espoir que mon livre, pour au moins quelques personnes trans, sera une source de confort, de renseignements utiles, d'empouvoirement.

Ce livre est aussi adressé à leurs parents, leur famille élargie, leurs ami·es·x, leurs professeur·es·x, et tout simplement à toute personne qui a déjà entendu parler de transidentité et se pose mille et une questions à ce sujet, ou à celleux qui n'ont jamais eu l'occasion d'y penser. Des buts différents pour des lectorats différents donc, avec dans chaque cas, l'envie viscérale d'être utile, concrète, bienveillante, et de permettre une meilleure compréhension, plus de connaissances et toujours plus d'empathie.

VOIR, EXISTER, APPRENDRE

Finalement, derrière toutes ces informations, un seul but, profond : celui de prendre et donner de la visibilité. Cette visibilité qui manque si cruellement en grandissant, alors que l'on est queer, et dont l'absence a des conséquences prégnantes sur l'équilibre mental et la construction des concerné·es·x. Cette visibilité existe, elle n'est pas si récente, mais son contrôle est encore trop majoritairement aux mains de personnes qui ne vivent pas la question des transidentités et/ou sont trop mal renseignées. Rendre visible, verbaliser, c'est donner une existence dans l'espace social et dans les consciences. C'est précisément ce qui est nécessaire, et encore plus quand il s'agit de donner les clés de ce contrôle aux concerné·es·x. Ainsi, je remercie profondément Ariane et Olivia de m'avoir donné cette occasion, en espérant que ce livre manifeste au moins le dixième des ambitions que j'ai insufflées dans son écriture.

Bonne lecture,

Force et amour à vous !

CHAPITRE I

LES IDENTITÉS TRANS : OBJECTIVES ET LÉGITIMES

1-

Une réalité qui gagne en visibilité mais encore mal comprise

Le documentaire Netflix *Disclosure*[1] a fait l'effet d'une petite révolution. Alors que chaque année semble apporter un nouveau film qui essaie de montrer les transidentités, ce documentaire, retraçant un siècle de représentations transgenres sur les écrans américains et mettant en lumière la façon dont les personnes transgenres ont été représentées, est l'un des seuls (pour ne pas dire LE seul) qui donne la parole directement et à autant de concerné·es·x. Finalement, il semble qu'en 2020, les personnes trans sont enfin visibles. Visibles, peut-être – en tout cas de plus en plus – mais comprises ? Là, c'est une tout autre paire de manches.

Les législations s'emparent de plus en plus, quant à elles, de la question des droits des personnes trans : le décret 2010-125 de 2010 a retiré, en France, la transidentité de la liste des maladies psychiatriques ; l'Organisation mondiale de la santé, associée à l'ONU, a fait la même chose le 27 mai 2019. Depuis 2005, la date du 17 mai est érigée en Journée mondiale contre l'homophobie et la transphobie, soit quinze ans jour pour jour après la suppression de l'homosexualité de la liste des maladies mentales publiée par l'OMS, en 1990.

1 Littéralement Divulgation, sorti en France en juin 2020 sous le titre *Identités trans : au-delà de l'image* pour le titre en français.

Dans le même temps, l'existence des personnes trans est menacée en Hongrie, aux États-Unis ou encore en Pologne.

L'état des lieux est donc contrasté mais résume en fait toute la situation : avec sa plus grande identification, la communauté trans doit faire face à une situation relativement nouvelle, à savoir éduquer et dépasser les stéréotypes qui accompagnaient l'invisibilité. Car les incompréhensions restent nombreuses et ancrées dans des arguments et idées semblant parfois irréfutables...
Vérifions et démystifions ensemble certains préjugés pour établir une bonne fois pour toutes (enfin... entre nous, qui sommes désormais lié·es·x par ce livre) cette réalité : les identités trans sont objectives et légitimes.

L'EXISTENCE RÉCENTE DE STATISTIQUES

Même s'il n'existe pas d'étude chiffrée précise pour comptabiliser la population transgenre au Royaume-Uni[2], le gouvernement de Sa Majesté l'estime entre 200 000 et 500 000 personnes.
Aux États-Unis, en 2016, le Williams Institute a mené une étude extensive, État par État, intitulée, sans grande subtilité, *How Many Adults Identify as Transgender in the United States ?* La réponse était précise : 1 397 150 adultes transgenres vivaient aux États-Unis il y a quatre ans, soit 0,78 % de la population adulte.
Les données européennes manquent pour leur part assez largement, et la France est particulièrement à la traîne. Le rapport au Conseil de l'Europe mené par Erik Schneider en 2013 « *Les droits des enfants intersexes et trans sont-ils respectés en Europe ?* » estime qu'une personne sur cinq cents est transgenre dans l'Union européenne. C'est cette dernière estimation qui est aujourd'hui la plus souvent avancée quand il s'agit d'estimer la proportion de personnes trans dans le monde.

---

2 D'après un rapport officiel du Government Equalities Office britannique de 2018, s'appuyant sur des chiffres de l'Office for National Statistics.

Il y a trente ans, l'existence de telles statistiques et rapports institutionnels aurait certainement été impensable et considérée comme inutile. Ces chiffres, et l'avancée des visibilités, notamment grâce aux organisations militantes et associatives, ont une conséquence directe : les personnes transgenres apparaissent désormais dans notre panorama social.

UNE ABSENCE CRIANTE D'INTERACTION

La situation serait-elle donc devenue idéale ? Certes, la visibilité des personnes transgenres s'est clairement accrue, permettant une attention (relative tout de même !) aux problématiques légales, sociales, administratives dans les espaces politiques. Néanmoins, la parole est encore trop peu souvent directement accordée aux membres de cette communauté.
Ainsi, dans la fiction, l'absence de parole et de visibilité directe est claire : le site de référencement IMDb compte 462 films directement associés au mot-clé « transidentité », et 49 plus spécifiquement à « femme trans ». Parmi ceux-ci, un seul inclut une actrice qui est une femme trans ; ce n'est le cas d'aucun des 39 films associés à « homme trans ». Dans la vraie vie, on peut faire la même constatation : lors des récentes prises de décision concernant les droits reproductifs des personnes trans, ce sont les responsables politiques qui ont décidé seul·es·x, sans associations ou individu·es·x trans.

Une dynamique de personnes parlant de nous s'est enclenchée. Comment ? Pourquoi ? Les réponses sont variées. Avant d'aborder la question sensible mais essentielle du vocabulaire dans le chapitre suivant, interrogeons-nous sur les intentions, les conceptions et les préjugés prégnants concernant l'existence et la légitimité des personnes trans, en partant du fait que nous venons d'établir : on nous parle finalement très peu ; on nous connaît encore moins, malgré l'impression que les personnes trans sont de plus en plus présentes dans la société.

2–

Être trans, c'est quoi ?

VIVRE AU-DELÀ DE L'ASSIGNATION

Le terme trans, abréviation pour transgenre, est un terme parapluie, c'est- à-dire qui regroupe plusieurs concepts ; ici, plusieurs identités de genre différentes mais partageant toutes une caractéristique commune : le fait de s'être vu·e·x assigner un genre, à la naissance, d'après nos organes génitaux, mais qui ne nous correspond pas, qui n'est pas le nôtre (la loterie de l'assignation est parfois ingrate).

Il n'y a donc pas de « genre trans », il s'agit en réalité d'un terme qui désigne un rapport à son genre, une façon de le vivre. On parle pour les personnes trans d'un genre assigné à la naissance, qui diffère de l'identité de genre, ou de notre genre tout court. La nuance est parfois difficile d'accès pour des personnes ne s'étant jamais posé de question sur le sujet. Je ne compte plus le nombre de fois où l'on m'a demandé : « Mais du coup, quand tu parles de ton genre, c'est quoi ? » C'est une petite gymnastique mentale à apprendre que de se souvenir de cette fluidité que les personnes trans vivent. On parle parfois de genre *vécu*, en opposition au genre *assigné*, expression qui rend l'opposition plus claire – bien qu'elle ouvre parfois la porte à des débats sur le supposé manque de vérité dudit genre…

Quand il s'agit de parler et de considérer les personnes trans, c'est ce genre vécu – distinct donc de l'assignation de naissance – qui est *le seul* à prendre en compte. Le genre assigné fait, lui, partie de l'histoire des concerné·es·x, mais ne doit pas dicter un genre oral, l'usage de pronoms, etc. Le genre « vécu » (expression qui sera utilisée ici pour rendre le tout plus clair) est une réalité, objective, non discutable.

LE GENRE N'EST PAS BINAIRE

La plupart du temps, les personnes transgenres les plus visibles, c'est-à-dire celles qui sont le plus souvent représentées et montrées, tant dans la fiction que dans les médias, sont soit des hommes trans, soit des femmes trans (voir chapitre VII). Or ces deux genres correspondent à un schéma binaire, majoritaire dans notre culture occidentale, dans lequel les personnes cisgenres (mot construit par opposition à celui de transgenre) sont intégrées. Mais toutes les personnes trans n'entrent pas dans ces deux extrémités : le genre est un véritable spectre intégrant en réalité des bornes nombreuses. Ainsi, la communauté trans intègre également des personnes non binaires, c'est-à-dire dont le genre n'est ni homme ni femme. Un parapluie dans le parapluie donc qui intègre :

- Les personnes agenres, qui n'ont pas de genre ;
- Les personnes neutres, qui ont un genre qui intègre des éléments perçus comme masculins et comme féminins, mais dont on a retiré toute conception du genre ;
- Les personnes genderfluides ou fluides, qui ont plusieurs genres, lesquels varient dans le temps selon leur besoin personnel, leur appréciation ;
- Les personnes demi-genres, qui ont plusieurs genres. Elles sont en partie homme ou femme, mais ont également en elles un autre genre qui n'est pas nommé, pas forcément conceptualisé.

Cette liste n'est pas exhaustive et il faut bien se souvenir que le genre est une affaire de réalité vécue, que ces mots qui ont le mérite d'exister ne sont pas systématiquement utilisés par les personnes qui vivent une identité trans, binaire ou pas. Ces mots doivent devenir familiers à tous, mais au-delà des noms, il faut retenir ici que le genre est en fait pluriel.

Si cela semble d'abord aller contre tout ce qui nous est instinctif, il s'agit pourtant d'une réalité ancienne mais peu connue (voir chapitre V). En effet, toutes les différentes identités non binaires sortent d'un cadre culturel confortable et dominant dans notre société ; à ce titre, les critiques, l'invalidation et l'invisibilisation sont trop souvent le lot quotidien des concerné·es·x. La base d'une attitude bienveillante envers les personnes trans est d'intégrer comme une vérité objective que le genre n'est pas QUE binaire , et il ne l'est pas INTRINSÈQUEMENT.

La transidentité, finalement, ce n'est pas aussi compliqué que ce que l'on peut le croire. Il s'agit simplement de vivre son genre librement. D'entendre et d'intégrer que le genre n'est pas une donnée biologique, mais culturelle et sociale. Et qu'avoir été invisible pendant des siècles nécessite un nouvel apprentissage de cette pluralité, un rapport au genre revu et corrigé, qui sera aussi utile aux personnes trans qu'aux personnes cisgenres.

LE GENRE N'EST PAS BIOLOGIQUE, MAIS CULTUREL ET SOCIAL

Être trans, c'est une histoire de rapport de soi à soi, de prise de conscience individuelle et de compréhension de sa propre identité. Mais l'aspect intime rejoint également un rapport à des normes et des constructions culturelles, profondément enracinées dans un contexte social, historique précis, qui dépasse largement l'échelle individuelle. Il va sans dire que le respect et la dignité doivent bien évidemment être accordés spontanément aux personnes trans, sans forcément tout comprendre de leur identité. Mais une déconstruction et une analyse de ces normes construites autour du genre s'imposent pour vraiment connaître les identités trans et leur intégration à la société. Car le genre est civilisationnel, culturel et non biologique.

Cette information peut sembler à certains abracadabrantesque, farfelue ; d'autres auront besoin d'explications précises, les voici !

LA VARIATION LOCALE ET TEMPORELLE DU GENRE

L'élément premier qui donne un éclairage sur la nature culturelle, et donc relative du genre, c'est sa variation locale et temporelle.

Toutes les aires culturelles n'ont pas le même rapport au genre et n'intègrent pas dans leur construction la répartition des rôles genrés et le même nombre de genres. Par exemple, dans chacun des trois grands ensembles culturels spécifiques qui composent la région Pacifique (la Polynésie, la Mélanésie et la Micronésie), la structure traditionnelle précolonisation intègre un troisième genre, ni homme ni femme stricto sensu, dont le nom varie selon la langue locale et les fonctions qui lui sont dévolues[3]. À Tahiti et à Hawaï, les personnes vivant ce troisième genre sont nommées « mahus » (littéralement, « au milieu »), le terme s'utilisant comme homme ou femme. L'une des premières mentions du mot mahu dans les textes occidentaux date de 1789, dans le récit d'un marin français à Tahiti, qui décrit la confusion d'un de ses compagnons cherchant à séduire une personne perçue comme femme lors d'une session de danse, mais dont l'anatomie ne correspondait pas à ses attentes. Les témoignages européens et tahitiens, anciens et contemporains, rapportent des fonctions sociales très fortes associées aux mahus : transmission et éducation à la danse, lien vivant entre humains et divinités, facultés paranormales, spirituelles, de guérison... Les mahus étaient absolument intégré·es·x à leur société, et constituaient une composante centrale et valorisée de la culture. C'est donc dès la fin du XVIIIe siècle qu'une conscience et des témoignages de rapports non binaires et cisnormés au genre sont décrits, preuve que le genre

---

3 Les sources écrites manquent pour comprendre les rôles de ces personnes avant l'arrivée des Européens dans la région, à la fin du XVIIIe siècle, mais la tradition orale rapporte que l'importance de ces personnes au sein de la société est bien plus ancienne que la colonisation et l'évangélisation destructrice du Pacifique.

n'est pas une donnée fixe et absolue, calquée sur la biologie ; les structures seraient partout identiques si c'était le cas.

En France, et plus largement en Europe, nous ne connaissons pas la même composition sociologique.

L'ÉVOLUTION DES STÉRÉOTYPES DU GENRE, VÉRITABLES MARQUEURS

Par ailleurs, au sein d'une même société, l'évolution des stéréotypes du genre est aussi une preuve de la variabilité et de la nature artificielle/construite de celui-ci. En effet, les attributs de genre associés à la masculinité ou à la féminité, les fonctions genrées ne sont pas restées les mêmes.

Prenons l'exemple de la chaussure à talon : en Europe, au XVIIe siècle, elle est un marqueur de statut social et de puissance masculine, elle grandit, donne un port fier, altier, et elle coûte cher. On l'associe au ballet, qui, à l'époque, est hautement valorisé chez les hommes car considéré comme un exercice très physique. Puis, au cours du XVIIIe siècle, le talon devient symbole de féminité, de prestance, les pieds sont resserrés pour paraître plus fins, plus petits... La chaussure à talon immobilise les femmes, et participe à une véritable perte d'espace public et d'activité pour elles.

Autre exemple de variation : la perception des couleurs, considérées comme un marqueur très fort du genre. Sous l'Ancien Régime en France, la couleur du deuil porté par le roi était le violet. Le portrait de Louis XIII conservé au palais Pitti à Florence nous donne même à voir une variante à cette tenue de deuil qui est... absolument rose. Que ce soit dû à la qualité des pigments ou à une libre interprétation du violet, il n'en reste pas moins que le roi de France pleure son père entièrement vêtu de satin rose, une image culturellement loin de nos codes de masculinité d'aujourd'hui !

Cette évolution des codes extérieurs du genre accompagne aussi des volontés sociopolitiques de répartition inégale des rôles et des attentes/conceptions des genres : par exemple, l'affirmation d'un pouvoir royal, patriarcal, centralisé, dans les codes de puissance masculine de son temps se manifeste par un véritable contrôle des outils du genre (attributs vestimentaires, division de l'espace public, comportements imposés), non pas d'après une caractéristique intrinsèque du genre, mais selon une vision purement construite, qui s'appuie sur des dynamiques de domination, d'intérêts politiques et sociaux qui profitent au masculin.

Le vêtement est particulièrement parlant à ce titre, comme en témoigne l'usage du corset baleiné du XVIe au début du XIXe siècle, : il illustre les attentes construites autour de la féminité, qu'elles soient physiques – une taille très étroite – ou culturelles – la grâce, l'élégance – et, en contraignant les mouvements du buste, il permet un contrôle et une limite à l'intégration des femmes dans un espace social actif, de fait moins partagé.

Le genre et ses matérialisations comme données identitaires ne sont donc pas existantes par nature, mais forgées et accumulées par nos sociétés pour répondre à différents besoins de fonctionnement, et pour asseoir les jeux de privilèges et de domination. C'est l'apprentissage de normes et de codes, dès la petite enfance, qui façonne profondément l'identité de genre et le sentiment d'appartenance presque viscéral à celle-ci. L'identité cisgenre est posée comme condition d'intégration à la société par les schémas patriarcaux et sexistes, qui entendent soumettre le plus grand nombre à des rôles et des fonctions déterminés, et qui rejettent et mettent sous pression ceux qui ne s'y reconnaissent pas.

L'un des enjeux identitaires des personnes trans est donc de comprendre que leur genre ne dépend pas de leurs organes génitaux, et que l'assignation de naissance est le fruit de conventions culturelles et historiques, et non un signe de la nature. Il s'agit aussi pour elles d'emprunter un chemin profondément personnel d'acceptation et d'amour de soi, en apprenant à se libérer du regard extérieur. Cela est d'autant plus nécessaire que l'affirmation de la transidentité exclut. Elle isole spécifiquement par un rejet, une sorte de codes culturels très ancrés dans le temps et malheureusement érigés en norme unique.

3-

Des constructions lacunaires, biologiques et idéologiques

La perception des transidentités est également marquée par des représentations médicales. La théorie considérant les genres binaires comme innés et biologiques s'appuie sur la médecine, qui établit une liaison systémique entre organe génital et genre ; elle invisibilise ainsi toute autre configuration biologique humaine – par manque de considération ou de volonté de changer.

LA MAJORITÉ BIOLOGIQUE, ÉRIGÉE EN NORME

Dans les faits, la médecine est largement nourrie par ceux qui l'ont théorisée : des hommes cisgenres, hétérosexuels, majoritairement blancs, socialement valorisés, fers de lance et gardiens des facultés médicales. Cet environnement influence fortement la façon et les conditions dont les recherches sont menées – cela concerne d'ailleurs de nombreuses autres disciplines et n'est pas spécifique aux questions de transidentités. Ainsi, le sexisme impacte la manière de soigner les personnes selon leurs identités : les afflictions touchant exclusivement les personnes ayant un utérus, principalement les femmes cisgenres donc, sont par exemple bien moins connues ou étudiées, et donc moins bien prises en charge. C'est le cas pour les maladies cardiovasculaires, première cause de mortalité chez les femmes, ou pour l'endométriose ;

la récente prise de conscience du vide médical entourant celle-ci en est un parfait exemple. Il n'est pas rare que les douleurs chroniques soient sous-estimées lorsqu'elles sont rapportées par une femme cisgenre : elles sont « dans la tête » ou jugées « exagérées ».

Pourquoi cette méconnaissance globale ? Les biologies sexuées n'ont pas les mêmes symptômes et réactions pour une même maladie. Mais les recherches sont faites en majorité sur des patients-tests qui sont des hommes cisgenres, de même que les médicaments sont préférentiellement testés sur des hommes cisgenres.[4] On peut dire que ce sont les anatomies à pénis, les chromosomes XY et des taux hormonaux précis qui sont au centre de la recherche et qui sont de fait les mieux guéris. Tout ce qui sort de cette combinaison biologique est largement relégué au second plan, voire oublié... Et l'on attribuera toutes les circonstances médicales non théorisées à du psychosomatique, de l'exagération, une sensiblerie extrême...

La recherche en médecine n'est donc pas aussi objective et absolue que ce que l'on pourrait croire. Il existe une vraie sociologie de la théorie médicale et de l'accès aux soins qui crée des précarités et des maltraitances médicales sur les minorités[5]. Les deux seules corporalités – chromosomes XX/pénis/haut taux de testostérone et chromosomes XY/utérus,vagin, vulve/haut taux d'œstrogènes – constituent la majorité biologique et sociologique, car elles ont des fonctions reproductives compatibles, qui permettent une reproduction sexuée directe ; elles sont devenues la norme et ont fait des autres réalités des marginalités, des « erreurs de systèmes », ostracisant les personnes trans et les personnes intersexes.

---

4 « A drug for women tested on men », Yale school of medicine, Rick Harrisson, janvier 2016. « The medical gender gap : how excluding women from clinical trials is hurting our health », *The Guardian*, Amy Westervelt, avril 2015.

5 Miguel Shema, journaliste au Bondy Blog, met régulièrement en lumière ces maltraitances et les rapports sociologiques dans la médecine sur le compte Instagram @sante_politique.

Les personnes intersexes

Ces personnes naissent avec des caractères biologiques considérés comme contradictoires les uns avec les autres - par exemple, naître avec un utérus, mais avec des taux de testostérone très élevés ; avoir des marqueurs génitaux péniens et vulvaires. La personne intersexe a longtemps été décrite comme hermaphrodite, entre autres ; mais il n'existe pas de portrait biologique type à l'intersexuation, il s'agit d'un ensemble de situations biologiques très variées pouvant toucher les chromosomes, les hormones, les organes génitaux et d'autres caractères sexuels secondaires. Les personnes intersexes ne sont pas toutes trans car être intersexe n'est pas un genre mais un profil biologique. Cependant, il est courant que le militantisme autour des questions d'identité intersexe rejoigne le militantisme trans, et les deux communautés sont politiquement proches. Ainsi, la grande Marche de la fierté transgenre à Paris est également celle de la fierté intersexe : l'ExistransInter. Ce rassemblement militant annuel est notamment pertinent dans le rapport à la médecine[6].

Mais toute norme sociale est relative ! Elle ne constitue pas une vérité éthique, morale ou même vraie dans son essence. Dans notre Histoire commune, de nombreuses normes se sont appuyées sur une base pseudo-scientifique, sur des différences biologiques perçues qui ont depuis été redéfinies, condamnées pour leur injustice et leur violence : nous pouvons mentionner les systèmes de politiques raciales aux États-Unis ou en Afrique du Sud, où pendant des siècles, il a semblé normal de considérer les personnes noires comme des ressources économiques et humaines à disposition des besoins des blanc.hes ;

6 Pour des infos par les concerné·es·x, voir le collectif Intersex et Alliés ou @intersexe_info.

les textes religieux, scientifiques et médicaux érigeaient l'esclavage en norme. Si aujourd'hui, nous sommes héritier·ères·x de ce système et que les questions du racisme et du colonialisme sont loin d'être réglées, une telle déshumanisation ne trouve plus de légitimation « scientifique » et politique pour la majorité des membres de la société.

Je veux croire qu'à chaque génération, on remette en question les constructions et normes intégrées. Aujourd'hui, les collectifs féministes encouragent et pensent une « nouvelle révolution sexuelle », basée sur la connaissance anatomique précise du clitoris. Une question centrale mais qui démontre, dans les discours qui la portent, une tendance encore prégnante à l'essentialisation biologique en même temps qu'un manque de convergence de plusieurs militantismes. L'un des enjeux des luttes sociales actuelles et à venir sera aussi de décloisonner les frontières des genres et de la biologie ; réussir à porter des militantismes à plusieurs voix pour interroger davantage les frontières des constructions sociales et leur influence directe sur l'inclusion et la compréhension des identités. Car aujourd'hui encore, la construction d'une biologie genrée entraîne une hiérarchisation entre les identités et les corps, où certains sont jugés plus « vrais » ou plus « sains » parce que majoritaires.

UNE VOLONTÉ DE RATIONALISER PAR LA SCIENCE

Dans la recherche concernant les transidentités, tout un pan de la réalité quotidienne, des besoins et des rapports au genre à l'Histoire est encore complètement ignoré : la préoccupation principale reste d'expliquer les identités trans par la science et la médecine, de leur trouver une origine – et implicitement de résoudre le « problème » – sans chercher à y laisser une expression libre, sans questionner plus globalement la construction du genre. D'ailleurs, dans les parcours de transition dits « officiels » en France, l'une des premières étapes est la reconnaissance, le « diagnostic » de la transidentité d'une personne appuyé par un diagnostic de « dysphorie de genre », concept expliqué dans la version française du manuel *MSD*, l'un des manuels de psychiatrie de référence[7] : « Pour la plupart des gens, le sexe biologique, l'identité de genre et le rôle de genre sont concordants. Cependant, le patient présentant une dysphorie de genre ressent une certaine incongruité entre son sexe anatomique et son identité de genre. L'incongruence de genre n'est pas considérée comme un trouble. Cependant, lorsque le déséquilibre perçu entre le sexe de naissance et l'identité de genre provoque une détresse ou une invalidité importante, un diagnostic de dysphorie de genre peut être approprié. »

Cette définition est signifiante à plusieurs niveaux.

- D'abord parce qu'elle confirme – même si assez timidement – que le sexe biologique est indépendant du genre ; elle n'utilise pas d'adjectif genré pour désigner le sexe. Mais tout en légitimant l'existence des identités trans, elle les place en dehors des schémas de normalité sociale, culturelle et biologique, en soulignant le fait que la norme de référence est cisgenre, qu'elle aligne genre et sexe.
- La référence au diagnostic de dysphorie de genre montre également le besoin de médicaliser et de théoriser ; même si cette dysphorie n'est plus considérée comme une maladie mentale et pathologisante, elle continue d'exister dans le monde médical et au-delà, dans un inconscient culturel généralisé. Le rapport général à la dysphorie de genre en a fait une réalité intrinsèquement médicale, sans prendre en compte ses raisons sociales menant à des conséquences nécessitant une prise en charge médicale[8].

---

7 https://www.msdmanuals.com/fr/accueil/SearchResults?query=dysphorie+de+genre+

8 Notons que des équipes de chercheur.ses ont émis des hypothèses concernant les potentielles origines biologiques de la transidentité, qui n'ont cependant pas reçu de reconnaissance officielle de la communauté scientifique ni n'ont été vulgarisées – rôle des hormones et des circonstances génétiques dans la perception de genre, étude de la structure

La base naturelle de la biologie a forgé la construction sociale du genre, et inversement la sociologie du genre a assis les biologies majoritaires. Car c'est bien cela le cœur de la division cisgenre/transgenre : une théorie biologique du genre, construite sur la base des corps de la majorité de l'espèce humaine. Et c'est de cette construction de la biologie genrée que découlent le rejet fondamental des diversités de genres et de corps, au titre de « contre nature », et la volonté d'effacer les diversités par des chirurgies « correctrices » – en fait, mutilatrices sur les nouveau-nés intersexes – des thérapies de conversion, des législations eugénistes... Le tout amenant à rendre officiellement malades les personnes qui vivent différemment de la norme. Il s'agit là d'une domination de la majorité qui s'est construit une légitimité en occultant les minorités, puis en les stigmatisant.

> *Le genre est relatif dans le temps et l'espace ; il est construit par la société pour la servir dans l'organisation des fonctions et des espaces relatifs à chaque personne. La biologie n'est pas intrinsèquement binaire et elle est aussi théorisée pour créer une classification de la majorité, utile à un ordre social pour lui assurer stabilité et reproduction de l'espèce humaine. Il est fondamental de lire les transidentités dans leur réalité quotidienne, de les mettre en perspective dans leur temporalité, dans leur contexte sociopolitique. La grille de lecture utilisée actuellement par la majorité, mettant au premier rang la médecine, ne peut qu'être lacunaire et erronée.*

cérébrale des personnes transgenres versus cisgenres, théorie d'une impossibilité du cerveau à recevoir des informations correctes d'ordre sexuel hormonal. Si ces recherches sont une volonté de comprendre les transidentités par un biais scientifique, elles veulent aussi les rattacher à un rationalisme scientifique, pour leur donner un sens considéré comme plus objectif et plus clair, mettant en lumière la difficulté à percevoir la fluidité du concept de genre dans une société.

4-

Quelles spécificités des vies trans aujourd'hui ?

UNE IDENTITÉ SOUVENT PERÇUE COMME DÉGRADANTE

Sociabiliser, ça n'est pas évident. Mais aux diverses difficultés à s'intégrer et à apprendre les normes sociales s'ajoutent des éléments identitaires qui compliquent la tâche, tant leur poids est important. Dans notre société, genre et expression de genre sont intimement liés et il est attendu d'un genre qu'il corresponde à certains archétypes, parfois pas très sains, exigeants voire inatteignables ; toutes les personnes cisgenres n'y correspondent pas, la grossophobie en est un cruel exemple.

Malheureusement, sortir de ces canons, c'est être en soi ostracisé·e·x. Ce sont également les attentes physiques qui stigmatisent et isolent les personnes trans. En effet, la transidentité ne se voit pas, ne se lit pas. Le physique n'est pas un vrai « indice » pour permettre de deviner la transidentité d'une personne – il n'y a pas de physique type de la personne trans, même si la notion de passing existe bel et bien. Il s'agit pour une personne trans de « passer » pour une personne cisgenre, grâce à un ensemble de facteurs extérieurs auxquels on associe automatiquement un genre binaire.

Si certaines personnes trans n'ont pas l'air assez « cisgenres », si elles ne correspondent pas aux modèles préconçus de féminité ou de masculinité, elles s'exposent à des moqueries, à des violences physiques. L'une des insultes qui revient pour souligner une non-conformité à des attentes du genre d'une personne est « travelo », un terme péjoratif utilisé pour désigner et insulter les personnes trans et qui illustre une vraie violence basée sur la suspicion de la transidentité. Car l'identité trans est perçue pour une majorité de personnes comme dégradante. Récemment, les réactions de passants interrogés sur la possibilité qu'une Miss France soit une femme trans l'ont démontré de façon criante : « grands pieds », « épaules carrées », « mâchoire de mec », toutes les parties du corps y sont passées pour traduire une vision des personnes trans très fermée et dépendante de stéréotypes de genre physiques.

À ce poids quotidien s'ajoute la frustration régulière. Frustration d'être ramené·e·x sans raison pertinente à son identité ou assignation, frustration de ne pas être compris·e·x, frustration de ne pas réussir à transmettre des informations permettant une compréhension, sans parler de la frustration, de la colère, de la douleur de vivre les discriminations autour de cette identité pour certaines personnes ou de subir le contraste entre la fierté et le bien-être d'être ressentis dans cette identité et la transphobie subie au quotidien. À noter que rien n'est manichéen et que des moments de mal-être peuvent intervenir malgré une identité acquise, comprise, revendiquée, comme tout le monde.

FAIRE FACE AUX STIGMATISATIONS, AUX REJETS, AUX MOQUERIES

L'identité des personnes trans est quotidiennement remise en question en raison d'un profond manque de connaissances ou de déconstruction des genres. Pour les personnes trans, sociabiliser, et plus largement s'intégrer dans un espace social et public est un chemin semé d'embûches.

On peut diviser les espaces de sociabilisation difficile en trois catégories :

- Les espaces où les obstacles proviennent de l'identité administrative de la personne concernée ;
- Les espaces où son identité n'est pas ouvertement connue, où les préjugés prennent le dessus ;
- Les espaces où son identité est directement attaquée et dénigrée pour elle-même.

Ces typologies ne sont pas mutuellement exclusives, certaines circonstances les font se superposer.

DANS LA SOCIÉTÉ

L'une des expériences de vie propres aux personnes trans est de se retrouver dans une situation de décalage. Décalage entre leur identité de genre, la perception sociale de leur expression de genre et les mentions de l'assignation de naissance sur les documents administratifs, ayant des conséquences profondes. Ce décalage est de plus en plus prégnant au fil de la transition.

Prenons l'exemple de la situation sur les documents français. Sur la carte d'identité française est renseignée la mention dite « de sexe », qui est une agglomération entre sexe et genre : la réalité sociale et administrative demande une mention de genre, l'information considérée comme nécessaire est de savoir si la personne est un homme ou une femme – une donnée qui n'est pas liée au sexe biologique. De fait, il est possible de faire modifier sa mention de sexe après une démarche en tribunal de grande instance mais tant que celle-ci n'est pas effectuée, une personne ayant une expression de genre perçue comme x se trouve à devoir présenter et renseigner une mention de sexe y. Dans de nombreux cas, ce simple décalage crée une méfiance, une hostilité, et dans le cadre d'administrations ou de services nécessitant le renseignement administratif, parfois un refus de service ou un service de qualité moindre.

À cela s'ajoutent les moqueries. Une administration est une autorité, elle a un pouvoir, qui peut induire un rapport de crainte, décuplé dans le cas des personnes trans qui redoutent que l'autorité s'exerce arbitrairement en se basant sur une désapprobation de leur identité. Travail, location d'appartement, entretiens d'embauche, administrations scolaires et universitaires, rapports à la mairie et au milieu médical, etc., les démarches auprès de ces instances peuvent poser de grandes difficultés pour les personnes concernées dès lors qu'elles ont besoin de leurs services, et faire l'objet de discrimination. Ainsi, lors de rupture de stocks de médicaments nécessaires aux personnes trans – mais aussi cisgenres – dans le traitement de certains déséquilibres hormonaux, plusieurs témoignages ont rapporté le refus de certains pharmaciens de servir les personnes trans au bénéfice de personnes cisgenres, considérées comme plus nécessiteuses ou plus « importantes[9] ». Au-delà du manque évident d'empathie et de tolérance, le déficit de connaissances sur les besoins médicaux des personnes trans met clairement leur vie en danger ; l'accès à l'hormonothérapie permet en effet de réduire drastiquement le taux de suicide de ceux qui veulent transitionner médicalement.
L'association Espace Santé Transgenre rapporte également des sources sur l'importance du respect du pronom et du prénom de la personne trans pour assurer une stabilité émotionnelle et aider à réduire le taux de suicide des personnes trans.

Enfin, les personnes trans subissent la transphobie à des degrés variés. Et la notion de passing ne rend pas toutes les personnes trans binaires égales face à la violence. Il n'y a qu'à faire un tour sur les réseaux sociaux pour observer les inégalités de traitement des femmes transgenres ayant un passing différent.

9 https://journalmetro.com/actualites/national/2538433/lacces-aux-soins-de-sante-difficile-pour-les-personnes-trans/

- Une femme trans qui a un passing considéré comme efficace, qui est féminine mais qui affirme sa transidentité sera souvent attaquée sur des points qui essentialisent la féminité, comme ses organes génitaux ou sa capacité à procréer ; sa féminité étant visuellement évidente, et donc impossible à nier, il s'agit en effet pour ses détracteurs d'en trouver les « failles » pour créer une stigmatisation effective. Une autre stratégie consiste à cibler des détails physiques très précis pour casser l'image de féminité « convaincante » : épaules trop larges, mains ou pieds trop grands, etc.
- Quand il s'agit de femmes trans n'ayant pas un passing si poussé – volontairement ou non (toutes les personnes trans n'aspirent pas au passing) – les insultes et la perception négative se porteront sur la négation pure et simple de la féminité, en utilisant des mots différents : « erreur de la nature », « bête de foire », « monstre », etc. Dans ce cas, c'est l'incongruence perçue et la non-conformité aux normes de genre qui servent de tremplin à la haine. On note ici une convergence des insultes envers certaines femmes trans et les personnes non binaires. Il y a aussi dans ces nuances la trace de contraintes dans ce qui est attendu d'une féminité majoritaire et excluante pour les personnes trans, mais aussi des femmes cisgenres.

DANS LA SPHÈRE FAMILIALE, AMICALE ET AMOUREUSE

Dans la sphère plus intime, une personne trans est toujours ramenée à son rapport au genre. Quand il s'agit de flirt, de drague et de sexualité, la question de « quand est-ce que j'en parle ? » se pose rapidement ; ou de « est-ce que je vais être compris·e·x et respecté·e·x ? » Du fait de la diversité d'opinions et de l'existence de la transphobie, de la désapprobation, sociabiliser en étant trans, c'est vivre au quotidien une peur du rejet justifiée.

Dans le milieu familial et amical, ces craintes sont souvent d'autant plus puissantes que les liens sont uniques. Que les relations soient positives ou non, les relations familiales ont une force émotionnelle particulière. La structure familiale dominante dans notre société est héritée de constructions marquées par la religion, par des valeurs de division des rôles selon le genre, par un modèle hétérosexuel, cisgenre. Autant de caractéristiques qui ne composent pas un contexte facile pour accueillir une déconstruction sociale. Et ce n'est pas le niveau de l'éducation sur les questions de genre qui peut aider. Car si les ressources existent, elles ne sont pas accessibles, vulgarisées et diffusées au plus grand nombre ; il faut souvent chercher activement et consciemment pour les trouver. On ne peut pas compter sur les quelques heures d'enseignement de SVT, imprécises, souvent incomplètes, pour apprendre et intégrer que le genre est fluide, qu'il est un chemin de construction personnel.

Ainsi, lorsqu'une personne fait un coming out trans dans le milieu familial, elle peut s'attendre à un certain nombre de réactions négatives, dont le rejet, fléau profond pour les jeunes queers, qui les expose à une précarité particulière.

Si elle est logique dans le contexte que nous venons de décrire, l'incompréhension des proches entraîne parfois un changement sensible dans les rapports humains :

- Besoin de pédagogie constante pour comprendre cette réalité ;
- Peurs inspirées des préjugés intégrés, peurs de potentielles violences transmises ;
- Remise en doute de l'identité sur la base de celle des parents.

Le poids de l'autorité parentale est d'ailleurs souvent ce qui retient un coming out, ce qui empêche des personnes de mener des expérimentations liées au genre par les vêtements, par des tentatives d'usage de pronoms et de prénoms nouveaux, et plus largement la réalisation de leur transidentité.

On peut aisément comprendre les peurs, les angoisses et les projections de certains parents, qui témoignent d'une volonté de prendre soin de leur enfant ; mais il est assez indispensable que la posture

parentale soit, dès l'enfance, accompagnante et non dans le contrôle. D'après une récente étude[10], le fait qu'une jeune personne trans ait tôt une sociabilisation dans son genre (et non pas dans celui qui lui est assigné) et ait accès à des traitements hormonaux augmente considérablement son bien-être et diminue presque totalement le risque de suicide. Une position que le gouvernement britannique récuse en empêchant depuis novembre 2020 l'accès à des bloqueurs hormonaux avant 16 ans.
Les mêmes réactions peuvent intervenir dans les relations amicales, car dans cette sphère aussi les abandons existent ; mais la révélation d'une transidentité peut également libérer les rapports, les rendre plus forts et profonds. Le coming out peut permettre de s'intégrer à des espaces communautaires queers, véritables fenêtres vers une représentation, une intégration sociale nourrie d'empathie et affranchie de la peur de ne pas être compris·e·x.

PAS DE PORTRAIT TYPE/UNIQUE

Appartenir à une minorité de genre peut poser différents obstacles, faire venir des questions et craintes qui restent dans la tête, que l'on se répète… Cet ouvrage souligne ce qui peut peser sur les épaules de personnes trans spécifiquement du fait de leur identité de genre ; aussi le tableau peut-il sembler excessivement sombre – et dans certains cas il s'agit d'une réalité. Gardons cependant à l'esprit que toutes les personnes trans n'ont pas la même intégration sociale, le même environnement, et que toutes ne subissent pas la transphobie de la même façon, sur les mêmes points et au même rythme. Il est donc important de garder en tête cette relativité. Les généralités n'ont pas vraiment de pertinence concernant la communauté trans ; d'abord parce qu'au sein de cette communauté, les identités de genre sont variées, mais

10 « Suicide Risk in the UK trans population and the rôle of gender transition in decreasing suicidal ideation and suicidal attempt », Louis Bailey, Sonja Ellis, Jay McNeil, *Mental Health Review Journal*, décembre 2014.

aussi parce que tout le contexte de vie est nécessaire pour avoir un panorama subtil et juste du parcours de vie de la personne concernée.

Tout est relatif... Ou presque. Si l'identité et l'existence des personnes transgenres sont une réalité, les nuances sont nombreuses d'une transidentité à une autre. Ainsi, les variantes individuelles, culturelles et régionales changent totalement l'intégration des personnes trans dans leur environnement humain. Car toutes les cultures n'ont pas la même considération pour les minorités de genre, toutes ne sont pas construites sur l'affirmation de la binarité, seul modèle de genre visible et affirmé.

L'éducation concernant les normes de genre touche absolument toutes les couches sociales, aucune n'y échappe. Penser qu'une classe sociale sera plus spontanément à même de comprendre la transidentité ou d'intégrer plus positivement une personne trans est faux. Ainsi, si les milieux les plus aisés sont largement favorisés pour l'accès à la culture, à l'éducation, aux voyages, etc., l'accès à une éducation déconstruite n'en est pas plus facile ; l'apprentissage des normes de genre, des stéréotypes est culturellement ancré dans toutes les institutions éducatives dès le plus jeune âge.

Au-delà de ces espaces d'apprentissage, le substrat culturel qui nourrit les réflexes éducatifs en France – dans une certaine mesure en Europe occidentale – est le même pour tous·tes·x :

- Influence profonde et séculaire des valeurs chrétiennes ;
- Transmission de la binarité, des espaces genrés ;
- Attitudes imposées (et attendues) à un genre ou l'autre ;
- Différenciation figée fille/garçon, etc.

Tout ce qui est lié à la sphère ludique est également strictement figé et participe à une différenciation fille/garçon.

L'éducation forme donc un système sociopolitique de la binarité, auquel nous sommes forcément confronté·es·x. Cependant, l'analyse socioéconomique permet d'éclairer les contextes de vie et l'écart des possibilités dans le quotidien des personnes trans ; ainsi, une aisance financière notable permettra de faciliter et d'accélérer les transitions – renouvellement de garde-robe, mais plus encore chirurgies et autres opérations médicales. Les coûts de ces étapes pourtant importantes sont très lourds, et si les remboursements existent, ils ne sont pas optimaux et assurés pour tous·tes·x.

Par ailleurs, l'accès au marché du travail peut faire l'objet d'écarts importants : une étude britannique menée en 2018 auprès de mille patron·nes·x de petites et moyennes entreprises par *The Independent* révèle qu'un tiers du panel ne serait pas prêt à embaucher une personne trans, et 47 % « hésiteraient ». Face à cela, la possibilité d'une transition sociale diminuerait le risque de discriminations. Par ailleurs, les écarts sont encore plus marqués entre les personnes trans binaires et non binaires. Au sein de la communauté trans, celles-ci sont notablement plus précaires, et subissent une discrimination spécifique : l'enbyphobie (à prononcer *Nbiphobie*, en référence aux initiales NB de Non Binaire, Non Binarité). L'enbyphobie est sensiblement différente de la transphobie, même si les deux se superposent à plusieurs endroits : là où une personne trans binaire sera invalidée dans son genre, ramenée à des arguments biologiques, une personne non binaire devra faire face à une opposition et un manque de compréhension fondamental quant à son genre. Car si les personnes trans binaires s'inscrivent dans un schéma compréhensible, l'idée de n'être ni un homme ni une femme est autrement plus difficile à concevoir et à intégrer aux réalités culturelles pour les personnes qui ne sont pas concernées.

La communauté trans n'est pas homogène : les personnes trans ne subissent pas les mêmes violences, n'ont pas les mêmes aspirations

en général, dans leurs parcours trans en particulier. Une personne trans ne peut être réduite à sa seule transidentité, tout omniprésente soit-elle dans son quotidien, dans ses discours...
Nous sommes trans, mais pas que. Nous sommes des personnes.
Oui, la prise de conscience, les questions qui l'ont précédée et celles qui ont suivi ont forgé des certitudes, des peurs, une confiance et une fierté dans l'identité d'une personne trans.
Oui, la transition est un parcours d'appropriation de son corps, de redécouverte de celui-ci.
Oui, une personne trans l'est tout le temps, elle y échappe rarement. Mais elle est aussi noire, arabe, asiatique, de confession différente. Elle a ses propres opinions politiques, est le fruit d'une éducation propre et porte des héritages culturels personnels.
Il y a dans notre communauté des personnes qui sont aussi victimes de racisme, d'antisémitisme, d'islamophobie, de grossophobie, de validisme, de psychophobie... Les identités trans sont des mosaïques de données qui se superposent, sont l'objet de discriminations différentes qui s'additionnent. Les regards ne doivent plus se limiter à la façon de vivre son genre.

> *La prise de conscience de la complexité des identités est un objectif fort du militantisme trans, qui cherche à représenter la diversité des personnes de la communauté, à tenir un discours plus inclusif et juste, à créer une convergence de lutte pour faire de la communauté trans un espace sécurisant et bienveillant.*
>
> *Pour les personnes qui ne sont pas concernées, il faut aussi permettre de créer une vision affranchie de la curiosité et des stéréotypes : envisager les personnes trans pour ce qu'elles sont, avec leurs passions, leurs projets.*

ALOK VAID MENON

Né·e·x en 1991, **Alok Vaid Menon** est un·e·x artiste·x, auteur·rice·x et militant·e·x indo-américain·e·x. Son travail est largement pluridisciplinaire ; il a pour but autant une pédagogie sur les performances de genre, la visibilité des non-binarités que des discours body positive et les normes de la blanchité hégémonique. Menon a lancé une collection de vêtements dégenrés en Inde, donné des conférences dans des cadres prestigieux, telle l'université d'Oxford. Ses publications sont principalement poétiques et traitent de sujets autour du genre.

CHAPITRE II

AVOIR LES BONS MOTS : L'IMPORTANCE DU VOCABULAIRE

1-

Le vocabulaire, une arme de bienveillance ou de violence massive

Deux constats sont importants pour engager du bon pied ce partage de réflexion. Premièrement, il n'est pas grave de ne pas être spontanément éduqué·e·x et conscient·e·x de la réalité quotidienne des personnes transgenres ou de ne pas savoir ce qu'impliquent les différentes identités que ce terme regroupe. Ne pas être soi-même directement concerné·e·x ou ne connaître personne qui l'est, est sans doute un facteur explicatif de ce manque d'information, à l'échelle individuelle ou à celle, plus large, des institutions. Il est aujourd'hui terriblement important de créer une nouvelle dynamique.
D'autre part, si ne pas savoir n'est jamais une honte, cela implique nécessairement une non-légitimité à s'exprimer. Il n'y a rien de méprisant dans cette affirmation : une personne qui ne connaît rien en mécanique ne peut simplement pas réparer une voiture ; une personne qui ne parle pas coréen ne peut pas émettre de jugements ou d'analyses pertinentes quant à la grammaire ou la stylistique d'un texte en coréen. Il en va de même avec des sujets sociologiques comme les transidentités. On pourrait croire que, par sa nature humaine et mouvante, le sujet de l'intégration des personnes trans dans une société soit intrinsèquement subjectif et donc discutable, mais il n'en est rien : comme pour une langue vivante ou n'importe quel autre domaine impliquant des connaissances spécifiques, parler des transidentités et des vécus trans est une affaire d'éducation et de

connaissances acquises, affranchies des préjugés qui sont ici encore souvent inévitables.

Tout peut s'apprendre ! À commencer par le vocabulaire relatif aux personnes, identités et vécus transgenres, premier élément qui permettra d'adopter une posture respectueuse. Voici comment parler à une personne trans, en abandonnant certains termes qui, bien qu'ancrés dans l'usage, ne sont pas du tout pertinents.

LE POIDS ÉMOTIONNEL DES MOTS

Ne pas nommer, c'est ne pas donner d'existence verbale. Mal nommer, c'est déformer une réalité. Les mots sont des outils, et la capacité à les exploiter idéologiquement n'est plus à prouver. Le vocabulaire change l'opinion, la perception. En politique, l'usage des mots, ou leur absence, est mûrement pensé, précisément en raison de leur pouvoir. Émotionnellement également, les mots sont des vecteurs puissants et ont un fort impact.

Dans les disciplines scientifiques, qu'elles soient dures ou humaines, l'apprentissage du sens et de l'usage pertinent du vocabulaire est central. Il détermine l'efficacité et la justesse d'un discours.

Les mots ne sont pas immuables. Leur sens change, certains disparaissent d'un usage courant tandis que des néologismes entrent dans notre vocabulaire. L'aspect fluctuant de notre rapport au mot crée un besoin de précaution et de recul. C'est notamment le cas de mots dont le passif culturel et la réception changent sous l'influence de mouvements sociaux qui en éclairent des racines particulièrement violentes, discriminantes. Il est alors spécifiquement important d'appliquer ces précautions pour des minorités aux situations sociales plus fragiles.

Dans le cadre du rapport au genre, le vocabulaire est central. Le français étant une langue très genrée et binaire, sans formules neutres applicables aux personnes, son usage implique un conditionnement et un apprentissage d'une certaine vision du genre. La bonne utilisation

du prénom, d'un pronom est centrale dans l'enfance, et se définir dans notre langue filtrée par le genre n'est pas chose aisée.
Les mots sont aussi vecteurs de stéréotypes et d'insultes autour du genre. C'est particulièrement vrai à propos des mots décrivant les différentes féminités : bimbo, cagole, sainte-nitouche... Le vocabulaire définit une inscription dans le genre et des implications qui révèlent la négativité associée à la féminité.

L'héritage des mots

Cette historicité négative du vocabulaire n'est pas strictement réservée aux questions de genre mais plus largement à des questions sociales. Ce changement de sens et de perception est certainement le plus clair pour tout le vocabulaire relatif aux personnes racisées dans les langues européennes pendant la période coloniale. L'usage de termes volontairement racistes fut largement intégré avant d'être remis en question, à juste titre, par les personnes concernées et désormais condamné, car il témoigne d'une hiérarchisation des identités.

En opposition à cette redéfinition de certains termes, un conservatisme verbal existe également. Il est cependant nécessaire d'entendre et d'intégrer cette critique du lexique, souvent le fait de personnes concernées par les discriminations perpétrées. Il s'agit de déconstruire les origines d'un mot. Ces origines peuvent être le fruit et la source d'idéologies oppressives ; conserver l'usage de termes contre l'impact concret, émotionnel de leur verbalisation est souvent la trace claire d'un manque de considération humaine, empathique et de connaissance des dynamiques sociohistoriques entre groupes sociologiques.

Il est important d'avoir conscience de l'héritage d'un mot pour juger de l'éthique de son usage, mais il est tout aussi urgent de reconnaître que tous les mots ont un poids émotionnel.

Ici encore, il ne s'agit pas d'une caractéristique endémique au sujet que nous abordons ici, mais quand il s'agit de parler, de définir des identités, des individualités, cet impact est décuplé. De fait, découvrir pour soi-même des mots qui définissent pleinement notre identité est souvent une grande libération, qui apporte enfin une validation par le verbe de notre différence parfois seulement devinée avant cela. À l'inverse, entendre au quotidien un vocabulaire mal employé, volontairement ou non, est une source de détresse, de malheur profond. Nous insistons sur le fait que ces erreurs peuvent être de véritables maladresses, corrigées par l'apprentissage précis du vocabulaire. Mais il existe également une volonté active d'employer des termes insultants, véhiculant une image galvaudée et dégradante.

> *Toutes ces raisons sont autant de points qui appuient à quel point savoir quels mots définissent quelle identité est central pour être un·e allié·e bienveillant·e aux personnes transgenres. Plus largement, s'approprier ces mots, les intégrer à son lexique, c'est aussi se lancer dans une exploration des concepts qu'ils recouvrent et de fait, se lancer dans une démarche de réflexion et de déconstruction importante pour comprendre des constructions sociales omniprésentes qui font les identités et les préjugés. Cela permet également de mieux comprendre le quotidien des personnes concernées. Cela ne leur retire rien, ne les heurte pas, ne demande rien, n'est pas difficile en soi pour les personnes cisgenres.*

DES PRONOMS PERSONNELS GENRÉS

Les pronoms servent à désigner directement un individu. En français, sur les huit pronoms personnels, quatre sont intrinsèquement genrés et s'inscrivent dans une conception binaire des genres : il ; elle ; ils ; elles. Ce sont les seuls pronoms servant à désigner une tierce personne dans notre langue.
Par ailleurs, le français n'intègre pas de forme grammaticale neutre ; tout est genré en français, tout est « un » ou « une ». De fait, notre système linguistique n'offre aucun outil aux personnes transgenres qui sortiraient de cette construction binaire.

En anglais, l'emploi du « they » ou « them » s'est assez largement imposé dans les milieux queers. Il n'est pas possible de traduire « they » et « them » de façon pleinement pertinente en français ; en effet, ils sont intrinsèquement utilisés en anglais pour désigner un ensemble ou pour porter une vision affranchie ou indéfinie du genre de ce qui est désigné. À ce titre, ils sont désormais largement employés par des personnes dont l'identité de genre sort de la binarité. La nouvelle édition du dictionnaire américain Merriam-Webster ajoute d'ailleurs à sa définition du mot « they » : « used to refer to a single person whose gender identity is nonbinary » (utilisé pour définir une personne isolée dont l'identité de genre est non binaire – non binaire devant ici être entendu en son sens premier). En effet, si l'usage de ce pronom est un outil utile dans l'intégration au langage des identités trans, « they » et « them » ne peuvent pertinemment pas recouvrir toutes les expériences du genre. Dans les individus sortant du schéma binaire, tous·tes·x ne sont pas de genre neutre ou sans genre.
Cette digression sur la langue anglaise montre la complexité de la question et les manques inhérents à de nombreux systèmes linguistiques. L'existence de cette possibilité de désignation que représentent les mots « they » et « them » souligne d'autant plus cruellement le cloisonnement genré du français. Quelles solutions pour y remédier ?

DES SOLUTIONS POUR PALLIER UN VIDE LEXICAL

LES NÉOPRONOMS

Il s'agit de pronoms construits récemment au sein des communautés queers francophones, par et pour ses membres, pour pallier le vide lexical empêchant l'existence d'une définition adéquate des identités et des individus – et par là même leur intégration sociale pleinement respectueuse de leur identité.

Les sources manquent pour avoir un panorama strict de la sociologie de ces pronoms. Néanmoins, un rapport sur la question a été publié en janvier 2017, après collecte de données chez des personnes trans et/ou non binaires durant l'année 2016. Publiée sur le blog Uniqueensongenre, cette étude a le mérite d'offrir un premier état des lieux de la question, qui demande encore un champ d'étude accru. Il en ressort que les principaux néopronoms employés aujourd'hui en France sont :

- « iel » et ses variantes orthographiques « ielle », « yel », « yelle », ainsi que les formes plurielles correspondantes ;
- « ael » et ses variantes orthographiques « aelle », « aël », ainsi que les formes plurielles correspondantes ;
- « ol » et ses variantes orthographiques « olle », « ole », ainsi que les formes plurielles correspondantes ;
- « ul » et sa variante orthographique « ulle », ainsi que les formes plurielles correspondantes.

On peut également mentionner « ille ».

Pourquoi cette liste plurielle ? Parce que le choix du néoprénom utilisé par une personne, en majorité non binaire, est individuel. Il peut être motivé par un sens perçu d'un pronom spécifique plutôt que d'un autre. La liste dressée ici n'est donc pas exhaustive ; il est important de garder en tête le facteur d'invention individuelle, qui fait que bien d'autres pronoms existent et sont utilisés. En effet, l'usage de ces néopronoms n'est absolument pas théorisé et intégré dans les instances de contrôle de la langue française (dictionnaires, normes linguistiques universitaires, Académie française...), ils relèvent de la solution intracommunautaire pour l'instant.

Ces pronoms se rattachent en partie à ceux des genres binaires « il » et « elle ». On peut y voir une facilité : celle de reprendre des structures lexicales déjà intégrées et permettant un référent qui rend les néopronoms compréhensibles de façon assez spontanée. La reprise des références binaires permet aussi de créer des pronoms culturellement ancrés mais s'affranchissant des anciennes bornes et en plaçant de nouvelles sur le spectre du genre.

Les néopronoms permettent donc d'inclure dans notre langue des identités socialement invisibles. Il est cependant important d'apporter une nuance : les néopronoms ne doivent pas être lus comme des constructions en creux et basées sur la binarité. Si la référence permet une clarté d'usage, elle ne signifie pas que les identités non binaires ne sont que des exceptions qui dépendent de la binarité ; il s'agit bien d'identités pleines et entières, légitimes pour elles-mêmes.

La réception de ces néopronoms n'est pas sans heurts. Moqueries et critiques dénotent une difficulté assez globale à faire évoluer notre langue, qu'il s'agisse de minorité ou pas.

LES NÉOARTICLES

D'autres propositions linguistiques accompagnent par ailleurs les néopronoms. Ainsi, le néoarticle « lae » et sa forme plurielle « laes » permettent de compléter cette inclusivité à d'autres identités de genre du français : on pourra ainsi définir une personne non binaire comme « lae personne rencontrée.x la semaine dernière ». Mais cet article « lae » peut aussi être utilisé pour définir n'importe quelle personne dont le genre n'a pas été précisé : « J'ai rendez-vous chez lae podologue demain. »

Ces solutions utiles à de nombreuses personnes transgenres ont néanmoins une limite dans les accords grammaticaux. Il n'existe actuellement pas de proposition largement reprise pour créer des accords de genre qui ne soient ni féminin ni masculin ; la pratique

Un vocabulaire qui peine à évoluer

Si de nouveaux mots sont constamment intégrés à notre lexique, notamment des anglicismes, des résistances s'observent souvent quand ils sont issus d'une volonté sociale militante. Ces réflexes réactionnaires font appel à la beauté ou à la laideur supposée des néologismes, au respect supposé d'une tradition. Plus largement, si les oppositions s'emploient à tourner en ridicule ces évolutions linguistiques, c'est en fait révélateur de la perception violente qu'elles ont des identités désignées par ces pronoms.

Les néopronoms ne sont pas un cas unique : l'écriture inclusive est elle aussi sous le feu des attaques ; son but est aussi de créer une égalité des genres (binaires) dans le langage écrit par une révision dans la norme graphique des accords de genre et de nombre pour y faire apparaître, côte à côte, les mentions du féminin et du masculin.

La récente résurgence de noms d'activité au féminin a également été largement moquée alors que la plupart – comme les termes « peintresse(s) » ou « autrice(s)[11] » – étaient largement utilisés sous l'Ancien Régime. La lente normalisation centralisée et masculine de la langue française sous les efforts de Richelieu au XVIIe siècle et des linguistes des Lumières au XVIIIe en fait des termes désuets, oubliés. Ils n'ont pourtant rien de néologismes mais sont tout aussi décriés, notamment sous l'accusation de laideur supposée des termes et d'inutilité de ces mots. Cela montre clairement une mémoire sélective quant au vocabulaire, mais surtout une opposition politique aux évolutions liées à la langue reflétant des dynamiques hostiles à une visibilité accrue des femmes ou une expression des minorités de genres.

11 En 1611, le terme « autrice » a sa propre entrée dans le dictionnaire et est d'usage courant dans les registres institutionnels.

majoritaire, pour les personnes concernées, est donc d'utiliser un néopronom accompagné soit des accords féminins soit des accords masculins. Il faut y voir les contraintes liées à une histoire linguistique ancrée dans la binarité, comme on l'a vu dans l'encadré plus haut.

UNE ÉTAPE IMPORTANTE DE LA TRANSITION

Pour de très nombreuses personnes transgenres, le changement de pronom est une étape importante de la transition sociale vers un genre qui est pleinement le leur – et non celui qui leur a été assigné à la naissance. Pourtant, certaines personnes non concernées n'utilisent pas les bons pronoms existants, ou refusent d'appeler par le prénom de leur choix les personnes trans quand celles-ci en changent.

Ce refus est un acte de négation de l'identité d'autrui, un acte basé sur une idée, une interprétation personnelle, sans tenir compte du besoin, du vécu, du bien-être et du respect de l'intégrité de la personne en face. Ce rejet est malheureusement une composante trop souvent présente dans le quotidien des personnes trans, créant leur isolement et une grande détresse mentale.

Selon un rapport de la Commission de la santé mentale du Canada[12], daté de 2018, une personne trans sur trois a fait au cours de l'année 2014, en moyenne, une tentative de suicide après son coming out. Les personnes trans sont en moyenne deux fois plus sujettes aux pensées suicidaires (et/ou font des tentatives de suicide) que les autres membres de la communauté LGBTQIA+[13]. Des études[14] sur la

---

12 https://www.mentalhealthcommission.ca/sites/default/files/2019-05/Les%20personnes%20transgenres%20et%20le%20suicide%20-%20Fiches%20d%E2%80%99information.pdf

13 Pour rappel, L comme lesbienne, G comme gay, B comme bi, T comme trans, Q comme queer, I comme intersexe, A comme asexuel, + comme : et tous les autres.

14 « Intervenable factors associated with suicide risk intransgender persons: a respondent drivensampling study in Ontario, Canada », Greta Bauer, Ayden Scheim, Jake Pyne, Rob Travers, Rebecca Hammond, BMC Public Health, 2015.
« Suicide Thoughts and Attempts Among Transgender Adults », Jody Herman, Taylor Brown, Ann Haas, Williams Institute, 2019.

question ont été menées aux États-Unis, au Royaume-Uni, en Suisse, et en Inde notamment – la France est très en retard dans les études de suivi permettant une mise en lumière des spécificités sociologiques des personnes trans et d'amener des solutions aux soucis rencontrés. Cela révèle le manque de considération sociale et les violences subies par les personnes transgenres au quotidien. Refuser l'emploi de termes créant une intégration sociale épanouissante participe pleinement à ces violences. Souvent, c'est l'habitude verbale qui rend difficile le changement de pronom dans la pratique orale. Si le nombre d'années à employer un mot explique effectivement cette difficulté, et si cette difficulté est réelle, il est important de la contrecarrer en verbalisant par exemple la conscience de son erreur et en reprenant régulièrement le mauvais usage des pronoms ; en somme, il faut créer de nouvelles habitudes autour d'une erreur pour parvenir à la faire disparaître.

Lexie, elle/she

Sur les réseaux sociaux, dans les communautés militantes trans principalement, l'habitude s'est développée de faire apparaître après son prénom les pronoms que l'on utilise. Il s'agit d'informer sur la façon de s'adresser à une personne en montrant spécifiquement que la façon de genrer une personne ne dépend pas de l'apparence ou du genre que l'on va percevoir d'après des codes majoritaires. Un réflexe qui permet d'éviter ainsi de mégenrer, tout en se détachant des automatismes de genre d'après des codes cisnormés.

Il est important que les personnes cisgenres elles aussi prennent ce réflexe. Car ces normes de genre, si elles peuvent leur correspondre, ne doivent plus être présentées comme universelles par défaut. Le genre est partout et concerne tout le monde ; revoir notre attitude pour plus de fluidité et de liberté dans ses expressions est utile, que l'on soit trans ou cis.

2–

Une question de respect et de considération

Pour beaucoup de sujets abordés dans cet ouvrage, il sera question de cet équilibre des dynamiques : pour bien comprendre, souvenez-vous que si vous n'êtes pas trans, vous ne souffrez pas de transphobie, mais vous pouvez facilement faire souffrir ; le quotidien ou l'identité d'une personne transgenre n'ont dans les faits aucune conséquence sur vous. Utiliser un vocabulaire choisi et bannir de son lexique d'autres termes est une affaire de compassion et de volonté d'accorder du respect à une personne vivant une identité souvent invisible et discriminée.
Le vocabulaire est vecteur de respect et de considération, c'est là quelque chose qui est appris dans l'enfance. Y accorder un soin et une attention égaux pour toutes les identités doit être une constante dans notre société.

Quand il s'agit de parler de cette nécessité de créer un espace bienveillant, conscient et sécurisant pour les personnes trans via le vocabulaire employé pour les définir, deux réponses sont relativement régulièrement opposées : « je ne comprends pas » et « je ne suis pas d'accord ».
Le premier argument est évidemment recevable et le manque de sources rapidement accessibles et d'éducation l'explique ; mais ne pas savoir ou ne pas comprendre n'est jamais un frein spontané et absolu. On n'a pas « besoin » de comprendre quelque chose pour donner

instinctivement du respect et de l'estime à l'expérience de vie d'autrui. Quant au second argument, il me semble que les avis personnels d'individus ne vivant pas une identité sont forcément moins pertinents et moins valables. Ils ne peuvent, et ne doivent pas servir de faits objectifs, surtout dans des contextes de pouvoir : administration, politique, éducation, etc. Le lexique a un sens précis, il est vain de nier purement et simplement le sens d'un mot, et ce malgré la nature changeante inhérente au vocabulaire.

LES MOTS INTERDITS

La lecture du terme « interdit » pourra froisser certain·es·x lecteur·rices·x. Ce titre est volontairement provocateur et ferme. Il s'agit ici de détailler et d'analyser des expressions et mots dont l'usage reflète une transphobie intégrée, un sens qui n'est pas pertinent ou n'est pas juste, ou est simplement inutile.
Il n'est pas vraiment de débat à avoir quant à la possibilité d'utiliser ces termes ; et la force de l'habitude qui accompagne certains de ces mots très ancrés dans les usages n'est pas une raison de continuer à les utiliser alors même que leur sens est galvaudé et violent à entendre pour les personnes qu'ils désignent.

Listons donc de façon claire et didactique les mots à bannir concernant les personnes trans, plus largement les transidentités, quand on est soi-même cisgenre : transexuel·le, travesti.e/travelo et hermaphrodite. Trois termes au croisement du manque de pertinence et d'une histoire de violence. Longtemps, ils ont marqué une volonté active d'isoler les personnes trans et intersexes pour les stigmatiser. C'est à ce titre que leur usage devra être évité.

Transsexuel·le

Ce terme, pourtant relativement familier, est à prohiber, pour plusieurs raisons. Ses usages les plus anciens sont liés aux premières théorisations des transidentités ainsi qu'aux premières recherches, en Europe, sur les chirurgies dans le cadre de transitions. C'est dans les travaux du sexologue et chirurgien Magnus Hirschfeld que le terme est mis à l'écrit en allemand, en 1923. Hirschfeld est célébré pour avoir été le premier à mener des vaginoplasties réussies en Europe, notamment sur Lili Elbe, représentée au cinéma dans le film *Danish Girl*.

Dans les années 1950 et 1960, c'est aussi ce terme qui est employé dans la médecine et dans les théorisations pathologisantes des identités transgenres. En raison de l'association du terme à une maladie mentale, la communauté trans en France rejette aujourd'hui très largement ce sens[15].

Une autre raison est l'ensemble de stigmates, préjugés et stéréotypes accolés aux personnes transgenres par ce mot, telles une hypersexualité supposée, la fétichisation, l'instabilité psychologique, etc.

Enfin, le terme manque de pertinence puisque sur le plan strictement médical, il définit une personne ayant effectué une opération génitale. De nombreuses personnes transgenres ne le font pas et ne souhaitent pas le faire. La spécificité identitaire des personnes trans est de vivre un genre différent de celui qui leur est assigné à la naissance : il s'agit d'une question de genre, pas de sexe. À noter que certaines personnes trans décident volontairement de se définir comme transsexuelles. Il s'agit ici du fruit d'une réflexion personnelle sur sa propre identité. Un débat communautaire sur la question de la réappropriation du terme pourrait avoir sa pertinence, mais il est important qu'une personne cisgenre se souvienne du passif qui a été imposé par ce terme afin qu'elle-même ne l'utilise pas.

Travesti·e/travelo

Si le terme « travesti » a été le premier utilisé pour désigner des minorités de genre, il apparaît aujourd'hui totalement désuet.

---

15 L'usage du terme est plus débattu dans les pays anglophones et est très largement admis dans les pays hispanophones et au Brésil, tout comme le terme travesti·e, premier employé pour désigner des minorités de genre, dès le début du XXe siècle.

Le travestissement est le fait de s'approprier des vêtements et des attitudes associées à un autre genre que le sien. Il peut être une pratique intime et quotidienne ou liée à un spectacle. Il est absolument légitime en soi.
Les personnes transgenres changent effectivement souvent de garde-robe avec leur transition, mais il s'agit pour elles de s'approprier des vêtements qui correspondent justement à leur genre.
La confusion entre les deux concepts est courante mais tend à nier le fait que les personnes trans vivent une identité de genre minoritaire et que les personnes travesties pratiquent le travestissement, indépendamment de leur identité.
Enfin, le terme « travelo » est une transformation péjorative du mot « travesti ». Il est souvent utilisé pour insulter les personnes transgenres comme les personnes pratiquant le travestissement, sans vraie distinction des concepts mais basé sur une perception négative des expressions de genre sortant d'un cadre normé.

Hermaphrodite

Ce terme, dont les origines sont liées à la mythologie gréco-latine, a longtemps été utilisé pour définir les personnes intersexes mais aussi parfois les transgenres dyadiques (voir Lexique) dans une grande confusion entre l'expression de genre androgyne, une biologie fantasmée et un manque de connaissances sur les corps et les identités. Le terme « hermaphrodite » était très employé durant le XIXe siècle et accompagnait des volontés de théorisation des identités et des corporalités alors perçues comme des « désordres sexuels » ou des pathologies. Le terme est lourdement concentré sur une vision fétichiste mais aussi une volonté de cerner et deviner les organes génitaux d'un individu alors même que les personnes intersexes vivent des situations biologiques beaucoup plus variées et parfois totalement indépendantes de leur sexe. Que ce soit donc pour parler d'elle.ux ou de personnes dyadiques, le terme est à la fois intrusif, offensant et sans pertinence.
Notons que le terme « intersexe » est lui-même largement débattu et

discuté au sein de cette communauté pour son insistance sur les organes génitaux, alors que l'intersexuation concerne de nombreuses autres spécificités biologiques.
Le terme « hermaphrodite » est aujourd'hui largement condamné et considéré comme désuet, même s'il existe des réflexions quant à la visibilité qu'il donne pour l'existence des personnes intersexes au fil des siècles. Il s'agit d'une discussion intracommunautaire, qui ne doit pas légitimer un usage du terme par les personnes dyadiques.

DES EXPRESSIONS GALVAUDÉES ET FAUSSEMENT TOLÉRANTES

Des expressions souvent entendues pour désigner les transidentités semblent acceptables, voire positives dans un inconscient collectif. Pourtant, elles ne sont pas plus acceptables. Elles semblent un peu plus subtiles au premier abord, mais l'écart entre le sens de ces expressions (sous couvert de faciliter la compréhension du sujet par les personnes cisgenres) et la réalité que vivent les personnes trans suffit à les rendre hors d'usage pour qui souhaite respecter ces dernières.

« Homme devenu femme »/« femme devenue homme »

Ces expressions sont certainement parmi les plus courantes quand il s'agit de parler d'une personne trans, en particulier pour définir son parcours et son identité. La formulation rend compte de l'idée de transition, de changement, et s'appuie sur les mentions de genres. Elle semble facile d'accès, claire et juste.
Il faut pourtant se défaire de l'idée qu'une personne trans change entièrement de genre : la vérité est plus subtile. En effet, on prend conscience de sa transidentité à un moment donné, et ce moment varie selon les personnes. De fait, il s'agit plutôt de réaliser quelque chose qui a toujours existé mais qui était caché. Les transitions sociales et médicales amènent, elles aussi, des changements, mais qui relèvent de la perception physique du genre, d'une lecture sociale et non de

l'identité fondamentale. Cette expression pourrait être juste si l'on parlait des genres sociaux ; en l'état, elle tend à donner une image faussée des transidentités et appuie un genre qui nous avait été donné, mais qui ne nous correspond pas et est souvent pénible à vivre.

« Vrai homme »/« vraie femme »

Ces deux expressions s'entendent, non pas pour définir des personnes transgenres, mais des personnes cisgenres. Ici, on découvre en sous-texte une conception extrêmement violente qui hiérarchise les identités. Les personnes cisgenres, parce qu'elles correspondent à un genre qui leur a été assigné selon des critères biologiques, sont considérées comme plus légitimes et « vraies » dans leur genre, parce que leur corps correspond à un standard et que les normes de genres spécifiques leur ont été transmises dès la petite enfance. En creux, les personnes trans sortent de ce standard et de cet état de nature considéré comme une vérité fixe. L'apprentissage et l'assimilation à des normes de genre différentes, qui font partie de leur quotidien social, ne sont pas pris en compte.

« Femme/homme biologique »

Cette expression est un non-sens. Elle sous-entend que les personnes trans ne sont pas biologiques ! Stricto sensu, tout le monde est biologique et une transition ne transforme pas en personne bionique ! Plus sérieusement, l'expression traduit la conception dominante qui superpose le genre et le sexe et systémise les identités dès la naissance et ramène le genre à des données multiples comme les chromosomes, les hormones, la pilosité et d'autres caractères sexuels secondaires. Cette conception ignore de nombreuses réalités scientifiques. Celles-ci donnent une image fausse et limitée de la biologie et créent un étrange flou quand on prend le temps de l'analyser. Une personne qui n'est pas biologique, qu'est-elle ? L'expression sous-entend en fait une idée de « bonne biologie » (sous-entendu cisnormée) contre celle qui serait déformée et dénaturée, à savoir celle des personnes trans.

« Personne qui se sent femme/homme »

Cette expression subjective sous-entend que la construction de l'argumentation est simple : face à des personnes dont le genre serait dicté par la nature et la biologie, les personnes transgenres, elles, écouteraient une sorte d'instinct dicté par des dérives sociétales, des caprices. Elle crée donc une opposition entre genre « réel » et genre d'un sentiment. On en revient à l'habituelle dichotomie nature/culture, au centre des perceptions faussées sur les minorités de genre.

Dans les faits, le sentiment du genre est une conclusion : on est d'un genre, on se sent de ce genre. Cette vision prend très peu en compte la dimension construite du genre et les multiples dépendances à un contexte culturel : il s'agit d'une essentialisation. En définitive, une personne trans se sent effectivement d'un genre donné, parce qu'elle est dudit genre, et c'est cela qu'il vaut mieux verbaliser : un homme trans est un homme.

« Troisième sexe »

Le terme a été utilisé dans des contextes et avec des sens très variés. Il arrive qu'il définisse les personnes trans dans un ensemble mais cela crée alors une division entre hommes cisgenres, femmes cisgenres et personnes trans. Ce terme nie le genre même des personnes trans, en réduisant leur identité au sexe, ce qui n'est absolument pas pertinent. Rappelons-le, le terme « sexe » se rapporte uniquement aux organes génitaux. Le genre est un concept identitaire différent du sexe, et les deux ne sont pas superposés ; la transidentité est une affaire de rapport au genre, pas au sexe.

L'expression rappelle simplement la fascination malsaine pour le sexe des personnes transgenres. L'idée de parler d'un « troisième genre » serait également abusive, car dans la communauté trans, les individus ont des genres différents. Elle intègre des hommes et des femmes qui, de fait, ont le même genre que des personnes cisgenres. Le troisième genre pourrait à la rigueur définir les personnes non binaires mais ne donnerait qu'une vision limitée de leur pluralité.

Concernant les personnes intersexes, le terme limite les intersexuations aux facteurs génitaux, ce qui n'est pas pleinement pertinent. Toutes ces expressions sont donc des contresens, et leur usage ne doit pas être encouragé.

DES SUJETS DE CONVERSATION SENSIBLES

Vous vous dites certainement que tout cela fait déjà beaucoup de recommandations, de mots à éviter, de dynamiques sociales plus ou moins complexes... Eh bien, ce n'est pas encore fini ! En effet, certains sujets de conversation sont parfois sensibles à aborder et peuvent être difficiles à subir pour différentes raisons : ils sont trop intimes et liés à des blocages personnels ; ils invoquent des souvenirs de traumatismes ou de blessures sociales ; ils ajoutent une charge mentale...

Il est important, quand une personne cisgenre rencontre une personne trans et qu'une sociabilisation s'engage, que sa potentielle curiosité ne prenne pas les devants. Elle fait de la personne trans une sorte de référence pédagogique ayant forcément toutes les réponses et l'envie ou le devoir de répondre. Cette pression à la pédagogie est une véritable charge mentale qui pèse sur de nombreuses personnes trans et rend le fait de se présenter, la perspective de sociabiliser et même l'engagement dans l'espace public effrayants, angoissants. On lit en filigrane aussi une dynamique souvent inconsciente de la norme à la minorité, qui instaure de force un devoir de pédagogie et de justification au titre d'une différence ; un réflexe qui traduit clairement une conception hiérarchique des identités, estimant qu'une « sortie de route » de la norme majoritaire – cisgenre, hétérosexuelle, blanche, valide – doit être expliquée pour être plus acceptable, perçue comme moins menaçante. Une intégration sociale dans cette majorité passe souvent par une soumission à la curiosité de celle-ci. À cette dynamique sociale, plusieurs sujets de conversation sont liés, dont le principal est certainement le corps trans.

Le corps trans

Dès que l'on mentionne la transidentité d'une personne, une véritable obsession pour son corps apparaît, nourrie par un imaginaire collectif qui a tendance à l'hypersexualiser. Les corps de femmes trans, principalement, nourrissent les fantasmes d'hyperféminité – attendue et présupposée – et représentent une transgression de l'hétérosexualité, une nouveauté, une curiosité « exotique » (un autre mot qui ne devrait jamais être employé pour définir une personne et qui l'est pourtant trop couramment notamment envers les personnes racisées). Cette hypersexualité est majorée par l'association presque systémique des personnes trans au travail du sexe, une association née de la forte précarité de nombreuses personnes trans et de leur manque d'inclusion dans les circuits professionnels, déjà évoqué. Plus largement, l'obsession pour les corps est directement issue d'une vision des personnes trans comme des « entre-deux », des « décalages » avec une norme. Breaking News : parler à une personne, que l'on ne connaît pas forcément très bien, de son corps, dans ses détails les plus intimes n'est ni la chose la plus délicate ni la plus saine. Et le sujet est généralement assez peu abordé de façon subtile ; il n'est pas rare, par exemple, que les questions anatomiques soient les premières dans des discussions virtuelles, sur des applications de rencontre ou les réseaux sociaux : « Alors, t'es opérée ? » ; « Mais du coup, t'as quoi entre les jambes ? » ; « Et t'as des seins quand même ? » alors que la sociabilisation entre les deux personnes a été peu développée. Le relatif anonymat et le manque de proximité semblent faciliter davantage l'intrusion dans l'intimité des personnes trans. Le compte Instagram ptrans_vs_grindr partage de nombreux exemples du genre, un exemple parlant étant la question : « Es-tu un·e·x vrai·e·x trans ? », qui dénote un sentiment de certitude de la part de personnes qui pourtant ne connaissent rien de ce que devrait être la transidentité. Soit une vision qui nous est imposée sans prendre en compte nos narrations de vie et qui revient à une place déterminante du facteur génital.

La sexualité

La sexualité des personnes trans est une autre obsession trop souvent transformée en sujet de conversation se voulant légère et sympathique. Précisons encore, car cela est manifestement nécessaire, qu'aborder le sujet de but en blanc avec un·e·x inconnu·e·x est un brin gênant[16]. Non pas que le sexe soit un sujet tabou en soi, il est nécessaire d'en lever des stigmates trop présents. Il s'agit néanmoins d'avoir conscience des bons contextes pour l'aborder de façon bienveillante.

Les applications de rencontre et les réseaux sociaux constituent ainsi des espaces facilitant la liberté de propos et donc d'intrusion dans des domaines socialement considérés comme impropres à une conversation publique. Ainsi, la sexualité y est souvent librement abordée de manière générale, et, dans le cadre d'échanges entre personnes cisgenres, la discussion se centrera sur la question des préférences sexuelles et de la possibilité d'une relation. C'est le cas aussi des sujets abordés avec des personnes transgenres, mais s'y ajoute une grande confusion quant aux pratiques sexuelles des personnes trans. Le manque d'éducation concernant nos identités et nos parcours de transitions entraîne en effet un flou nourri de fantasmes sur nos anatomies et les pratiques accessibles, ainsi que des questions sur nos facultés biologiques. J'ai ainsi le souvenir vif d'avoir un jour reçu un message me demandant : « Mais du coup, par quel orifice tu évacues tes selles ? » ; comme si, en étant trans, mon organisme était modifié au point de rendre incompréhensibles les fonctions biologiques les plus élémentaires.

Fétichisation, curiosité sexuelle, fascination abusive pour la différence… Une véritable mentalité de chasseur existe bel et bien et libère la parole sans respect pour l'individualité. Ce processus déshumanisant n'est pas exclusivement vécu par les minorités de genre mais également par les personnes racisées ou les personnes grosses notamment. À l'inverse, cette déshumanisation passe également par

---

16 Une nuance est importante ici : la sexualité est l'un des grands tabous de notre société et il est important de lever le voile sur de nombreuses hontes et gênes la concernant, de libérer des blocages et des frustrations, d'éduquer aux problématiques de santé graves pouvant être liées.

un refus d'accorder à certaines personnes une possibilité de sexualité du fait d'une différence identitaire. La question des préférences génitales et de leur légitimité est ainsi très présente dans les sphères militantes ; je ne compte plus les messages insultants affirmant que « personne ne veut d'une trans », que j'ai pu recevoir y compris dans des contextes totalement dénués d'ambiguïté romantique ou sexuelle... Cette affirmation ferme et violente de notre rejet est par ailleurs en contradiction apparente avec une autre tendance liée à la curiosité génitale et à l'hypersexualisation des personnes trans : les discussions sur YouTube ou sur TikTok entre personnes cisgenres, qui explorent les comptes de personnes queers en cherchant à « deviner leur genre » ; bien souvent avec, dans la foulée, un grand renfort de questions demandant « toi, tu pourrais coucher avec un·e·x trans ? ».

Il est important d'avoir conscience que la sexualité est, pour certaines personnes trans, un monde de blocages et de douleurs. Les personnes trans peuvent avoir un rapport à leur corps difficile, être profondément traumatisées, dégoûtées, avoir un désintérêt total pour leurs organes génitaux qui rendent impossible toute perspective d'épanouissement sexuel ou des possibilités d'épanouissement qui ne prennent pas en compte certaines parties de leur corps. Les questions étant principalement portées sur ceux-ci et leur potentiel usage, imposer ce sujet, être inquisiteur·rice à ce propos peut blesser de façon durable.

Les rapports familiaux

D'autres sujets doivent être évités dans certains contextes sociaux pour différentes raisons. Ainsi, les rapports familiaux peuvent être particulièrement douloureux à aborder. Les personnes trans, surtout les plus jeunes, dépendant encore matériellement et émotionnellement du foyer familial, sont dramatiquement exposées à une précarisation précoce, à des violences émotionnelles, voire physiques. Plusieurs études l'ont mis en lumière, notamment un colloque international organisé en Suisse en 2013, « Le droit de l'enfant et de l'adolescent à son orientation sexuelle et à son identité de genre ». Dans son rapport au Conseil de l'Europe à la suite de ce colloque, Erik Schneider, psychothérapeute, rapporte : « Lorsqu'un enfant annonce à ses parents qu'il souhaite faire une transition, il est courant que ceux-ci réagissent par le rejet, le refus de la transition, ainsi que par la violence émotionnelle et/ou physique [...] Des réactions similaires de la part des autres membres de la famille, y compris de la violence sexuelle, sont décrits. » De nombreux rapports ont été publiés en Europe à la suite dudit colloque, en Suisse, au Luxembourg ou en Italie. Dans *Sociologie de la transphobie*[17], Arnaud Alessandrin et Karine Espineira mènent une étude nourrie sur le sujet. Selon leur étude, 85 % des personnes transgenres seront agressées au moins une fois dans leur vie, le milieu familial entrant en ligne directe du contexte pour celles-ci. Le suicide tragique et largement médiatisé de Leelah Alcorn dans l'Ohio en 2014 a mis en lumière le rejet des jeunes transgenres par leur propre famille. Après avoir fait son coming out à ses proches, Leelah a été placée auprès de « thérapeutes » chrétiens pour être « guérie » avant d'être rejetée par ses parents devant le constat d'échec de cette tentative violente de changer l'identité de leur fille. Leelah s'est suicidée en se jetant sous les roues d'un camion, ne supportant pas ce refus d'être acceptée pour qui elle était vraiment.

S'il existe heureusement de nombreuses personnes trans ayant un rapport apaisé et bienveillant à leur famille, cela ne se devine pas de l'extérieur ; la possibilité d'éveiller des souvenirs profondément traumatisants doit donc être évitée, ce qui peut l'être facilement.

Le coming out

Outre les sujets de conversation, c'est aussi, et parfois surtout, la façon de présenter le coming out et d'en parler qui compte et change beaucoup dans la réception du propos. Il est récurrent que le passé pré-coming out/transition des personnes trans soit discuté. Ici encore,

17 Maison des Sciences de l'Homme d'Aquitaine, 2016.

une vraie curiosité existe pour cette période. Parfois, elle est considérée comme plus authentique, parfois il s'agit d'une fascination plus ou moins consciente pour cet « avant » qui n'a pas été vu ou connu. Ramener à ces moments des personnes ayant lutté pour changer, pour s'épanouir en étant pleinement elles-mêmes peut manquer de tact et faire jaillir des souvenirs difficiles.

Cependant, quand le sujet est abordé, quand il ne pose pas fondamentalement de soucis, il est très important de faire attention à la façon dont il est discuté. Même si la personne concernée a changé de prénom, il est important de continuer à utiliser celui qui est le bon, et pas celui qui avait été attribué à la naissance. De même pour le pronom. Ainsi, si vous parlez d'une femme trans pendant sa petite enfance, continuez d'en parler au féminin. Certaines personnes transgenres seront peut-être à l'aise avec le fait d'utiliser un pronom rappelant le genre dans lequel elles ont été socialement intégrées, mais mieux vaut partir du principe que cela peut être blessant, quitte à changer et adapter votre propos selon les informations que vous apprenez au fil des discussions.

> *Les sujets que nous avons abordés ici sont parmi les plus sensibles. Nous aurions pu en mentionner d'autres. Le plus important est de bien intégrer que parler à une personne trans nécessite souvent de prendre des précautions. Il s'agit de garder un sens aigu de l'empathie, une écoute attentive et d'accepter la remise en question de vos propos. Ne pas remettre en question les conséquences de ceux-ci, tant dans le choix du vocabulaire que dans celui des sujets de conversation. Bien évidemment, il n'est pas formellement interdit de parler des points mentionnés ci-dessus : vous l'aurez compris, il s'agit surtout d'une question de contexte. Mais ne les abordez pas spontanément sans connaître le rapport de la personne à ceux-ci ; ne les abordez pas en public, où ils exposent potentiellement la personne transgenre à des remarques, et la « outent » (de l'anglais out, dénoncer publiquement) automa-*

tiquement quand celle-ci ne le souhaitait peut-être pas. Dans le même ordre d'idée, évitez de mentionner une personne trans devant des tierces personnes moins proches pour éviter des réactions que l'on ne peut jamais vraiment deviner. Plus largement, il peut être plus sensé d'attendre que les sujets viennent des personnes concernées elles-mêmes ou de demander s'il est possible d'en parler. Enfin, remettre en question ses intentions personnelles guidant l'envie d'amener un sujet de discussion spécifique est souvent opportun pour déconstruire des réflexes transphobes ou comprendre une intention pouvant amener à des conséquences tristes. Ainsi, si vous pensez que l'« on ne peut plus rien dire », apprenez que vous ne pouvez simplement plus discriminer impunément.

OCÉAN

Océan est né en 1977. Comédien, auteur, militant, il a également été chanteur. Certainement une des personnes trans les plus visibles en France, Océan est connu pour ses spectacles *La Lesbienne Invisible* et *Chatons Violents*, qui explorent et questionnent les identités queers et leur inclusion dans la société. Largement médiatisé pour sa série documentaire du même nom, Océan a transitionné sous le regard des caméras, permettant une vulgarisation importante des vécus transgenres. Il a également organisé le Festival des Merveilles, un festival artistique et politique sur la visibilité des personnes trans. Proche de l'association Acceptess T, il a également participé au lancement du Fonds d'action solidaire trans en 2020.

CHAPITRE III

COMING OUT ET TRANSITIONS

1–

Libérer la parole avec le coming out

Les idées reçues sur le coming out et la transition sont nombreuses, il est nécessaire d'en aborder les subtilités pour en donner une vision globale et réaliste afin de permettre une meilleure compréhension des parcours de vie des personnes concernées mais aussi de faciliter le chemin de certain·es·x d'entre nous.

Le terme de « coming out » est certainement familier à de nombreux·ses·x lecteur·rices·x. Il désigne le fait de révéler à une ou plusieurs personnes une donnée liée à son identité. Le terme est aujourd'hui presque exclusivement utilisé dans un contexte LGBTQI+ afin de partager sur son orientation sexuelle ou sur son identité de genre. On peut parfois spécifier « coming out lesbien » ; « coming out trans »... À l'inverse de ce terme et de cette pratique du coming out, forte de conséquences pour les personnes au sein de la communauté LGBTQI+, la transition de genre est exclusive aux personnes trans, au sens le plus large du terme. Une transition, c'est un ensemble d'étapes de nature différente : intimes, physiques, administratives, mentales..., qui permettent à une personne transgenre de vivre socialement, publiquement, au quotidien, selon le genre qui est entièrement le sien, et de se détacher de celui qui lui avait été assigné à la naissance. Dans l'inconscient collectif, quand on parle de transidentité, on saute directement à la transition. La focalisation sur les changements physiques est forte, mais les personnes qui ne sont pas concernées manquent souvent de connaissances quant au long processus qu'est une transition ; de même, pour beaucoup de personnes trans dont la prise de conscience est fraîche, le manque d'informations centralisées et claires est souvent décourageant, effrayant.

UN CHEMIN MÉCONNU MAIS DE PLUS EN PLUS VISIBLE

Chaque année, le 11 octobre est la journée internationale du coming out. Une journée qui célèbre la possibilité de cet acte et encourage à libérer la parole et à casser les stéréotypes. Ce moment marquant est souvent le fruit d'une période plus ou moins longue de prise de conscience et de réflexion. Car être trans n'est pas un caprice, c'est un chemin de réflexion, un chemin qui amène à la compréhension de soi-même. La route n'est pas toujours toute rose.

- Il s'agit de remettre en question des normes qui sont appliquées et qui définissent l'individu.
- Il s'agit de tourner le dos à un ordre social qui régit les espaces dans lesquels nous évoluons.
- Il s'agit de parvenir à comprendre que le genre assigné peut ne pas correspondre, qu'être trans est légitime.
- Il s'agit aussi de supporter les regards, les violences dont la dureté peut étouffer les expressions de l'identité véritable.

Parfois, le poids de l'éducation et des valeurs transmises peut créer une opposition entre la conscience de qui l'on est et le besoin spontané de l'exprimer, de le vivre. Certaines personnes transgenres peuvent ressentir de la honte à la réalisation de leur différence. Ce fut mon cas. Comprendre sa propre transidentité, ce n'est pas toujours spontané. Il existe bien évidemment de nombreuses personnes pour qui l'évidence est intériorisée mais pas forcément verbalisée, ce qui peut être la chose la plus difficile à faire. Mais pour d'autres, il s'agit d'un pressentiment sur lequel il est difficile de mettre une réalité concrète. La dysphorie

de genre, ce trouble psychique peut induire un mal-être, un doute, une gêne avant la prise de conscience, un sentiment de décalage dans certaines situations sociales... Il s'agit surtout de moments où la division genrée des personnes est forcée et implique une assimilation à un genre qui, au fond, ne correspond pas : vestiaires scolaires, sports, formulaires administratifs, magasins de vêtements, sociabilisation romantique et/ou sexuelle, etc.
La pleine réalisation de son rapport au genre peut être longue. Il n'y a pas de parcours trans prédéfini, de parcours trans plus juste qu'un autre, et la précocité d'un coming out ne doit pas être perçue comme moins crédible. L'environnement familial, l'accès à des ressources sur le sujet, une multitude de facteurs très intimes influent grandement sur une disposition émotionnelle et intellectuelle à réfléchir son genre.

Plusieurs éléments aident à passer du doute à la prise de conscience : la représentation de personnes et de parcours transgenres dans des œuvres de fiction ; des témoignages autobiographiques et biographiques ; une couverture médiatique objective. Avoir accès à une représentation portée par les personnes trans elles-mêmes ou de façon éduquée est nécessaire et donne des outils de compréhension pour les personnes en questionnement, tout comme pour leurs proches, les curieux·ses·x...
C'est d'ailleurs la progression de cette visibilité qui participe à l'émancipation et à la multiplication des coming out trans depuis quelques années. Le sentiment est que nous sommes de plus en plus nombreux, mais c'est simplement que nous osons enfin en parler. Avoir accès à des représentations permet de savoir qu'être trans, c'est possible, et que ça existe. De même, la relative dépathologisation libère la parole et la conscience quant à l'existence de minorités de genre, après des décennies de stigmates entraînant une honte, une ostracisation qui a rendu silencieuses des générations de personnes trans.

VIVRE PUBLIQUEMENT SON IDENTITÉ

Le coming out est synonyme de début d'une vie publiquement et/ou partiellement vécue dans la différence. Pour autant, une personne trans ne l'est pas seulement à partir de son coming out : il n'est pas créateur de l'identité, il est seulement une confirmation sociale d'un état de fait précédemment intime, vécu uniquement en soi. Autour du coming out, il y a tout un vocabulaire spécifique. On dit d'une personne qui l'a fait qu'elle « est out », et le fait de le faire, c'est « s'outer ».

Il n'est pas rare que le coming out d'une personne soit remis en doute précisément quand il est partagé : « Laisse-toi du temps... » ; « Comment tu peux être sûr·e·x », etc. Ces questions témoignent souvent de craintes pour les conséquences sociales, surtout l'exposition à des violences ; parfois, c'est une volonté active de retenir un changement dans l'intégration sociale de la personne concernée, mais aussi une possible modification dans le regard des personnes informées. Derrière ces remises en question, il y a aussi parfois l'idée intériorisée que l'information dévoilée est un état moins « vrai » que celui initial : on retombe dans la fameuse idée de « phase ». Pourtant, on ne remet jamais en question l'affirmation de codes liés à la cisnormativité ou à une hétérosexualité par défaut chez les plus jeunes.

L'information autour du coming out est celle-ci : on conditionne les identités « par défaut », d'après une majorité, et le coming out établit la vérité. Généralement, faire la démarche de partager une information aussi intime et liée à une réflexion si profonde est le signe d'une certitude de l'idée mais aussi du besoin de rendre publique une information qui aura une influence plus ou moins profonde sur la vie sociale du.de la concerné·e·x. Car les conséquences d'un coming out sont généralement envisagées avant celui-ci et la prise de parole se fait de façon consciente, ce qui montre que le cheminement de pensée débouche sur la nécessité de parler pour pouvoir vivre publiquement une identité, une orientation romantique et/ou sexuelle qui est entièrement sienne.

Les statistiques manquent sur la sociologie du coming out, mais en 2019, l'association britannique Stonewall a révélé qu'entre 2015 et 2019, l'âge moyen du coming out pour les gays et les lesbiennes est descendu de 17 à 21 ans : le signe d'une tendance générale qui permet dans certains espaces sociaux de se confier et se dévoiler.

Quand il s'agit de coming out trans, les chiffres n'existent pas mais la tendance est également à des coming out plus jeunes. Un signe encourageant qui témoigne d'un contexte social qui permet plus facilement de partager cette vérité dans les cercles les plus proches, mais aussi d'un accès à des ressources et une volonté active de la jeunesse de se connaître et s'accepter. Tout n'est évidemment pas rose pour autant et ces chiffres ne doivent pas donner l'impression qu'il y a un âge après lequel il serait « trop tard » ; ce n'est pas le cas !

CHOISIR SON BON MOMENT

Le coming out est personnel, il est important de le faire au moment qui semble le plus propice pour soi, et uniquement pour soi. Il ne faut pas croire qu'il est nécessaire de faire son coming out à toutes les personnes qui nous entourent. Révéler une information liée à son identité peut avoir des conséquences négatives, on l'a vu : rejet, violences verbales, physiques... D'après un rapport à la Commission européenne de 2013, les cas de violences sexuelles pour « corriger » ce qui est perçu comme une « erreur » après un coming out sont beaucoup plus courants que le pensaient les institutions européennes. De fait, quand le contexte familial, scolaire, et/ou professionnel ne semble pas être un espace bienveillant et suffisamment sécurisé pour vivre son identité en toute sécurité, ne pas faire de coming out relève de la mesure de sécurité – et la sécurité reste une priorité.

Le coming out peut être progressif et se faire par étapes, par cercles sociaux : amical, familial, professionnel... Nous le redisons, il n'y a pas de notice pour un coming out parfait. Il sera idéal s'il est fait selon les besoins et circonstances de la personne concernée.
Nous avons mentionné « le » coming out, mais il est rare que les personnes amenées à en parler aient seulement une seule discussion sur leur identité ou leur orientation à tenir. Nous faisons au cours de notre vie de nombreux coming out. Tant que nos identités ne sont pas connues en elles-mêmes dans la conscience collective et dans tous les domaines de la société, nous serons en effet amené·es·x à nous expliquer, que ce soit par curiosité extérieure, par besoins administratifs, médicaux... Mais aussi quand nous intégrons de nombreux cercles sociaux, professionnels, etc. Une seule fois ? Ça aurait été trop facile !

LE JOUR OÙ LE COMING OUT NE SERA PLUS NÉCESSAIRE

C'est cette impossibilité à partager sereinement sa vérité, le poids des traditions dans certains milieux qui expliquent les coming out parfois très tardifs. Dans la pièce de théâtre *Trans (Més Enllà)*, jouée au Festival d'Avignon en 2018, la comédienne Clara Palau partage ainsi son expérience de coming out trans à plus de 60 ans et les obstacles qui l'ont empêchée de vivre en étant elle-même pendant ces décennies. Des témoignages comme celui de Clara doivent être entendus. Il est aujourd'hui nécessaire d'offrir un contexte stable et serein pour créer une égalité des cadres de vie à toutes les identités de genre. Il est une urgence sociale de faire en sorte qu'aujourd'hui, dans notre cadre de vie qui impose encore à la différence de se dévoiler, de devoir être dite, expliquée, les personnes qui veulent et doivent le faire puissent parler sans s'exposer à la violence. Mieux, il serait encore plus important d'intégrer les questions de genre et d'orientations romantiques/sexuelles dans les programmes éducatifs. Qu'un jour, ces vérités soient tellement comprises, vues comme d'autres configurations humaines aussi légitimes que la majorité hétérosexuelle et cisgenre, que plus personne n'ait à faire de coming out. Ou que tout le monde ait à en faire. Car le fait même que certaines personnes aient à révéler qui elles sont montre bien qu'il existe une vraie division sociale entre des personnes considérées comme « normales » – et donc dont l'identité de genre ou l'orientation romantique/sexuelle n'a pas besoin d'être dite – et « les autres » – une catégorie qui regroupe dans les faits des personnes très différentes, qui sortent de l'ordre et doivent alors annoncer une différence. Dès que celle-ci est connue, des conséquences existent. Cet état est injuste.

S'il est vrai que l'hétérosexualité est la majorité, elle n'est pas meilleure ou plus légitime ; s'il est vrai que les personnes cisgenres sont majoritaires, leur identité n'est pas plus naturelle ou vraie. L'identité de genre et/ou l'orientation romantico-sexuelle n'est pas visible, elle ne se lit pas sur une personne concernée et toutes les différences se valent. Pourquoi ne pas aspirer à ce que personne n'ait plus à faire de coming out ? Parce qu'en l'état des choses, aujourd'hui, l'inégalité des droits, le manque de connaissance et de compréhension précise et objective des personnes transgenres rendent nécessaires leur visibilité pour porter des revendications et de la pédagogie. Quand toutes les identités seront socialement intégrées de la même façon dans les espaces publics, quand tous·tes·x auront les mêmes possibilités citoyennes et humaines, le coming out ne sera plus nécessaire pour avoir accès à des besoins spécifiques et une reconnaissance politique. Il se limitera éventuellement dans le cadre d'une réflexion personnelle.

2-

La transition : suite logique ?

La transition, pour beaucoup, c'est une suite logique au coming out. Pourtant, elle est souvent très mal connue dans sa réalité, ou plutôt « ses » réalités car il n'existe pas une seule transition. Généralement, on considère qu'il y en a deux : la transition sociale et la transition médicale.
Rappelons que la transition n'est pas un processus de changement d'identité de genre ; il s'agit d'un ensemble de procédures permettant de faire de notre identité de genre une vérité officielle aux yeux de l'État, mais aussi d'amener des changements qui permettent une perception sociale de notre genre. On parle bien de transition « de genre », mais il faut préciser que c'est une transition dans les caractères extérieurs de genre. Et si nous ne révélons pas notre genre avant un moment donné, et que nous-mêmes n'en avons pas conscience pendant une période plus ou moins longue, cela ne veut pas dire qu'il n'est pas déjà légitime.

FASCINATION, FANTASMES ET PRÉJUGÉS SUR LES TRANSITIONS

Elles ne sont donc pas exclusivement physiques comme ce à quoi l'inconscient collectif peut les réduire – n'en déplaise à ceux qui sont fascinés par ce processus évolutif. Cette fascination, liée à la spécificité du phénomène aux personnes trans, est souvent accompagnée d'incompréhension de la part de la majorité de la population mais aussi de fantasmes, d'idées violentes parfois. Prendre conscience que cette biologie, considérée comme immuable, définie, peut changer, est souvent une surprise aussi pour les principaux·ales·x concerné·es·x. Rien n'est inné pour personne. Et le fait d'y avoir recours l'est d'autant moins. Les avis sur la question sont tranchés : « mutilation », « triche », « contrefaçon », « jouer à l'apprenti sorcier », « jouer à Dieu » : on commente souvent le processus sans chercher à le connaître ou à en comprendre les raisons.

TRANSITION « RÉUSSIE » ? « RATÉE » ? « COMPLÈTE » ?

Il n'y a pas une transition type, il n'y a pas une bonne transition, il n'y en a pas de « complètes » et encore moins de « réussies » et de « ratées ». Ces deux dernières expressions sont pourtant très courantes. Elles sont utilisées pour juger du passing de la personne qui transitionne ou a transitionné, et la plupart du temps, désignent exclusivement la transition médicale. Ces expressions sont assez largement abusives : il s'agit d'une validation non demandée selon des critères de proximité au modèle cisgenre, qui ne prend en compte que la perception physique, qui cherche par confort visuel à rapprocher l'apparence à des modèles majoritaires.

On aimerait plutôt entendre des commentaires qui approuvent et félicitent une personne qui aurait simplement osé ou enfin commencé un parcours dont elle a besoin. Des commentaires qui célèbrent le confort psychologique, l'apaisement que la transition peut apporter. Il s'agit là encore d'une preuve de l'obsession pour les corps trans et pour notre assimilation physique à la majorité. D'ailleurs, cette fascination pour notre intégration est à double tranchant, et le revers est souvent une répulsion pour notre capacité de passing, considérée comme une sorte d'infiltration menaçante, autant qu'une admiration pour la possibilité d'avoir l'air « naturel·le ».

Toute transition est réussie, car oser commencer une transition est à la fois le signe d'une concordance avec soi et avec ses besoins, en s'affranchissant des jugements, et une façon d'atteindre un résultat attendu, espéré, nécessaire pour la personne concernée. Au fond, ce genre d'expression dit beaucoup plus de la perception des transidentités par les personnes cisgenres que des personnes trans elles-mêmes. On parle d'ailleurs souvent du « confort cisgenre » pour désigner ce besoin de limiter les personnes trans à des standards acceptables pour la cisnormativité.

« ALORS, TU AS FAIT L'OPÉRATION ? »

Cette question, posée souvent les yeux brillants de curiosité, de mystère associé à un sentiment de tabou, est pénible à entendre et surtout manque de sens. Car une autre grande idée préconçue entourant les transitions, tenace, est qu'une transition est achevée avec une chirurgie génitale, nommée énigmatiquement « l'opération ».

On peut déjà et de nouveau souligner l'ostracisation sociale des personnes trans, souvent considérées comme « exotiques » et à la disposition de la curiosité des autres ; car si, par convention sociale, on apprend aux enfants à ne pas montrer ou parler de leurs organes génitaux ou de ceux des autres, quand il s'agit de ceux d'une personne trans, cela semble être une tout autre affaire…

Par ailleurs, si les personnes trans sont effectivement amenées à envisager des opérations génitales, elles peuvent avoir besoin de faire bien d'autres interventions qui sont systématiquement oubliées, non désignées par le terme générique qu'est « l'opération » !

Alors que la capacité théorique de changer d'organes génitaux suscite une fascination en raison du caractère intime, transgressif que peut inspirer ce changement, les personnes trans qui intègrent à leur transition une chirurgie génitale sont une minorité. Dans un rapport de

2018[18], l'American Surgery Society rapporte 3 250 chirurgies génitales, tous·tes·x patient·es·x confondu·es·x en 2016, pour une population trans adulte estimée à 1 397 150 personnes. Et si entre 2015 et 2016 il y a eu une augmentation de 19 % de ces procédures, la proportion reste particulièrement faible. De même, en 2016, la Sécurité sociale française a comptabilisé 165 chirurgies génitales. Un mythe se brise !

On ne le répétera jamais assez : être trans est un rapport spécifique au genre, pas au sexe ; les organes génitaux ne déterminent pas le genre, des millions de personnes trans ont un rapport totalement apaisé à ces derniers et affranchi de tout filtre genré.
Les contraintes sont de toute façon nombreuses autour des chirurgies sexuelles et en font relativiser l'accès.

NE PAS TRANSITIONNER : UNE RÉALITÉ

Si l'acte de transitionner est spécifique aux personnes trans, il ne faut pas croire que toutes les personnes trans s'y engagent. La non-transition est une réalité, elle aussi trop peu souvent rendue visible. La transition est une vraie pression pour créer une norme au sein de la communauté trans, vécue et imposée à la fois par les institutions d'encadrement, les personnes qui décident de transitionner et l'inconscient collectif en général.
La dysphorie de genre est aujourd'hui vue comme un argument scientifique à la transidentité. Il ne faut bien sûr pas nier l'expérience de vie des personnes dysphoriques, pour qui les crises entraînent isolement social, dégoût de soi, mal-être dont les déclencheurs sont à la fois individuels, personnels, corporels mais aussi sociaux. Car non, la dysphorie n'est pas un choix, elle est subie. Il est tout aussi vrai que le contexte culturel hyperbinaire et la norme cisgenre y participent

18 « Sex Reassignment Surgery Market Size By Gender Transition » mené par Sumant Ugalmugale et Rupali Swain en 2018.

directement. Et si la dysphorie rend l'expérience de transition d'autant plus nécessaire, il ne faut pas en faire une expérience universelle dans la communauté trans. D'ailleurs les personnes dysphoriques ne le sont pas toutes de la même façon. L'intensité des crises, les facteurs déclenchants, la récurrence font que l'existence de la dysphorie n'est pas homogène. Et évidemment, certaines personnes ne ressentent aucune dysphorie de genre. Cela ne les rend pas moins trans, même si tout un débat sur cette question existe au sein même de notre communauté.

Être trans mais ne pas transitionner, c'est sortir du système hétéro-cisgenre ; c'est sortir des normes et des attentes plaquées sur un genre, que l'on soit une personne dite binaire ou non binaire.
On peut ne pas sentir le besoin de rejoindre des codes normés par la transition. On peut ne pas avoir envie de passer par des étapes, surtout médicales, très contraignantes et lourdes pour le corps. Souvent, quand on parle de ne pas vouloir transitionner, on parle de transition médicale, une transition sociale est faite.
Attention, il ne faut pas faire de hiérarchisation. Pour autant, cela ne veut pas nécessairement dire que la personne qui ne transitionne pas a plus déconstruit les normes du genre.

Que l'on transitionne ou pas, il s'agit dans les deux cas de volontés individuelles, de besoins personnels. Rien ne doit être forcé sur personne :

- Il ne faut pas créer de discours culpabilisant sur le fait de transitionner et donc de s'apparenter à des codes de genre majoritaires ;
- Il ne faut pas non plus stigmatiser le fait de ne pas transitionner et de ne pas vouloir correspondre à des codes et à des corporalités attendues mais bel et bien à des personnes.

Il faut simplement avoir conscience que tout existe et a une raison.

3-

La transition sociale et administrative

La transition sociale peut être considérée comme la somme de deux types de démarches : les démarches personnelles, liées à la sociabilisation et à son intégration dans les espaces sociaux ; les démarches administratives, pour faire changer la perception de notre genre via les documents officiels.

Le coming out est une étape de la transition sociale, puisqu'il consiste à amener et confirmer une nouvelle définition genrée de soi chez autrui. Mais le coming out n'est que la transposition dans les espaces publics et privés d'un état de fait vécu auparavant seulement avec soi-même. Les autres étapes de transition sociale sont de même, elles ne signifient pas un changement de genre mais l'affirmation de son genre par l'appropriation de codes de genre. On pourrait dire qu'il s'agit de rendre socialement « lisible » un genre qui a été invisibilisé jusque-là par notre assignation de naissance.

Il s'agit donc de souscrire à des constructions associées à un genre. Il est d'ailleurs souvent reproché aux personnes trans de renforcer des stéréotypes ; une attaque qui oublie que ces derniers ont été construits par les personnes cisgenres pour mieux se catégoriser et renforcer la division sexiste de notre société. Et comme il est nécessaire pour des personnes cisgenres d'adhérer à ces codes, qu'ils correspondent à des goûts individuels, à un besoin d'intégration... Eh bien, ces mêmes codes sont nécessaires pour les mêmes raisons à certaines personnes trans. Nous disons bien certaines, pas toutes, car toutes les personnes trans n'ont pas la nécessité de participer à ces références visuelles, qu'elles soient binaires et aient totalement déconstruit les notions de genre appliqué à des objets ou attitudes, ou qu'elles n'aient pas le goût de ces éléments ou encore qu'elles soient non binaires – et de fait s'affranchissent à des degrés nuancés des bornes de la binarité.

La critique appliquée aux personnes trans est proche de celle qui est faite aux personnes cisgenres dont l'apparence, les attitudes, les revendications, montrent un retournement des codes du genre.
On considère ainsi une femme masculine comme « garçon manqué », avec toutes les implications lourdes que cette expression sous-entend. Être manqué, c'est ne pas être « complète », c'est ne pas réussir à être juste selon ce qui est attendu de nous et qui est dicté par les conventions sociales. De même, un homme efféminé est immédiatement perçu comme homosexuel, avec tout un sous-texte déshumanisant et violent ; son identité est ramenée à une perception sexiste de cette féminité, perçue comme signe de faiblesse. Être féminin, c'est être « moins », « incomplet ».

Ces regards croisés nous parlent à la fois de la profondeur du sexisme dans notre société, du mépris pour la féminité mais aussi d'à quel point les normes de genre et les attentes sont concrètes. Vêtements, attitudes, couleurs, voix, sont autant d'éléments qui sont considérés comme des marqueurs de genre et qui participent à la transition sociale ; ils sont des étapes importantes et symboliques dans le renouveau de la façon dont les personnes transgenres présentent leur genre dans l'espace public et pour elles-mêmes.
Nous devons maintenir l'exigence de déconstruction de l'ensemble de nos normes afin de ne plus stigmatiser ni les étapes de la transition, ni la non-transition, ni la binarité. Parler d'égalité des genres (et non d'« égalité des sexes », l'amalgame se faisant souvent), c'est transformer totalement la façon dont on regarde ces genres et les options, les libertés qui leur sont – ou pas, en l'état actuel – accordées.

DES VÊTEMENTS SPÉCIFIQUES POUR FACILITER LA TRANSITION

Les binders

Ce sont des vêtements de compression permettant d'aplatir le torse de la personne qui les porte. Ils permettent donc de donner l'apparence d'une silhouette qui sera majoritairement associée à la masculinité. Notons toutefois que si le binding (action de porter un binder, d'aplanir le torse) et les binders ne sont pas l'exclusivité des hommes trans mais accessibles à toutes les personnes dont l'identité de genre et/ou l'expression de genre les rapproche d'une forme de masculinité, des personnes non binaires peuvent porter des binders. Si l'offre des binders est nécessaire car elle permet d'alléger la dysphorie, elle ne doit pas pour autant être présentée comme une injonction et empêcher un discours qui revendique la nature non genrée du corps dans sa matérialité et rejette le poids des regards sociaux portés sur lui... ce qui n'est pas moins douloureux à vivre au quotidien.

Le torse peut être source de dysphorie violente, de dégoût de soi, d'inconfort. Il est cependant important de respecter des consignes de sécurité : ne pas porter le binder plus de huit heures de suite, ne pas dormir ni faire de sport avec, faire des pauses régulières, le retirer si des douleurs aux côtes et aux os ou des difficultés respiratoires se font sentir.

Les méthodes dites « artisanales » pour le binding sont nettement déconseillées : les bandes orthopédiques et autres textiles enserrant tout le buste peuvent entraîner des côtes fêlées, cassées, des douleurs respiratoires ou endommager les tissus jusqu'à empêcher toute chirurgie. Porter un binder est souvent synonyme de libération, une source d'euphorie et de bien-être, il est d'autant plus important de respecter ces règles pour ne pas qu'il devienne un problème. Des bandes autocollantes existent, spécifiquement conçues pour le binding, mais la colle peut être douloureuse et il ne faut jamais retirer ces bandes sans savon ou huile par exemple.

- ➔ La meilleure solution est de se procurer un binder prenant la forme d'une brassière. Il en existe dans différentes couleurs pour différentes carnations, de différentes longueurs. L'une des contraintes rapportées par de nombreuses personnes portant ces binders est de réussir à en cacher le col sous un vêtement ; l'été est aussi souvent une période pénible à vivre, car porter un binder peut devenir parfois difficile à supporter à cause de la chaleur ; les pauses sont alors d'autant plus importantes.
- ➔ Pour l'achat, certaines marques sont spécialisées en binders ; la plus importante est américaine : G2CB. Mais les marques Spectrum Outffiters et Shapeshifter ont également bonne réputation.
- ➔ Il est cependant parfois impossible, pour de jeunes personnes, de payer un binder, ses frais de port, et de recevoir le colis au domicile familial sans avoir à faire un coming out. Heureusement, des initiatives permettent d'éviter cela. La Mutinerie, à Paris, organise des ventes de binders sur place. Plusieurs comptes Instagram permettent également de la vente d'occasion à prix réduits, des échanges et des dons ; c'est le cas des comptes Trans Share et Trans Action.

Le packing

Le packing est une pratique consistant à porter dans un sous-vêtement une prothèse (parker) émulant l'aspect de la proéminence pénienne. Le packing consiste à recréer une protubérance au niveau de l'entrejambe pour les personnes trans, hommes trans et personnes non binaires. Le parker peut être une simple forme textile rembourrée ou une prothèse pénienne en silicone plus ou mois réaliste. Certaines prothèses contiennent un canal permettant d'uriner ; d'autres sont rigides ou peuvent être rendues rigides pour permettre un échange sexuel pénétratif. D'autres encore peuvent être collées à la zone génitale pour être maintenues en place. Contrairement au tucking (voir ci-après) ou au binding, le packing n'a pas de conséquences physiques potentiellement dangereuses.

- → Des sous-vêtements contenant une poche spécifiquement destinée à maintenir la prothèse sont vendus par des marques spécialisées. Les prothèses elles-mêmes peuvent ne pas être forcément réalistes, et de nombreuses personnes trans commencent par utiliser des chaussettes.
- → Des marques spécialisées vendent une vaste gamme de produits qui tendent à être assez onéreux.

Le tucking

Le tucking peut grandement alléger la dysphorie ou le confort des personnes concernées. Cette pratique consiste à masquer la proéminence pénienne. Le tucking est pratiqué par certaines personnes trans ayant un pénis, notamment des femmes trans ; certaines personnes cisgenres le font aussi (c'est le cas des drag queens par exemple).
On dit d'une personne qu'elle « tuck » – du terme anglais signifiant « replier », « cacher », « ranger ». Comme pour le binding, il existe plusieurs techniques de tucking et des précautions doivent être prises.
Le tucking consiste à faire remonter les testicules dans la cavité inguinale, puis à rabattre la verge et à la maintenir en place. Cela peut être fait en utilisant du ruban adhésif médical ou en portant une gaff, culotte de compression. Une variante aux gaffs est de superposer des collants découpés, ou de porter un short cycliste par-dessus son sous-vêtement.
Le tucking peut être gênant mais ne doit jamais être douloureux. Il est important de bien raser la zone génitale, de ne pas dormir en tuckant et de ne pas tucker plus de huit heures. Faire des pauses est conseillé.

- → Des culottes de tucking sont vendues par des marques spécialisées, notamment Carmen Liu, une marque britannique de lingerie entièrement pensée pour des personnes trans, permettant de tucker, et offrant également des sous-vêtements fins et fonctionnels.

LA TRANSITION ADMINISTRATIVE

À côté de ces démarches liées à des codes visuels et physiques, l'identité administrative est également un enjeu de la transition. Outre le prénom, qui est un marqueur de genre omniprésent et qui participe à la définition de soi, la mention de sexe est obligatoire pour de nombreux documents et démarches au quotidien. Ce sont par les lettres M et F de la carte d'identité (entre autres) que l'on désigne l'information administrative permettant de genrer une personne. L'expression « mention de sexe » est très peu pertinente : elle sert à signifier à la fois les organes génitaux – mais sans prendre en compte la diversité des biologies qui sortent de la binarité – mais aussi le genre de la personne, à faire comprendre que l'on est un homme ou une femme. Il serait plus pertinent de parler de mention de genre et de remplacer les initiales de Mâle et Femelle (ou Homme et Femme sur d'autres papiers), ou de carrément les faire disparaître. Un des enjeux politiques serait aussi d'intégrer la mention d'autres genres sur nos documents d'identité et dans les formulaires administratifs, bien que cela soit limité dans un contexte enbyphobe.

À quoi sert la mention de sexe M ou F ?

La pertinence de faire apparaître cette mention de genre est souvent débattue dans la communauté trans. En effet, à quoi sert cette mention ? Souvent, à permettre la mise en place de statistiques administratives ou économiques en lien avec des services d'État. Si c'est pertinent dans certains cas – comme pour les pensions de veuves par exemple –, cette mention ne sert la plupart du temps qu'à alimenter un système basé sur une binarité sexiste ou une logique consumériste (cartes de fidélité, souscription à des services en ligne…).

En résumé, le prénom et la mention de genre peuvent être changés, indépendamment ou ensemble ; auquel cas tout se fait au tribunal de grande instance et la demande de changement de prénom est ajoutée à celle de genre.

CHANGER DE PRÉNOM

Le changement de prénom s'effectue au service état civil de la mairie de naissance ou de domiciliation.

- Un dossier doit être retiré auprès de ce service et lui être restitué après complétion. Ce dossier nécessite de décliner son identité civile ; il doit contenir une liste de cinq prénoms qui peuvent être demandés auprès de l'état civil. Il est possible d'effectuer plusieurs changements de prénom ; si c'est le cas, chaque démarche doit être renseignée. Enfin, un encart permet de préciser l'objet de la demande.
  À ce dossier doivent être ajoutés : un justificatif de domicile, une copie d'une pièce d'identité valide et une copie intégrale de l'acte de naissance, de moins de trois mois, à demander à la mairie de naissance. Ces pièces sont absolument obligatoires.
  Peuvent être joints – mais ils ne sont plus nécessaires – des « justificatifs de légitimité » de la demande : lettres de proches, documents médicaux...
- Une commission municipale examine ensuite le dossier complet et décide de la légitimité de la demande, de la valider ou non.
  Si elle est acceptée, un délai permet d'envoyer la décision de mairie à l'état civil de la mairie de naissance, qui change les informations dans ses registres. Lorsqu'elle est validée du premier coup, la démarche peut prendre jusqu'à un mois, souvent moins.
  En cas de refus, il est possible de reformuler sa demande dans la mairie de naissance ou celle de domiciliation, selon le lieu où a été formulée la première demande. Il est également possible de contacter des associations pour une prise de contact avec la mairie ou la préfecture afin de faire changer la décision initiale.

Il est nécessaire aujourd'hui de critiquer un tel pouvoir de décision et une telle légitimité accordés à des personnes cisgenres qui n'ont aucune expérience sociologique ou culturelle relative aux personnes trans. Les enjeux sont en fait profondément politiques, nous aurons l'occasion d'y revenir.

- Il est ensuite possible de demander à renouveler la carte d'identité pour y faire mentionner le·les nouveau·x prénom·s. Cette démarche est gratuite.

CHANGER DE GENRE

Le changement de mention de genre, quant à lui, s'effectue dans le tribunal de grande instance (TGI) du département de domiciliation ou de naissance. Cette démarche est bien plus longue (de 6 à 30 mois) mais a été modifiée en 2016 : il n'est aujourd'hui plus nécessaire de suivre une hormonothérapie ou d'avoir subi une chirurgie génitale pour demander le changement de genre. Cette démarche n'est toutefois accessible qu'aux personnes majeures ou aux mineur·es·x émancipé·es·x.

- Il s'agit de déposer une requête transmise au greffe du tribunal, en se rendant directement sur place ou en l'envoyant par courrier. Une requête est considérée comme une « demande gracieuse » au tribunal, qui peut la rejeter après son examen. Concrètement, il s'agit d'une lettre indiquant les informations administratives de la personne requérante, et qui expose les faits relatifs à la demande : courte biographie, difficultés relatives à une mention de genre inadéquate, évocation de sa transition ou du moins de son intégration sociale dans le genre demandé, et des autres démarches engagées si le changement de prénom a été effectué auparavant.
  Des modèles de requêtes peuvent être trouvés en ligne, notamment sur des forums juridiques. Certains intègrent une partie de rappels relatifs à la démarche de changement d'état civil, avec tout l'historique des réglementations pour appuyer l'existence légale et la légitimité de la requête.

- D'autres pièces peuvent être demandées : un justificatif de domicile, une copie de pièce d'identité en cours de validité, une attestation de consentement, une copie intégrale de l'acte de naissance, entre autres.
- De même, le dossier doit être complété par des « preuves » de la légitimité de la démarche, des documents qui démontrent au tribunal que le changement viendra acter d'une réalité sociale et humaine déjà totale. Ainsi sont attendues des lettres de membres de la famille, d'ami·es·x, de relations professionnelles pour prouver que le genre demandé est déjà vécu dans toutes les sphères de notre quotidien. Ici encore, la critique de cette démarche et de l'invasivité de ces « preuves » est nécessaire, les tribunaux réclamant parfois des documents qui ne sont pas nécessaires : dossiers médicaux (depuis 2016, ils ne sont plus obligatoires) ; photographies devant montrer l'ampleur des changements que la transition est censée entraîner d'après une mentalité cisnormée… un effet avant/après voyeur et une appréciation totalement subjective au détriment de la compréhension du besoin de cette démarche.
- Quiconque se renseignera sur Internet quant à la constitution du dossier lira que des photos en pied et en buste peuvent être ajoutées, ainsi que des documents médicaux : ordonnances d'hormonothérapie, lettre de diagnostic de dysphorie, lettre de recommandation de psychiatre, d'endocrinologue et/ou de chirurgien·ne·x. Ces documents ne peuvent pas être exigés, ils ne sont pas obligatoires, la démarche ayant été rendue indépendante de toute médicalisation des transidentités. Cependant, leur intégration au dossier peut effectivement être demandée au fil de l'examen par un juge ; ces documents sont toujours perçus comme des « preuves » rendant le dossier plus solide et prétendument objectif.
- Lors de l'examen du dossier complet, il peut être demandé à la personne requérante de se rendre au tribunal pour une audience.

Notez bien que tout au long de ce paragraphe, il a été question de « mention de genre » ; si nous avons à discuter de la pertinence de cette expression, la démarche de changement est officiellement et légalement connue comme « changement de mention de sexe », sans qu'il s'agisse d'une démarche actant un changement physique de sexe : la confusion est grande, mais il est important de respecter la titulature officielle.

Né·e·x à l'étranger ?

Si la procédure est la même à l'échelle nationale, des nuances existent dans son application. Ainsi, les citoyen·nes·x français·es·x né·es·x à l'étranger doivent tous·tes·x en référer au tribunal de Nantes. Les personnes n'ayant pas la nationalité française peuvent également effectuer la démarche, mais celle-ci se fait au tribunal de grande instance de Paris.

Virtuellement, tous les tribunaux prennent en charge les demandes de changement de la mention de genre. Factuellement, il est notoire que certains tribunaux sont plus réfractaires aux demandes ; la raison la plus logique étant un conservatisme politique et social de ces institutions isolées. Évidemment, cette infirmation n'est connue et transmise que dans les milieux trans, pour assurer une transition la plus safe. Nous avons ici été le plus factuels possible. Les démarches permettant une transition sociale plus simple et une meilleure qualité de vie au quotidien sont pourtant largement critiquées par les personnes trans tant elles sont compliquées ; leur modification est un enjeu politique et social dont nous discuterons dans le dernier chapitre.

4-

La transition médicale : les réalités derrière les fantasmes

La transition médicale est souvent la plus médiatisée, celle qui focalise sur elle les questions et les fascinations. Si la curiosité pour les personnes qui changent de sexe est omniprésente et imposée aux personnes trans, la réalité des interventions, leur nom même sont largement méconnus.

L'importance des étapes sociales de la transition est trop souvent sous-estimée car considérée comme « normale » ; ainsi, il semble « normal » qu'une personne qui s'intègre dans son genre de femme se mette à se maquiller. C'est ne pas réfléchir à la libération symbolique que ces gestes et signes visuels de genre peuvent être pour les personnes trans, ou leur non-besoin total pour d'autres. On accorde au contraire une symbolique toute particulière aux étapes médicales. Une symbolique qui est renforcée par la subjectivité de personnes cisgenres, par ce que des personnes pensent savoir de ces procédures, en en sachant finalement très peu. Il faut reconnaître que l'accès à des informations claires sur ces étapes n'est pas facile, même aux personnes trans : quels traitements hormonaux pour quels effets, quels prérequis pour quelle chirurgie, et quels soins après celle-ci ?

Les questions importantes sont nombreuses et trop souvent, c'est la transmission entre personnes trans qui permet de répondre aux inquiétudes. Trop souvent, les informations nous sont données à l'approche seulement de ces étapes. Une synthèse est donc nécessaire, nous allons essayer de la fournir ici.

La SoFect, Société française d'étude et de prise en charge de la transidentité

En France, les transitions médicales sont contraignantes et très encadrées. Cet encadrement n'est pas récent. En 1979, une équipe dite « officielle » est organisée à Paris pour la prise en charge des personnes trans. Elle rassemble des spécialistes de santé de plusieurs disciplines : psychiatrie, endocrinologie et chirurgie surtout. En 2002 sont fondés les « postes hospitaliers dédiés au transsexualisme », toujours avec cette idée de pluridisciplinarité pour prendre en charge tous les aspects envisageables d'une transition médicale. Ces postes sont implantés dans plusieurs villes. En 2010, une association de professionnel·les de santé est fondée à la demande d'un organisme ministériel, la Direction générale de la santé mais également des assurances maladie : il s'agit de la Société française d'étude et de prise en charge de la transidentité, raccourcie en SoFect. La SoFect a aujourd'hui une position quasi hégémonique dans l'accès aux transitions mais aussi aux déroulés de celles-ci.

LE PARCOURS DIT « OFFICIEL »

On parle de « parcours officiel » pour les personnes qui passent par la SoFect, à l'inverse parfois, de « parcours pirate » pour les personnes qui la contournent. Cela est en effet possible, mais c'est plus contraignant encore. Nous décrirons ici les parcours officiels et les comparerons aux autres solutions qui existent. La SoFect a mis en place un protocole clair pour les transitions médicales.

- Les personnes trans doivent d'abord être prises en charge par des psychiatres, qui établissent un diagnostic de dysphorie de genre et la nécessité d'une transition médicale. Cette validation psychiatrique peut être l'affaire de plusieurs mois, jusqu'à presque deux ans.
- Les psychiatres contactent ensuite les autres membres d'une équipe d'encadrement, d'abord un·e·x endocrinologue. Un rendez-vous est pris pour un bilan de santé assurant la possible prise d'un traitement hormonal (prise de sang, électrocardiogramme, bilan hormonal, échographie, prise de tension...).
- Ce premier rendez-vous d'endocrinologie est également accompagné d'un entretien au cours duquel un examen physique, et des questions sur le quotidien, l'enfance, le style de vie de la personne concernée sont posées. Tout cela est fait dans la foulée et sert de base. L'ensemble de ces examens est pris en charge financièrement.
- Les rendez-vous psychiatriques continuent tout au long du processus et les examens ne suffisent pas en soi à avoir accès aux traitements et à la chirurgie. En effet, le groupe de spécialistes de santé doit d'abord valider collégialement la légitimité à y accéder lors d'une RCP, ou réunion de conseil pluridisciplinaire. Les RCP se réunissent à échéances régulières. Pendant ces réunions, le dossier est étudié, commenté, les modalités d'accès au traitement hormonal sont discutées, validées ou non. Ces rendez-vous sont souvent l'occasion de remarques transphobes et humiliantes[19].

19 Cf. *L'usine à transphobie*, Laura Badler, https://www.youtube.com/watch?v=fMIeeb7LSu8

- Une fois le dossier validé, les ordonnances pour le traitement hormonal sont envoyées à la personne trans.

LE TRAITEMENT HORMONAL

LE TRAITEMENT HORMONAL DIT « DE MASCULINISATION » : LA TESTOSTÉRONE

Les traitements hormonaux varient selon les personnes.
Pour la masculinisation, il s'agit de testostérone, dont l'effet seul suffit à des effets souvent considérés comme satisfaisants. Elle peut être injectée ou délivrée sous forme de gel.

- La testostérone peut être injectée par soi-même ou un·e·x infirmier·ère·x. Elle se présente sous forme liquide, dans des ampoules. Il est nécessaire de se procurer des kits d'injection en plus de l'hormone. Ces kits d'injection ne sont pas remboursés et peuvent rapidement coûter cher quand ils sont achetés en pharmacie. Il est conseillé d'aller en magasins spécialisés ; s'en procurer sur Internet est également possible, mais le contrôle de la fabrication et des dates limites de stérilité sont plus précaires.
- Des gels concentrés en hormones peuvent aussi être utilisés, en étant massés sur les cuisses, les bras et le torse.

Ces deux méthodes ont leurs spécificités ; il existe plusieurs produits injectables et plusieurs gels. Aucun n'est remboursé au même taux. À titre d'exemple, l'Androtardyl, solution injectable, peut être intégralement remboursé tandis que l'Androgel est à prix libre et n'est pas remboursé du tout, tout comme le Nébido, autre solution injectable. Ces deux derniers exemples peuvent dépasser la centaine d'euros.

Les injections ne sont pas forcément pratiques à faire, la peur des aiguilles peut l'empêcher et il est important de bien savoir se piquer pour éviter les muscles et les bulles d'air dangereuses quand elles sont injectées dans le sang. Mais quand elles ne sont pas faites par soi-même, la contrainte d'aller parfois plusieurs fois dans le mois faire faire son injection par un·e·x infirmier·ère·x peut être lourde. Par ailleurs, l'injection d'hormones liquides, plus pures, a des effets plus intenses et concentrés (la question du dosage adapté de façon empirique à l'organisme joue dans ce cas). Cela entraîne un changement d'équilibre hormonal plus soudain. Le gel est beaucoup plus coûteux et ses effets sont plus diffus. Aussi, les injections restent la méthode la plus employée.

Les effets de la testostérone

Ils sont multiples : prise de masse musculaire, développement de la pilosité corporelle et faciale, acné, grain de peau plus épais, éventuellement des cheveux plus clairsemés et plus fins, métabolisme plus rapide et avec lui le besoin de manger plus, libido plus active ; la voix devient plus grave, la poitrine s'atrophie, les graisses se répartissent sur le ventre et les cuisses. Les hormones ont également un effet sur les organes génitaux avec le développement des tissus du clitoris, devenant plus long. On parle du « dicklit » – contraction des termes anglais « dick » pour pénis et « clit » pour clitoris – du fait de l'apparence pénienne que cet organe prend.

Les cycles menstruels sont souvent stoppés et de fait le traitement hormonal implique une stérilité qui peut être renversée quand l'utérus est conservé intact. Il est conseillé de suivre une cure en œstrogènes pour permettre la reproduction sexuée.

Enfin, la testostérone permet également de faire disparaître des douleurs localisées (dos, genoux, etc.) et de soulager celles provoquées par l'endométriose. Les effets décrits ici sont les principaux, mais la liste n'est pas exhaustive, et par ailleurs il est important de ne pas avoir une vision toute rose du traitement qui reste un changement profond pour l'organisme ; à ce titre, un suivi régulier est nécessaire. La question du dosage est importante. Dans tous les cas, et pour tous les traitements hormonaux, il faut trouver un équilibre de la dose

injectée à l'organisme car chaque corps réagit différemment ; il faut donc adapter la dose pour atteindre un équilibre hormonal stable dans le temps.
Les déséquilibres hormonaux peuvent être vécus par toute personne et ont des conséquences physiques et psychologiques lourdes. Des prises de sang permettent de surveiller le bon équilibre hormonal ; la rectification du dosage pour assurer celui-ci, mais aussi faire en sorte que le traitement ne soit pas bouleversant à vivre, peut être effectuée avec un·e·x endocrinologue ou son médecin généraliste. Avec la testostérone peuvent survenir des soucis de tension – il est alors d'autant plus conseillé de réduire les facteurs aggravants, tels l'alcool ou la nicotine –, de la rétention d'eau, une irascibilité.

Les effets secondaires plus négatifs du traitement hormonal sont encore assez mal connus et partagés. L'injection hormonale n'est pas originellement conçue pour les personnes trans, et la recherche centrée spécifiquement sur nos parcours doit être plus poussée ; les données disponibles sont surtout le fruit de recherches américaines ayant conclu que la prise de testostérone n'est pas un facteur aggravant des maladies ou n'est pas la source de maladies spécifiques. Une personne hormonée atteindra un terrain de sensibilité et de risque aux maladies semblable.
La testostérone n'est pas le seul traitement mais reste le principal et le plus visible. Des gels stimulant localement la production de testostérone peuvent être utilisés en complément. En attente de traitement hormonal, de nombreuses solutions pour couper les cycles menstruels sont à disposition : elles sont les mêmes que pour les femmes cisgenres.

LE TRAITEMENT HORMONAL DIT « DE FÉMINISATION » : LES ŒSTROGÈNES

Quand il s'agit de traitements hormonaux dits « de féminisation », les injections ne sont pas autorisées par la législation française. Ainsi, le choix se fait entre des gels ou des pilules. Contrairement à la testostérone dont l'effet « écrase » celui des œstrogènes, les traitements dits de « féminisation » reposent généralement sur plusieurs parties : une partie permettant d'augmenter le taux d'œstrogènes ; une partie bloquant la testostérone ou une partie renforçant l'effet des œstrogènes. Ces traitements peuvent sembler plus complexes du fait de cette multipartition.

Les œstrogènes forment un groupe de trois molécules produites naturellement par le corps : estradiol, estriol et estrone. Dans tous les cas, ces traitements sont tous pris en charge (à une exception près) au moins à 30 ou 65 % jusqu'à intégralement – ce qui marque une différence avec les traitements dits « masculinisants ». Les médicaments ne contiennent pas toutes les hormones œstrogènes, souvent une seule, et peuvent être pris en complément.

La prise d'œstrogènes est souvent recommandée par voie cutanée, par des gels ou des patchs. Le gel peut être appliqué sur les cuisses ou les bras – les muqueuses et la poitrine doivent impérativement être évitées. On considère généralement que le gel est plus fiable, même si les hormones assimilées via la peau sont moins concentrées que dans le produit lui-même. C'est également le cas pour les patchs, qui se collent sur une peau propre, sèche, et ne doivent pas plier dans la journée. Ils tiennent plusieurs jours de suite.

Les effets des œstrogènes

On attend généralement de ces traitements le développement de la poitrine, qui peut s'étaler sur plusieurs années ; un affinement du grain de peau et un teint plus unifié ainsi qu'un léger adoucissement des traits du visage (mais l'ossature elle-même ne change pas). La pilosité s'affine et/ou disparaît selon les cas ; les cheveux peuvent pousser plus vite, être plus forts ; la répartition graisseuse change avec souvent une prise de poids sur les cuisses, les hanches, le ventre. Comme pour la testostérone, les changements profonds pour l'organisme entraînent une faim plus importante. Contrairement à la testostérone qui est dynamisante, la prise d'œstrogènes et la diminution de l'assimilation des androgènes (terme générique désignant les hormones dites « masculines ») créent plus de fatigue. Les œstrogènes changent les cycles hormonaux, les assimilant à ceux de femmes cisgenres ; ainsi les différents aléas du syndrome prémenstruel sont souvent ressentis : mouvements d'humeurs, état dépressif... Notons que ces effets sont possibles, pas tous en même temps. Ici encore, la question du dosage et de la mise en place d'une stabilité est centrale.

La différence majeure entre gel, patch et pilule réside dans les possibles effets secondaires liés à la méthode d'assimilation des hormones. En effet, les études disponibles, réalisées sur des femmes cisgenres, ont clairement montré que les patchs n'entraînent aucun souci de santé. Ce n'est pas le cas des pilules, qui augmenteraient les risques veineux (notamment les phlébites). Les pilules sont généralement prescrites à des personnes jeunes n'ayant pas d'antécédents médicaux familiaux majeurs. Outre les risques veineux, la prise d'hormone orale est une charge importante pour les reins. Ses effets sont plus forts et plus rapides que le gel.
Outre les œstrogènes, des « bloqueurs » d'androgènes peuvent être prescrits. Le plus connu est l'Androcur, extrêmement critiqué pour les risques de méningiomes sensiblement augmentés sur une période longue mais aussi pour la charge imposée sur les reins. D'autres effets sont connus : perte de libido, états dépressifs plus forts. La prise d'Androcur est encore relativement courante mais est de plus en plus encadrée et des examens médicaux préalables sont absolument nécessaires. L'Androcur n'est pas le seul bloqueur d'androgènes disponible sur le marché, d'autres sont d'ailleurs bien moins périlleux mais il est généralement préférable de les remplacer par de la progestérone, une autre hormone dite « féminine », s'appliquant en complément des œstrogènes. La progestérone se prend par voie orale et a un effet inhibiteur de testostérone.

UN TRAITEMENT BIEN DOSÉ, À VIE

Dans tous les cas, des questions communes se posent autour de la prise des hormones. Le dosage est central. Il faut bien se souvenir que, comme pour tout autre traitement, un temps de mise en place et d'adaptation est nécessaire à la première prise ou lors d'un changement de dosage. Mais au-delà de cette période, les dosages sont très personnels et des données biologiques variables d'une personne à l'autre rendent l'assimilation des hormones différente. Trouver le bon dosage est un travail sur le temps et empirique : quand le bon est trouvé, ça se sent. Certes, les questions de fourchettes des taux d'hormones sont importantes, mais l'adaptation se ressent par une multitude de « symptômes » : confort, bien-être, stabilité émotionnelle. Certains effets des hormones, telle la faim accrue, ne peuvent être évités, car ils découlent directement du fort travail métabolique du corps sous l'effet du traitement. Avec l'accès au traitement, le besoin et l'envie de voir les effets se concrétiser sont logiquement forts. Un dosage plus fort peut engendrer ces effets plus rapidement mais les risques n'en valent pas la chandelle. L'apprentissage de la patience est une des contraintes les plus frustrantes dans les parcours de transition.

L'autre question récurrente concerne le temps de prise d'un traitement hormonal. Pendant combien de temps ? Généralement, à vie. En effet, aucune chirurgie ne permet aujourd'hui de créer les organes autoproduisant les hormones nécessaires à l'équilibre biologique. Il est donc nécessaire d'apporter ces hormones au corps, à vie. Ce n'est pas le seul apanage des personnes trans : des personnes cisgenres ont également besoin de compenser des déficits hormonaux liés à un défaut dans la production de celles-ci – par exemple lors de la ménopause. Les bloqueurs d'androgènes dont nous avons parlé plus tôt n'ont pas à être pris à vie, leur usage n'est plus nécessaire si et quand la personne concernée pratique une ablation des testicules – ce qui n'est évidemment pas le cas de tous·tes·x.

Le cas des mineur·es·x

La question de la transition médicale des enfants est souvent discutée et suscite des réactions passionnées : trop jeunes pour savoir, mutilation, dangers... Trop souvent, les informations objectives ne sont pas prises en compte, et encore moins la voix des concerné·es·x. Or la puberté peut être traumatisante pour une personne trans qui prend conscience, sans pouvoir agir, d'un corps qui ne lui convient pas et qui est source de dysphorie, avec tout ce que cela peut entraîner de négatif. Pouvoir alléger cette charge est une chance et devrait être un droit qui permet de penser son parcours sans obstacles évitables.

En France, les mineur·es·x ont la possibilité de commencer une transition hormonale. Les spécialistes de santé et les structures d'accueil sont souvent frileuses mais la loi l'autorise. Il est dans ce cas absolument obligatoire que les responsables légaux donnent leur autorisation. Les traitements qui sont proposés sont sensiblement différents. On propose d'abord des bloqueurs de puberté réversibles, a priori sans effets secondaires. Ils ne suppriment pas la puberté, ils la suspendent, et ne sont pas prescrits avant l'âge de 12 ans. Les effets bloqués sont nombreux : mue de la voix, développement de la pilosité, cycles menstruels, développement des testicules, répartition des graisses et de la masse musculaire, pics de croissances, solidification des os... Du fait de la suspension du développement des caractères sexuels et de l'affection de la production hormonale, la possibilité d'une fertilité n'est plus admise. Si les bloqueurs de puberté sont arrêtés, la croissance reprend mais sans que son rythme soit plus rapide.

Des hormones peuvent également être données, mais sous une forme différente de celles prescrites aux majeur·es·x ; il s'agit globalement de traitements bien moins concentrés.

Envisager un traitement hormonal n'est pas une solution légère. Oui, cela peut faire peur, mais oui, cela est réfléchi. En arriver à le demander prouve que le besoin est concret et conscient. Estimer que sa position de personne qui ne vit pas la transidentité, qui ignore le trauma profond que cela peut être au quotidien, est plus raisonnée et éduquée que l'expression d'un mal-être dont la transition est une solution, c'est consciemment laisser le mal-être subi par l'autre alors même que les effets peuvent être inversés. Plus largement, si les traitements ne sont pas anodins et ont des conséquences, des contrôles et des précautions existent. Les risques ne doivent pas servir de prétexte pour empêcher une personne d'y avoir accès, comme les risques intrinsèques à d'autres médicaments ne sont pas des excuses légitimes.

LES CHIRURGIES

Les différentes interventions chirurgicales entrant dans le cadre d'une transition médicale ne peuvent pas être entreprises dès le début d'un parcours. En effet, des délais sont mis en place dans l'encadrement de la transition. Il est important d'attendre une stabilité hormonale, mais aussi que les effets physiques amenés par les hormones aient atteint un niveau de plateau. Cela prévient des interventions dont le résultat serait modifié par les effets des hormones, effets qui sont imprévisibles. Aussi, on considère qu'il faut attendre au moins un an pour cela.

Concernant les chirurgies génitales, les assurances réclament pour leur prise en charge une année supplémentaire d'attente, prévue comme un délai de réflexion. Il y a avant tout une logique mercantile derrière cette contrainte supplémentaire qui n'a pas lieu d'être – et qui ne fait que rendre plus longue et pénible l'attente pour une étape parfois synonyme de point final à une transition médicale.

La fascination pour la chirurgie génitale empêche trop souvent d'avoir une vision complète de toutes les interventions possibles avant celle-ci. En voici un passage en revue.

LA MAMMECTOMIE, OU MASTECTOMIE

Concernant le torse, plusieurs procédures permettent de le rendre plat. On utilise pour désigner cet ensemble de procédures les termes « mammectomie » ou « mastectomie ».

- On peut procéder par « double incision » : cela consiste à faire une incision qui laissera une cicatrice sous chaque pectoral. Par cette ouverture, toute la graisse et les glandes mammaires sont retirées. Il faut ensuite enlever la peau superflue. Le téton est découpé pour être généralement rendu plus petit mais surtout pour être greffé au bon endroit. Notons qu'une petite partie des glandes mammaires reste en place ; le risque de cancer existe donc même après une mammectomie, mais avec un même taux que chez les hommes cisgenres (tout le monde possède des glandes mammaires). Par ailleurs, les glandes permettent l'irrigation du téton et sont donc nécessaires. La cicatrisation doit être prise au sérieux.
- Une autre méthode est dite « périaréolaire ». Il s'agit d'une pratique réservée aux petits volumes mammaires – contrairement à la double incision ; la qualité de la peau est également prise en compte pour cette procédure : elle doit être très souple, ce qui ajoute une contrainte supplémentaire. La taille des tétons importe elle aussi.
  Comme le nom le laisse deviner, il s'agit de faire une incision sous le téton, suivant son contour. C'est par là que la graisse et l'excédent des glandes mammaires sont sortis. La cicatrisation est peu contraignante, et les tissus reprennent seuls leur place sur les muscles. Les cicatrices sont minimes.

D'autres méthodes existent mais sont moins pratiquées en France, c'est le cas de l'incision en forme d'ancre sous le téton.

Les suites opératoires

Dans le cas d'une double incision, la douleur postopératoire existe. Des drains peuvent être laissés en place pour aspirer le sang et faire un effet de pompe à vide pour recoller la peau à la chair. Par ailleurs, il est important de faire compression pour maintenir tous les tissus en place. Un binder peut être porté pendant tout un mois après l'opération.

Généralement, l'opération est suivie rapidement par une visite de contrôle : s'assurer que les tissus ne nécrosent pas ou ne s'infectent pas, de l'absence d'hématome, de sang dans les drains, qui seront normalement retirés.

Pendant la cicatrisation, il faut faire attention de ne pas bouger trop et trop vite, ne pas s'allonger sur le ventre et faire pression, ne pas lever les bras, ne pas porter de charges. Ces précautions sont nécessaires à la bonne guérison des points de suture mais aussi pour assurer des cicatrices plus fines ; celles-ci auront tendance à s'atténuer avec le temps dans tous les cas.

Les cicatrices peuvent être difficiles à appréhender au début mais sont également, avec le temps, un symbole fort dans la communauté trans de la réappropriation de son corps et donc un motif de fierté.

Des contrôles postopératoires sont bien sûr nécessaires, quinze jours puis un mois après la fin de l'intervention. Un mois après, les points de suture devraient s'être résorbés d'eux-mêmes mais seront retirés à ce moment-là. Cette visite détermine aussi la possibilité de reprendre des activités plus physiques. Cependant, ce n'est que trois à six mois après l'intervention que les résultats définitifs pourront être observés. La cicatrisation totale des tissus peut prendre un an.

Pendant cette période, il est conseillé de prendre soin de son torse en massant délicatement les cicatrices. Attention, aucune intervention cosmétique sur le torse ne peut être entreprise et il faut veiller à ne pas y appliquer trop de pression.

Il est tout à fait possible, une fois la cicatrisation terminée, de se baigner, de faire du sport, de développer les muscles pectoraux qui n'ont pas été touchés lors de l'intervention.

La prise en charge

En France, la législation permet de faire une mammectomie sans prendre d'hormones. Une mammectomie peut être prise en charge par la Sécurité sociale quand la personne a une Affection de longue durée (ALD). Mais ça n'est pas si simple, car le ticket modérateur reste à régler ; la mutuelle peut le prendre en charge intégralement ou en partie. Par ailleurs, en France, les dépassements d'honoraires pour les mammectomies sont presque systématiques et laissent donc une somme, généralement autour de 1 500 euros, à la charge de la personne opérée. Il est donc important de se préparer en se renseignant auprès de sa mutuelle pour savoir si elle assure le règlement de ce dépassement, mais aussi sur les conditions de facturation qui dépendent des chirurgiens : certains peuvent exiger deux ans de suivi psychiatrique auprès de la SoFect pour un remboursement. Le prix de la mammectomie varie aussi selon les chirurgiens, pouvant aller jusqu'à 4 000 euros. Il ne s'agit jamais d'une procédure financièrement anodine, et la préparation en amont est importante, d'autant que les cas où le remboursement n'est pas assuré existent et que l'opération est entièrement à financer de sa poche.

L'AUGMENTATION MAMMAIRE

Pour les personnes dans des parcours dits « de féminisation », l'effet des hormones sur la poitrine peut suffire à atteindre un volume mammaire satisfaisant. Si ce n'est pas le cas, une augmentation mammaire est envisageable. Il s'agit de la même procédure que pour les femmes cisgenres souhaitant augmenter leur volume mammaire, les précautions sont les mêmes.

Les incisions pour introduire les prothèses, remplies de solution saline ou de silicone, se font au choix sous l'aisselle, sous le pli du sein ou en périaréolaire. Le volume est à la fois adapté au tissu en surface, qui n'est pas extensible à volonté, mais aussi au choix de la personne. La prothèse ne se positionne pas en surface, directement sous la peau, mais sera le plus souvent placée sous le muscle. La seule différence majeure entre une femme trans et une femme cisgenre pour cette procédure est dans le positionnement des prothèses. La cage thoracique d'une femme trans est généralement plus large et les prothèses doivent être positionnées les plus proches possible.

Les prothèses ont une durée de vie d'une quinzaine d'années et doivent alors être changées. Il est important de se souvenir des visites de contrôle et des précautions nécessaires ; les prothèses peuvent bouger, craquer, fuiter...
La cicatrisation totale dure là encore plusieurs mois mais est moins incapacitante. Les premiers jours, un soutien-gorge sans armatures devra maintenir en place les compresses couvrant les cicatrices ; des œdèmes et des ecchymoses peuvent apparaître ; il faut éviter de lever les bras, et une interruption des efforts durant quatre à six semaines est nécessaire.

La mammoplastie bénéficie d'un remboursement beaucoup plus simple que pour la mastectomie. En effet, l'augmentation mammaire pour les personnes trans est intégrée à un protocole de soin ; avec une ALD, le remboursement est assuré. Les prothèses sont soumises au remboursement dans le régime de l'ALD. Ainsi, le coût moyen d'une augmentation mammaire est de 3 800 euros.

> *Aujourd'hui, la maîtrise des différentes interventions de mammoplastie est bonne et les risques sont assez limités. Dans tous les cas, toutes les interventions sur le torse peuvent amener une légère perte de sensibilité, c'est le cas de la mastectomie ou d'une augmentation. Cette désensibilisation est souvent temporaire.*

LA CHIRURGIE FACIALE

Des chirurgies faciales peuvent être réalisées ; on parle généralement de chirurgie de « masculinisation » ou de « féminisation » du visage. En France, les chirurgies « masculinisantes » sont relativement peu pratiquées. Elles consistent à accentuer et rendre plus saillants certains traits du visage : menton, front, arcade sourcilière, ligne de la mâchoire. Pour ces différentes parties, on peut retailler et insérer des prothèses. À l'inverse, les chirurgies dites « féminisantes » consistent à adoucir certains traits ou à les supprimer. On peut par exemple raboter la pomme d'Adam, alléger l'arcade sourcilière ou le menton, l'arête du nez, ou encore insérer des prothèses pour rendre les pommettes plus rondes et saillantes. Sont aussi compris dans cette « féminisation » une avancée de la ligne des cheveux sur le front, un lifting du front, le lifting et l'augmentation des lèvres.

Il est également possible de modifier l'apparence du visage sans chirurgie, généralement par des injections cosmétiques. L'intervention combine plusieurs procédures en une seule, et l'ensemble peut durer jusqu'à huit heures.

Dans tous les cas, ces chirurgies sont précédées :

- D'examens médicaux, radiographies et IRM de l'ossature du visage ;
- De deux rendez-vous préopératoires pour établir le programme d'intervention personnalisé ;
- D'un rendez-vous d'anesthésie.

Le remboursement peut être conditionné par la nécessité reconnue par lae chirurgien·ne·x d'après une comparaison de l'ossature et de celle moyenne et attendue d'un visage typiquement considéré comme « féminin ». Les dix premiers jours suivant l'opération, il est recommandé d'être assisté·e·x, car les pansements, le gonflement et les bleus sont incapacitants. Les résultats définitifs se verront de façon progressive sur une période pouvant aller jusqu'à six mois après l'opération. On conseille pendant la convalescence l'application de compresses froides sur le visage – ainsi que des shampooings doux pour stimuler la cicatrisation du cuir chevelu quand il a été touché. La mastication peut être entravée.

Le coût de ces procédures peut rapidement atteindre plusieurs dizaines de milliers d'euros selon les chirurgien·nes·x et les interventions pratiquées – toutes les possibilités mentionnées plus haut ne sont pas systématiquement faites.

LES CHIRURGIES GÉNITALES

Les chirurgies génitales, celles qui fascinent tant, sont paradoxalement celles qui sont le moins réalisées, proportionnellement au nombre de personnes trans en général – et même face à celles qui transitionnent médicalement. À leur propos, on demande souvent si « l'opération » a été faite ; toutes les interventions que nous avons mentionnées auparavant montrent bien à quel point cette expression est lacunaire. De même, les différentes chirurgies génitales sont parfois décrites comme « opérations trans ». C'est oublier que certaines d'entre elles ont à l'origine été mises en place pour des personnes cisgenres, notamment les soldats mutilés sur le front des guerres mondiales nécessitant une reconstruction pénienne. Il existe actuellement deux techniques de construction pénienne majeures dont les résultats sont différents.

La phalloplastie

C'est certainement la technique la plus connue. Elle consiste à utiliser les tissus de la vulve et à apporter un greffon généralement prélevé sur l'avant-bras – épilé au laser au préalable. Le tissu des petites lèvres est utilisé pour étendre le canal urinaire. Sur ce canal est greffée la peau de l'avant-bras. Le clitoris est greffé et devient le gland. Les grandes lèvres, quant à elles, servent à former un scrotum. L'irrigation sanguine et les terminaisons nerveuses sont elles aussi apportées et connectées jusqu'au pubis et à l'aine. La phalloplastie dure environ 8 ou 9 heures et est menée par un·e·x urologue. Elle coûte environ

35 000 euros mais peut être prise en charge jusqu'à 30 000 euros. La phalloplastie est souvent la technique préférée, car le pénis sera d'une taille considérée comme moyenne, mais la procédure est intrusive et lourde. La cicatrisation nécessite absolument deux mois d'immobilisation, et les déplacements sont drastiquement réduits pendant deux semaines. Comme pour toutes les opérations génitales, l'un des plus grands risques après la procédure est celui d'hémorragie, ou de caillots formés dans l'artère qui a été étendue dans le greffon pour l'irriguer. Les infections sont également possibles, mais c'est le cas de toutes les chirurgies.

Il est très important de ne pas fumer pour éviter tous risques accrus de rejet ou de nécrose de la greffe ; le suivi postopératoire s'assure que la cicatrisation et la prise de greffe sont optimales.
Il est possible d'uriner debout et d'avoir des orgasmes par stimulation des tissus du pénis. Néanmoins, pour qu'une pénétration génitale soit possible, il faut insérer sous la peau du greffon une prothèse érectile. Pour cela, il est obligatoire d'attendre que la sensibilité soit rétablie dans tout le pénis, ce qui prend généralement un an après la phalloplastie.

La prothèse pénienne malléable

Il existe plusieurs types de prothèses. Depuis 2016, la prothèse ZSI 100 FTM est commercialisée spécifiquement pour les personnes trans. Son armature est fixée au pubis et intègre une partie cylindrique ainsi qu'un gland réaliste. Elle peut être rendue rigide ou remise au repos par une pression sur le sexe. Cette prothèse n'est pas remboursée et coûte 3 000 euros. Un coût non négligeable puisqu'il faut l'ajouter à celui de la phalloplastie.

La métaidoioplastie

C'est l'autre grande méthode. Elle consiste à utiliser les seuls tissus génitaux agrandis par l'effet de la testostérone. Les ligaments du clitoris sont détachés pour devenir plus longs et recouverts par le tissu des petites lèvres, sans apport de greffon. Il n'y a également pas besoin de recréer un système nerveux et sanguin ; tout reste présent et connecté dans les tissus génitaux. Les grandes lèvres sont également utilisées pour former le scrotum.

La métaidoioplastie n'intègre pas systématiquement l'élongation du canal urinaire, il s'agit du choix de la personne opérée. Le pénis ainsi obtenu mesurera généralement de 5 à 7 centimètres. Il aura une fonction érectile assurée naturellement mais la pénétration ne sera pas possible dans tous les cas (rappelons que ce n'est pas la taille qui compte et que la pénétration n'est pas une obligation).

La métaidoioplastie est moins invasive et plus facile à vivre pour le corps. L'immobilisation reste une contrainte postopératoire mais la cicatrisation sera plus courte pour une métaidoioplastie, et elle coûte moins cher et est prise en charge intégralement avec une ALD.

La tendance serait d'aborder ces étapes chirurgicales de manière individuelle, s'enchaînant dans le parcours de transition, mais il est plutôt pertinent de les envisager comme un ensemble. Ainsi, si je vous détaille deux méthodes chirurgicales, elles ne sont pas isolées, et se complètent avec d'autres procédures comme l'hystérectomie ou l'urétroplastie qui permet d'allonger le canal urinaire…

Les implants testiculaires

Pour les deux méthodes, des implants testiculaires peuvent être intégrés au scrotum ; cette étape peut s'effectuer six mois après l'opération génitale.

Quelle que soit la méthode choisie, les prérequis sont les mêmes : pratiquer une hystérectomie et une ovariectomie, prises en charge financièrement. Ces interventions peuvent se faire en même temps par une méthode dite de « trou de serrure » peu invasive, qui consiste à faire trois petites incisions dans la paroi abdominale, après au moins un an d'hormonothérapie ; elles sont fondamentalement les mêmes que celles pratiquées sur les femmes cisgenres. Elles sont d'autant plus importantes que les organes génitaux internes peuvent être endommagés et se nécroser sous l'effet de la testostérone et de leur inactivité. À noter que l'accès à la parentalité pour les personnes trans n'est plus possible après ces interventions et doit donc être mûrement réfléchi.

La vaginoplastie

Il n'existe qu'une seule méthode pour construire une vulve et un vagin : la vaginoplastie. Comme toutes les chirurgies génitales, elle nécessite des rendez-vous préopératoires pour s'assurer de la possibilité de mener à bien la procédure – qualité des tissus, présence de cicatrices... – mais aussi pour vérifier des facteurs liés au style de vie : tabagisme, consommation d'alcool...

La vaginoplastie en elle-même est doublée d'une orchidectomie, qui consiste à retirer les testicules du scrotum. Le tissu du scrotum est conservé intact. Il faut arrêter son traitement hormonal plusieurs semaines avant la vaginoplastie ; le délai ne sera jamais assez long pour que les effets de la testostérone, produite naturellement avant l'orchidectomie, reprennent le dessus. Tout le corps caverneux contenu dans le pénis et assurant l'érection est retiré. L'ensemble des tissus génitaux sont utilisés : la peau de la verge est rentrée dans la cavité présente naturellement derrière le pénis pour former le vagin. La peau du prépuce, pour les personnes n'ayant pas été circoncises, sert à former les petites lèvres et la peau du scrotum – épilé au laser au préalable – les grandes lèvres. Le gland et ses tissus plus fins et hautement vascularisés constituent le clitoris. Enfin, le canal urinaire est raccourci pour atteindre le niveau des petites lèvres.

La vaginoplastie peut durer de cinq à neuf heures, elle nécessite généralement neuf jours d'hospitalisation puis engendre une incapacité de travail de six à huit semaines. La cicatrisation totale et définitive peut mettre jusqu'à un an et les efforts sportifs sont déconseillés pendant plusieurs mois.

Les risques d'hémorragie pendant l'intervention sont assez élevés, ils persistent dans une moindre mesure après l'opération. De même, il

est possible que l'urination soit désagréable et que la dérivation du canal entraîne un défaut dans la miction. Cela peut se rétablir avec la convalescence, mais une légère intervention chirurgicale peut être nécessaire après cicatrisation.
La principale contrainte liée à la vaginoplastie consiste dans la nécessité de maintenir l'intérieur du vagin dans un état de dilatation pour éviter que les tissus ne collent et de former la cavité dans sa taille définitive. Des prothèses de taille croissante sont donc utilisées à cet effet. La pénétration peut aussi permettre ce soin postopératoire.
La vaginoplastie est entièrement prise en charge avec une ALD.

La vulvoplastie

Une méthode encore très peu pratiquée en France est la vulvoplastie. Elle est comparable à une vaginoplastie dans l'utilisation de tissus péniens, mais se différencie dans l'absence de cavité vaginale. Il s'agit de créer une vulve, avec un clitoris et des lèvres mais qui ne s'ouvre pas sur une cavité. Cette technique limite la cicatrisation contraignante de la vaginoplastie et les soins de dilatation nécessaires mais ne permet pas de sexe pénétratif. Il s'agit donc d'un choix absolument personnel. C'est cependant cette même raison qui explique en partie l'absence de recours à cette technique. La mentalité dans les accompagnements de transition était de créer des corps le plus proches possible des corps cisgenres ; et d'accéder à des normes hétérosexuelles. Permettre une pénétration était donc central, voire vu comme un aboutissement, à tort évidemment.

> *Toutes ces chirurgies génitales ont plusieurs points communs : toutes nécessitent d'arriver à l'hôpital la veille pour un lavage intestinal. Toutes comportent un risque de décès, principalement du fait des hémorragies ou de complications. Il s'agit d'un extrême dont il est important d'avoir conscience, mais qui reste très rare. Les montants que nous avons mentionnés plus haut sont ceux pour une intervention dans le secteur privé.*

Les personnes concernées qui disposent d'une prise en charge ALD et qui se font opérer dans le secteur public n'auront pas à payer ces tarifs. Des procédures cosmétiques viennent « finaliser » les procédures génitales : correction de certains tissus, tatouages dans le cadre des constructions péniennes... Enfin, en France, seules les personnes majeures peuvent entreprendre une chirurgie génitale avec l'appui d'une lettre d'un psychiatre. La SoFect valide l'étape lors d'une RCP (dont nous avons parlé plus tôt).

LES PROCÉDURES MÉDICALES NON CHIRURGICALES

Nous venons de longuement discuter de chirurgie. Mais des procédures médicales non chirurgicales entrent également dans le cadre d'une transition médicale. C'est le cas de l'épilation définitive, pour laquelle il existe plusieurs méthodes. Elle est remboursée en partie grâce à un code hors ALD. De même, des implants capillaires peuvent être réalisés et sont également pris en charge. Nous avons aussi mentionné les méthodes cosmétiques, telles les injections (*voir* chirurgie faciale).

Il ne faudrait pas oublier la voix. La voix est souvent un fort enjeu des parcours trans. Les chirurgies des cordes vocales existent pour rendre la voix plus aiguë mais sont extrêmement risquées et le taux d'échec est haut. Elles sont presque unanimement interdites en France. Les lésions sur les cordes vocales peuvent rendre aphones ou totalement transformer la voix jusqu'à lui donner un timbre métallique. Des séances d'orthophonie permettent en revanche d'apprendre à placer sa voix pour la stabiliser dans un timbre plus grave (car la prise de testostérone entraîne une mue) ou à la rendre plus aiguë. Les hormones ne peuvent pas inverser les effets de la puberté sur la voix, seul l'orthophonie permet de maîtriser une voix plus aiguë de façon stable et sécurisée pour les cordes vocales.

On parle souvent, pour désigner la transition dans son ensemble, de « seconde puberté ». L'expression a sa pertinence car il s'agit d'un procédé multiple, complexe et long qui permet de changer la présentation sociale de notre genre et de notre corps, et donc la perception genrée que nous, et les autres, pouvons en avoir. Transitionner est une décision active, engagée par le besoin de ne plus conserver un corps qui fait souffrir, ou dont la perception extérieure expose à des dangers particuliers. La transition, sociale et/ou médicale, est une affaire de sécurité dans l'intégration des personnes trans dans l'espace social, mais aussi de bien-être physique et psychologique, de qualité de vie. Il est impératif de comprendre et de respecter tout autant la volonté de transition que l'absence de ce besoin.

ACCOMPAGNER ET NON CONTRÔLER CETTE LIBÉRATION

Dans tous les cas, un des enjeux politiques est de donner plus d'autodétermination aux personnes qui veulent transitionner. Car la SoFect est aujourd'hui hégémonique, partiale et parfois abusive dans ses pratiques. Mireille Bonierbale, ancienne présidente de la SoFect, parlait elle-même « d'épidémie de transsexualisme », portée par la télévision. Une affirmation de la pathologisation dont nous avons trop souffert, qui nourrit encore en grande partie cette institution de contrôle plus que d'accompagnement. Colette Chiland, qui fut présidente d'honneur, parle quant à elle de « problème narcissique » avec un sous-texte freudien plus que dérangeant. Elle déclara également : « J'aurai du mal à considérer comme un homme celui qui ne sera pas capable – virtuellement – de me pénétrer » ; une vision du genre hétéronormée et profondément blessante pour les personnes que l'institution doit aider.

Cette vision reste malheureusement ancrée dans trop de pratiques des spécialistes de santé œuvrant à la SoFect, et il a déjà été prouvé que le traitement des personnes trans était violent ; la youtubeuse Laura Badler a ainsi exposé dans une vidéo de 2019, intitulée « L'Usine à transphobie », la façon humiliante, violente et indigne dont les spécialistes de santé parlent des personnes qu'elles ont pour mission d'accompagner lors des RCP. D'autres solutions existent et certains médecins généralistes et psychiatres non affiliés prescrivent des hormones et peuvent accompagner pour d'autres interventions ; leurs délais d'attente sont cependant souvent plus longs et toutes les procédures ne sont pas accessibles ainsi. De même, si le privé offre la possibilité de chirurgies sans passer par la SoFect, les coûts augmentent drastiquement.

Le manque de transparence et de synthèse sur toutes les démarches composant nos transitions est souvent effrayant ; il est temps aujourd'hui d'éduquer plus largement pour que la transition soit aux mains des personnes trans et que les responsables légaux, les référents administratifs, les assurances et les spécialistes de santé accompagnent et ne décident plus. La transition est une libération profonde et fondamentale qui permet de faire virtuellement disparaître la dysphorie, ou au moins de l'alléger ; ses effets positifs sont rapportés par les concerné·es·x, et le bénéfice de l'accès à une transition jeune sur la santé mentale a été prouvé par de nombreuses études. Éducation et réformes doivent aujourd'hui faciliter cette libération. Et pour cela, il est central que les personnes trans soient au centre du processus : accompagnées mais pas contrôlées.

SOPHIE LABELLE

Née en 1988 au Québec, **Sophie Labelle** est artiste et militante. Son œuvre publiée compte aujourd'hui une dizaine d'ouvrages et est largement acclamée et partagée par la communauté trans comme un matériel pédagogique particulièrement bienveillant. Ses œuvres les plus connues sont *Assigned Mâle*, une série qui aborde les problématiques de vie des personnes trans par le regard de Stéphie, jeune femme trans de 11 ans. Sophie Labelle aborde également les questions spécifiques du transféminisme, du corps et des privilèges avec beaucoup d'humour dans ses œuvres et lors de ses conférences.

CHAPITRE IV

ANATOMIE DE LA TRANSPHOBIE

1-

Les questions de genre sont partout

Si l'emploi du mot « genre » évoque souvent les transidentités, il s'agit d'un sujet sociologique absolument omniprésent et qui concerne tout le monde. Égalité femmes-hommes, féminicides, violences sexistes et sexuelles : que l'on ne s'y trompe pas, on parle bel et bien de genre. Il est nécessaire de saisir l'ampleur de ce que recouvre ce terme et de la centralité de ces questions dans les enjeux politiques et sociaux qui traversent notre monde. Il n'y a pas de fracture au sein des questions de genre ; il n'y a que des dynamiques différentes, aux sources communes. La structure patriarcale qui régit nos quotidiens n'est pas nouvelle et a encore de beaux jours devant elle – si l'on en croit les douze nominations de Roman Polanski à la cérémonie des César 2020, et sa victoire en tant que meilleur réalisateur.

Les « questions trans », comme la sociologie les a souvent nommées, ne doivent plus être la patate chaude d'une époque qui a mieux à faire, elles sont une part d'un continuum des violences de genre. Voir les spécificités qui font des personnes trans une minorité opprimée, c'est s'opposer aux violences de genre, c'est en avoir une vision plus juste et pleine, c'est saisir la prégnance d'un système du genre hiérarchique. Cette hiérarchie est le reflet d'un ordre social et d'une histoire culturelle ; en Occident, elle rappelle que le modèle cisgenre est dominant, binaire.

Les transidentités existent pourtant en Europe depuis des siècles, nous aurons l'occasion de le voir, mais elles sont encore largement invisibles. Si l'existence des personnes trans n'est pas nouvelle, l'expression au grand jour de nos différences et l'affirmation de celles-ci et de nos besoins le sont. Ce sont aussi l'expression d'une colère légitime et des doigts pointés vers les injustices et les inégalités qui le sont. En bref, nous sommes désormais (plus) visibles.

Souvent, c'est « voir » qui donne une existence dans la sphère collective.

À la fin du XIXe siècle, une peau de panda est rapportée en Europe alors que l'on croit que l'animal a disparu depuis longtemps. La fourrure devient une relique et le panda est présenté comme une espèce ancienne, quasi mythique. Il faut attendre 1916 pour que des Occidentaux observent les premiers individus vivants de cette espèce, qui changent la donne.

C'est finalement presque la même dynamique concernant les rapports non cisnormés au genre : leur observation dans des régions extra-occidentales laissait comprendre la possibilité d'une diversité des genres ; mais il aura fallu voir et entendre les personnes trans chez nous pour enfin intégrer nos existences comme une réalité.

La dynamique d'inclusion n'est pas linéaire… C'eût été trop beau ! Constater l'existence des personnes trans n'a pas été accompagné par l'inclusion sans conditions des concerné·es·x aux sociétés qui sont les leurs. La prise de visibilité des personnes trans en Occident fut surtout le début d'une histoire des théorisations et des doctrines de contrôle des personnes trans ; le début d'une histoire de la transphobie proactive comme reflet de la transphobie culturelle, donnée intrinsèque, en creux de la cisnormativité, de nos sociétés.

LA NATURE DE LA TRANSPHOBIE : PHOBIE OU HAINE ?

« Transphobie ». Voilà un terme qui laisse rarement indifférent·e·x : pour certain·es·x, c'est une « phobie » de plus dans une liste de sujets qui font « que l'on peut plus rien dire » ; pour d'autres, un outil fabriqué pour servir la victimisation d'une minorité ; pour d'autres encore, une simple question de subjectivité et de sensiblerie...

Les personnes qui ne sont pas concerné·es·x sont de plus en plus familières avec le terme mais manquent souvent d'exemples concrets de la transphobie, ce qui fait que finalement, c'est l'ensemble des choses que le terme recouvre qui n'est que deviné sans être vraiment connu. Il y a une logique à cela : on sait si peu ce qu'est « pour de vrai » une personne trans que ce qu'elle vit spécifiquement, du fait de son identité, ne peut être pleinement conscientisé...

Le rôle de ce chapitre est de clarifier les natures diverses, les idées et les buts qui motivent la transphobie.

Les néologismes au suffixe « phobie » sont nombreux et souvent nécessaires pour rendre visibles des discriminations systémiques. Le plus connu est certainement « homophobie », mais les luttes sociales en intègrent beaucoup d'autres : « négrophobie », « grossophobie », « putophobie », etc. Chacun désigne un véritable système de violences (actes, attitudes, paroles) contre une particularité identitaire, qui prend racine dans chaque espace de notre société et qui a des conséquences concrètes sur les vies des personnes désignées.

Interrogeons-nous sur les racines mêmes de ces termes. Étymologiquement, phobie désigne la « peur de » – dans notre cas, une peur des personnes trans, de la transidentité en soi. Mais le terme est-il vraiment pertinent ? La transphobie entre lentement dans la conscience collective, faisant l'objet d'études de sociologie, mais désigne-t-elle vraiment une peur ?

Réponse courte : oui, mais pas que. Il y a dans la transphobie une programmation intellectuelle et culturelle qui est la résultante de plusieurs normes :

- Le fait que la majorité des personnes soit cisgenre est érigé en seule norme visible, implique que toute variation est immédiatement perçue comme une menace à l'ordre en place et comme une erreur dans la matrice ;
- Il existe un véritable mécanisme de sacralisation des configurations identitaires de la majorité dans un environnement donné : les caractéristiques du plus grand nombre deviennent une vérité intrinsèque à l'être humain. La médecine valide ces caractéristiques ;
- Lorsque des différences sont découvertes, elles sont classées comme maladies ou deviennent l'objet d'une classification de groupes sociologiques sans que les principaux·les·x concerné·es·x y participent. L'exemple du racisme à l'époque coloniale (dont nous sommes largement dépositaires) illustre parfaitement ce réflexe à conditionner l'inclusion de certaines identités, et à faire de la différence une sous-identité et des personnes la vivant des individus de seconde zone. Les transidentités font pleinement partie de la société, mais sortent de l'ordre majoritaire, et sont impossibles à cerner par leur diversité a priori.

LA TRANSPHOBIE EST UN SYSTÈME DE LA PEUR…

Tous les ingrédients sont réunis pour créer une idéologie de la peur : nous sommes parmi vous, nous partageons vos espaces, et pourtant nous appelons par notre existence même à une totale remise en question des normes qui fondent les structures sociales, la construction et la répartition des identités dans les espaces publics et privés. Nous représentons une menace à l'hétérosexualité, à la cisnormativité, au patriarcat et à sa domination. Menace non pas individuelle, à l'expression de ces identités, mais au système et aux dynamiques de domination autour de ces identités. À ce titre, nous sommes fondamentalement les acteur·rices·x de mouvements sociaux qui le remettent en question, le féminisme en premier lieu.

C'est le poids des structures en place et ce réflexe de crainte spontané et de rejet de la différence qui créent une peur envers les personnes trans. Une perception renforcée par la longue histoire de pathologisation de nos identités, qui nous considère comme des malades mentaux·ales·x en liberté – et non pas ostracisé·es·x, interné·es·x, déshumanisé·es·x. Une peur également accrue par notre assimilation à des sortes de créatures androgynes à l'identité indistincte, à des outils d'une homosexualité déguisée cherchant à s'infiltrer dans les relations des hétérosexuel·les·x, ces personnes « normales »... Ces idées sont véhiculées par le vocabulaire, comme nous l'avons déjà analysé (*voir* chapitre II). Nos parcours, méconnus, inquiètent aussi. Nos possibilités de changements, nos revendications, le fait que les coming out sont plus nombreux, et faits plus jeunes... Dans un système qui voit la biologie comme une vérité inamovible, nos corps changeants sont parfois presque assimilés à de la sorcellerie ! « Jouer aux apprentis sorciers » est une expression qui a récemment été reprise dans les manifestations contre la loi bioéthique mais qui est aussi utilisée pour attaquer les traitements hormonaux : un imaginaire imprégné de peurs et de superstitions ancestrales refait surface.

... PROLONGÉE PAR LA HAINE

Il ne faut pas croire que la transphobie s'arrête à cette peur : elle peut se prolonger par une véritable haine. Cette menace de l'équilibre social dans lequel on s'inscrit, même quand cet ordre n'est pas juste, met en colère. Et quand cela concerne une minorité dont on n'a jamais entendu parler, les remises en question semblent nécessairement fausses, les demandes abusives. Et la colère devient haine. Une haine qui a le champ libre, car :

- Les mécaniques sociales ridiculisent nos corporalités, nos identités, nos combats, et nous déshumanisent ;
- Les discours et la médiatisation des questions de genre et des personnes transgenres restent trop souvent aux mains des médias dits « traditionnels », bourrés de stéréotypes ;
- Nos prises de parole sont encore relativement peu nombreuses, et d'autant plus invisibles ;
- Notre précarisation réduit nos moyens d'action et de diffusion de la parole, qui est très nettement en notre défaveur.

Le sentiment de révolte et de colère profonde existe aussi du fait que les transitions « transgressent » des « lois biologiques » considérées par une majorité comme l'ordre des choses, telles qu'elles doivent être, et que les personnes transgenres bousculent. Outre la transition médicale, c'est plus largement la perception d'une usurpation de fonctions biologiques traditionnellement associées à un genre ou à l'autre qui génère une colère ; mais aussi des caractéristiques genrées très présentes culturellement, tels les codes de l'hétérosexualité – et avec eux le stéréotype de la virilité notamment chez les hommes cisgenres. Pour beaucoup, l'idée de relationner avec une femme trans est assimilée à de l'homosexualité du fait de nos organes génitaux. Cette simple idée est inadmissible, tant la question de l'attirance touche à un point fondamental et intime, et elle fait naître une vraie haine : pour certains, le décalage entre la perception de genre et la réalité des organes génitaux est inconcevable ; parfois même, le simple fait de nous présenter comme femme ou homme peut déclencher les foudres. Cette haine ne s'exprime pas forcément consciemment, n'est pas nécessairement politique. La question houleuse des préférences génitales amène souvent une transphobie qui n'est pas pensée comme telle. Elle naît d'un refus de reconnaître le genre par-dessus une perception de nos organes ; par un manque de déconstruction du rapport au sexe comme interaction entre deux biologies...

Au quotidien, la transphobie est une horreur à subir... et nous y échappons rarement. Apprendre la transphobie, c'est voir revenir des mêmes mots. Pourtant, elle reste largement invisible pour les personnes qu'elle ne concerne pas, car elle s'inscrit dans des dynamiques culturelles et des normes très ancrées qui contribuent à nier son existence… C'est cet ancrage profond qu'il faut décortiquer pour mieux voir la transphobie.

LA TRANSPHOBIE EST UN SYSTÈME

Comme pour toute violence identitaire, comprendre la transphobie et agir contre elle ne peuvent être pertinents qu'en s'appuyant sur les expériences sociales vécues en commun par les concerné·es·x. Notre inclusion dans les débats qui nous concernent doit être sans concessions. Pourtant, le contexte est loin d'être idéal pour mener une action favorable aux questions de genre : remise en question perpétuelle de l'existence ou de la présence de la transphobie, manque de recul supposé sur le sujet, sensiblerie extrême prétendue des personnes trans… Outre le malaise que notre différence provoque, le fait de ne pas penser la possibilité de nos existences est organisé en un véritable système culturel. Car la transphobie est systémique, elle n'est pas anecdotique ou l'objet de cas isolés.

Qu'est-ce qu'un système cis·hétérocentré ?

Le dictionnaire Larousse nous donne plusieurs définitions pour le terme « système » ; retenons ici : « ensemble organisé de principes coordonnés de façon à former un tout scientifique ou un corps de doctrine » ; « ensemble de procédés, de pratiques organisées, destinés à assurer une fonction définie » ; « tendance à penser et agir selon un ensemble de valeurs rigide et dogmatique ». Ces trois définitions ne sont pas mutuellement exclusives et se complètent.

Notre société est un système composé de normes qui sont, en quelque sorte, les règles perçues comme assurant le fonctionnement « normal » dudit système. Illustrons le fonctionnement et la construction d'un système avec le cas de la reproduction et la parentalité. À la base, il y a une donnée brute : les organismes vivants peuvent procréer pour perpétuer leur espèce, et en le faisant, des liens et une similitude biologique se forment. La reproduction est basée sur des règles de compatibilité organique entre ovule et spermatozoïde. Tout cela est un système en soi ; chaque paramètre est une norme qui permet son fonctionnement. Mais les sociétés humaines ne se sont pas contentées d'intégrer ces systèmes biologiques ; nous avons calqué sur eux des systèmes socioculturels. Pour reprendre notre exemple, nous avons construit un système qui estime que l'utérus est féminin, le pénis masculin ; que la reproduction serait à la fois une affaire de compatibilité biologique ET de genres ; l'hétérosexualité a, de fait, été présentée comme une combinaison morale et naturelle, car elle permettrait la survie de notre espèce. Ce système a donc en creux fait de toute sortie de l'hétérosexualité une menace, un acte indigne car il ignorerait notre survie...

Car évidemment homosexualité et lesbianisme seraient absolument incompatibles avec le fait d'avoir un enfant. À noter que la stérilité sort également du système reproductif, elle est alors stigmatisée, moquée, et pendant des siècles a été soulignée comme un critère qui fait d'une personne une moitié symbolique : une moitié de ce qu'elle devrait être socialement et biologiquement. Il y aurait encore de nombreux paramètres à mentionner sur cette question ; retenons simplement la superposition de normes qui composent un système et sont toutes des parties intégrantes et construites par et pour l'ordre social majoritaire. Les systèmes conditionnent les identités, les comportements... Et ils intègrent volontairement ou par état de fait des conséquences pour toute variation sortant de son fonctionnement.

La transphobie est un système en soi, comme on vient de le voir, résultant d'un autre système : la cisnormativité. Dans une même société, tout se répond. La cisnormativité, c'est considérer le fait d'être cisgenre comme un système sans exceptions possibles. La cisnormativité, c'est cette construction qui estime que le sexe biologique est le facteur qui définit le genre ; que genre et sexe sont binaires. La cisnormativité est un système parce qu'elle est la règle qui conditionne tout : notre accès à la médecine et la visibilité de nos maladies, les rôles qui sont intégrés comme accessibles et acceptables selon notre genre, les fonctions et attentes basées sur nos biologies, etc. Plus largement, être cisgenre, c'est profiter d'une société qui a été faite pour nous, qui nous voit, nous comprend et nous inclut comme une donnée de base viable. À ce titre, cela signifie avoir des privilèges ; par exemple, une personne cisgenre ne sera pas remise en question, ne sera pas sommée d'expliquer « ce qu'elle est » : elle est la norme attendue et connue, elle est « normale ». Cette simple phrase, si elle implique en sous-texte une question relative au genre, a une formulation si générique qu'elle semble questionner la nature humaine même. Dans le vocabulaire usuel, il n'est pas rare que l'on oppose aux personnes trans les « personnes normales » ; tout est dit. Être cisgenre est la norme attendue et connue. On calque un genre dès la naissance, avant même que ça ne prenne un sens.

> *C'est parce que la cisnormativité a été construite et a été transmise comme telle que la transphobie existe : la cisidentité comme norme systémique est incompatible avec l'idée d'une société transinclusive. Il y a là une dynamique de cause-conséquence. L'amas de normes et d'attentes autour de la cisidentité exclut en conséquence logique la possibilité de transidentité. Dans un système qui attend de son stéréotype de la féminité de porter la vie, qui a théorisé l'instinct maternel comme un réflexe « de femme », qui a instauré une division genrée créant une charge mentale spécifique aux femmes, l'idée d'un homme enceint ou*

d'une femme née avec un pénis devient littéralement incompréhensible. Pourtant, il ne s'agit que d'une question de diversité des combinaisons genre-biologie. C'est cette incompréhension fondamentale due à l'ensemble culturel qui est le nôtre qui crée la peur et la haine et qui fait de la transphobie un système.

En conséquence, notre existence même semble incongrue quand elle ne paraît pas impossible ; notre présence dans TOUS les espaces de notre société est perçue comme indécente, menaçante, ridicule... La transphobie est partout et concerne potentiellement tout le monde : c'est une question d'ensemble sociologique, d'héritage collectif. J'ai attendu moi-même d'être face à ma propre transidentité pour comprendre tout cela, pour connaître le mot transgenre. Moi-même qui aujourd'hui écris un livre, j'ai eu honte d'être trans parce que je sortais des normes identitaires. C'est parce que la transphobie est un système qu'on la retrouve dans nos lois, en politique, dans nos formulaires administratifs, en milieu scolaire... Elle rend mille choses du quotidien plus difficiles car nous sommes rejeté·es·x ou non pris·es·x en compte. Le rejet est bel et bien l'une des premières conséquences de la transphobie quand il y a une conscience de l'existence des personnes trans. Car dans une majorité de cas, nous ne sommes pas vue·es·x, et par conséquent jamais pris·es·x en compte. C'est déjà de la transphobie ; une transphobie contextuelle, culturelle, inactive et souvent involontaire, certainement. Elle se comprend, elle n'est pas nécessairement malveillante, mais elle existe et n'est pas acceptable pour autant.

Faire penser, pas culpabiliser

Il est trop frustrant de constater le peu de crédit que l'on accorde au quotidien aux paroles directes de personnes trans et à l'adaptation sociale à nos besoins. Cette situation et cette transphobie involontaire, acquise et intrinsèque ne sont pas uniques : la même dynamique existe pour le racisme, avec là aussi un ancrage historique, économique et culturel. Le sexisme, la putophobie, la grossophobie sont également des systèmes discriminants presque invisibles et peu remis en question.

Il est important de faire preuve d'esprit critique et d'esprit d'analyse ; ces craintes, ces préoccupations ne peuvent pas devenir un frein à l'épanouissement, et il y a déjà une forme de transphobie dans l'idée que les personnes trans ne peuvent pas être crues sur les questions qui les concernent spécifiquement.

Ce paragraphe n'a pas vocation à culpabiliser mais à faire penser à ces choses que l'on ne sait pas, et que de ce fait on peut penser. Et si je peux comprendre la gêne et l'agacement que ces paroles peuvent créer, il me semble que ces émotions négatives sont le baromètre d'un possible sentiment de culpabilité non assumée ou inconsciente, porte d'entrée dans une réflexion sur la transphobie involontaire.

2-

La transphobie n'est pas nécessairement volontaire

La transphobie est un phénomène négatif. Brutal. Pour tout le monde. Pour les personnes qui perpétuent la transphobie, il s'agit d'affirmer un refus de constater et respecter pleinement une existence ; cela n'est jamais bienveillant et place dans un espace intellectuel et émotionnel de refus et d'opposition. Cette négativité doit avoir un impact, je pense, sur soi-même. La situation est subtile : il s'agit de réussir à analyser les intentions derrière la transphobie et à avoir pleinement conscience que la transphobie n'est pas nécessairement volontaire. Prendre en compte cette réalité ne doit pas éloigner de la vérité de base : la transphobie est une violence contre les personnes trans et ne doit plus être acceptée. Pourtant, en tant que personnes trans, nous apprenons bien vite à détricoter la transphobie dans ses aspects les plus insidieux, à la voir même là où elle ne semble pourtant pas exister à première vue. En nous y habituant, nous cherchons aussi à nous en protéger et à l'éviter, ce qui peut participer à un isolement, à des peurs de la sociabilisation. Nous sommes parfois confronté·es·x à des cas bien différents.

LA TRANSPHOBIE CULTURELLE

Vous avez sans doute compris que l'un des enjeux majeurs concernant les personnes transgenres est d'inverser l'ignorance entretenue et parfois idéologiquement volontaire nous concernant. En effet, les questions de genre sont souvent perçues comme taboues, sensibles, trop compliquées pour être discutées et apprises. Leur intégration aux manuels de SVT il y a quelques années avait d'ailleurs été largement critiquée et attaquée.
Notre société ne connaît pas les personnes trans, et semble ne pas vouloir le faire. Cette ignorance entraîne une transphobie dans de nombreuses situations où elle n'est pas cherchée et pas voulue.

Trop souvent, ce qui se substitue à l'information objective est un ensemble de stéréotypes profondément ancrés et qui ont été largement véhiculés et entretenus : les films *Le père Noël est une ordure*, *The Crying Game*, *Ace Ventura* ont ainsi donné à voir des personnages trans pathétiques, ou séduisants mais dont la transidentité est fondamentalement un objet de moquerie et de dégoût malgré l'attrait physique des personnages. D'autres films ont entretenu l'image de personnes trans comme violentes ; c'est le cas dans la franchise *Massacre au camp d'été* ou dans *Pulsions*.
En 2020, la bande-annonce du film français *Miss*, acclamé au Festival de l'Alpe d'Huez, a pourtant laissé peu d'espoir quant à une représentation juste et claire, entretenant un flou qui laisse deviner un personnage trans, dont les interactions sont celles d'un personnage trans mais qui n'est jamais dit trans. D'autres films à grand succès n'ont pas été plus positifs.

Ces archétypes remplacent souvent la parole des personnes trans dans l'inconscient collectif et tiennent lieu de pédagogie pour beaucoup de spectateur·rices·x. Le cinéma n'est pas le seul vecteur de mésinformation et de clichés ; ceux-ci sont présents en amont et ne sont que repris par ce support, que renforcés par les films qui représentent des personnes trans. Dans tous ces cas, il y a plus souvent une bonne intention : celle de représenter, d'expliquer. Mais les intentions ne suffisent pas et nous n'échappons pas, collectivement et spontanément, à des siècles d'invisibilité, à l'omniprésence de la psychiatrie, à la vision d'une différence qui ne peut être vécue que comme un drame, que dans la violence. Les expériences de sociabilisation des personnes trans sont assez claires sur le sujet et démontrent clairement tous les stéréotypes auxquels une personne cisgenre pense spontanément quand le mot « trans » est convoqué. De fait, cette programmation culturelle, qui est à la base transmise à tous·tes·x, nécessite toute une éducation, toute une déconstruction, qui n'est pas accessible à tout le monde – non pas dans un sens élitiste, mais dans un sens contextuel : nous en avons déjà parlé dans le chapitre II.

Si cet apprentissage est nécessaire pour changer les réflexes verbaux, il doit aussi être la source d'une reconsidération totale de ce que nous pensons savoir sur les genres, et donc sur ce qu'être trans est pleinement. C'est véritablement ce manque de connaissance ou les stéréotypes qui font office de connaissances qui entraînent une transphobie à plusieurs espaces.

LA TRANSPHOBIE EN FAMILLE

Dans le milieu familial, le réflexe transphobe dû à une absence de connaissances et d'éducation est particulièrement difficile à vivre. Nos familles n'échappent pas à notre contexte culturel, nous n'y échappons pas nous-mêmes, mais le cheminement qui nous amène à la prise de conscience accélère la déconstruction, si bien que quand le coming out à la famille arrive (quand il est fait, car tout le monde n'en a pas besoin ou n'a pas de relations avec sa famille), ce sont les mêmes stéréotypes que l'on voit poindre la plupart du temps. Nous avons déjà évoqué le rejet familial ; cette extrémité est une trace évidente de

transphobie. Mais le manque de connaissance et la vision majoritaire et cisnormée des identités ont d'autres conséquences.
L'inquiétude relative aux transitions et au regard social est souvent nourrie d'une bonne intention mais renforce les stéréotypes. La possibilité d'une expression de genre qui n'est pas ancrée dans la binarité et les stéréotypes de genre est souvent peu admise ; et l'idée de « bonne transition », synonyme de l'acquisition d'une expression de genre hyperbinaire, est souvent imposée.
La temporalité de la transition est également source de remarques difficiles à entendre mais dites sans volonté blessante : « Tu n'es pas encore totalement femme », « Ça ira mieux quand tu auras fait telle ou telle opération », qui démontrent aussi une vision très limitée de nos identités et des transitions.
Il est important de savoir que ces remarques et cette conception ne sont pas malveillantes, que le but n'est pas de blesser, d'être transphobe en soi, c'est même l'opposé parfois. Mais en voulant être protecteur·rices·x, aidant·es·x, c'est d'abord des biais transphobes en eux-mêmes qui sont convoqués.

Une autre pression assez violente, souvent présente dans le cercle familial, est le rappel de l'assignation de naissance et de l'histoire de sociabilisation dans le genre assigné : « Tu resteras ma fille/mon fils » ; « Quoi qu'il arrive, tu es né·e·x fille/garçon. » Des réflexions qui sont compréhensibles car elles font appel aux normes liées au genre et au sexe biologique, mais aussi convoquent une histoire sentimentale perçue par des personnes ayant une autorité et un lien fort. Notre famille, comme nous, a cru à une identité qui lui semblait évidente et qui a conditionné nos rapports. Admettre qu'il s'agissait d'une vision faussée est difficile en soi, mais amène aussi à la fameuse idée du deuil de la personne trans, d'un manque de celle-ci. Être trans, le dévoiler, le vivre pleinement et faire son coming out et/ou sa transition, c'est être plus vivant·e·x que jamais. C'est être plus soi que jamais. C'est un épanouissement euphorique. Alors lui opposer une tristesse et l'idée de deuil est symboliquement et factuellement très lourd. C'est rester dans un passé qui est perçu comme une vérité ou un idéal alors même qu'il peut être pour nous une prison dont nous nous libérons enfin.

Un continuum de l'être dans son parcours de transidentité

On oublie trop souvent de célébrer nos vies, de célébrer notre liberté et notre identité au nom du passé ; c'est d'une certaine façon un refus de nous voir nous. Et si les difficultés sociales sont effectivement un motif d'inquiétude, elles ne doivent pas prendre le dessus.

Il est nécessaire de comprendre et d'apprendre que le genre est une donnée fluide et culturelle, mais aussi qu'il y a un continuum de l'être dans son parcours de transidentité. Nous avons notre histoire de sociabilisation et de rapport au genre, notre corps est notre corps, qu'il ait besoin de modifications ou non. Notre passé, avec ses joies et ses douleurs, participe à forger qui nous sommes, et si notre présentation de genre change, nous restons les mêmes personnes. Nos passions restent nos passions, nos envies restent nos envies. Nous gardons les mêmes sentiments envers les mêmes personnes, et il est bon de le rappeler, car la transidentité est trop souvent perçue comme un changement absolu d'identité : ce qu'elle n'est pas. Certes, les habitudes ont la dent dure et un temps d'adaptation pour les changer existe. Mais le sentimentalisme lié à ces changements n'est que le signe d'une difficulté à comprendre les identités trans et à les admettre comme une simple donnée plutôt qu'une espèce de tare.

AIMER AU-DELÀ DU GENRE

Personne n'est infaillible. Personne n'échappe à son contexte culturel et à l'éducation que celui-ci participe à formater. Je me répète : la transphobie est un système qui a des conséquences dans tous les milieux, chez tout le monde. Même chez vous, lecteur·rice, qui soutenez et êtes présent·es pour une personne trans de votre entourage, ou qui admirez et respectez une personne trans visible, connue, dont vous avez pu entendre la voix.

Non, je ne veux pas vous traiter de méchant·e transphobe. Non, je ne veux pas remettre en question votre soutien sincère et, d'ailleurs, je vous en remercie. Mais vous n'êtes pas infaillible.

La question est complexe. Je pense sincèrement que la proximité émotionnelle, l'amour, la tendresse et l'attachement que l'on porte à une personne rendent forcément un peu plus à l'écoute de son vécu, et les sentiments créent souvent une réaction empathique. En tout cas je veux le croire.

Ma maman est l'une des personnes les plus fortes que je connaisse. Après mon coming out (qui n'a pas été une surprise pour elle), elle a été la première à affirmer que non, ce n'était pas normal que l'on m'insulte, que l'on me frappe. Elle a été la première à entendre que j'avais des besoins, à m'aider à les remplir, à m'accompagner. Ma mère m'aime et son amour passe au-dessus de la façon dont je vis mon genre, de mon genre lui-même. Jamais je ne la remercierai assez d'avoir su, à cet endroit, dépasser un système dans lequel elle a été élevée. Notre amour l'a engagée contre la transphobie. Mais ça ne veut pas dire que tout est idéal et, outre le besoin compréhensible d'un temps pour prendre de nouvelles habitudes verbales, il a fallu répéter et demander des efforts pour que mon pronom et mon prénom soient systématiquement respectés en famille. Le genre n'est pas une question de personnes, il n'est pas anecdotique. Il est partout, c'est un système. Et si le filtre de l'amour permet clairement de remettre en question certaines violences de ce système, il ne tient pas lieu d'éducation et de déconstruction instantanée. Ça aurait été trop facile. Le soutien parfois indéfectible que l'amour inspire est merveilleux mais il ne suffit pas. Car il n'assure pas une connaissance des questions de genre. Cet amour doit être le combustible pour aller plus loin, pour demander : « Qu'est-ce que je peux dire qui est problématique au fond ? », « Est-ce que je comprends tout ? »

CONVAINCRE L'ENTOURAGE FAMILIAL

On me demande régulièrement s'il existe un moyen de convaincre l'entourage familial. Je crois que plusieurs « astuces » peuvent y aider.

- Il faut d'abord avoir conscience de cette dissonance et adapter son discours en conséquence. Les informations d'ordre scientifique – l'objectivité de notre identité, les effets des hormones, les différentes étapes administratives – peuvent être apportées par une personne qui incarne une forme d'autorité pour les parents et les proches en général : médecins, agents en mairie, documentaires, sites officiels. Force est de constater (encore) que ce sont majoritairement des personnes cisgenres. Encore une fois, on n'accorde aux personnes trans ni expertise ni confiance, réservées à l'entre-soi des privilégiés.
- Il est aussi important de rendre visibles la vie communautaire et l'expérience d'autres personnes trans, notamment des personnes d'une tranche d'âge proche de nos parents : cela aura tendance à rendre réelle la possibilité d'un avenir pour une personne qui transitionne ou ayant transitionné. À ce titre (mais pas que), le documentaire du comédien et réalisateur Océan[20] est un support utile. Si les préjugés peuvent rester prégnants, voir la multiplicité de nos parcours et échanger avec une personne qui ne partage pas de liens émotionnels reste utile.
- En complémentarité à cette éducation objective et déléguée à des sources qui sembleront plus objectives, il est important de faire de ce lien sentimental le vecteur d'informations. Si les affrontements sont parfois inévitables, dans un contexte où les contacts familiaux

20 Websérie documentaire (2019) diffusée sur le site de France Télévisions.

existent, l'expression de ses émotions et du mal que nous pouvons vivre en lien à une mauvaise intégration sociale et genrée peut aussi créer un déclic basé sur l'empathie. On oublie trop souvent le pouvoir que l'empathie peut avoir, incarnant un vrai contrepoids à tout ce que les questions de genre peuvent avoir de politique ou au manque de conscience de la transphobie ancrée et intrinsèque à de nombreux réflexes quotidiens. Si l'on peut amplement critiquer la représentation des personnes transgenres au cinéma (et d'ailleurs nous le ferons), le cinéma peut être une porte d'entrée et un média permettant aussi la transposition d'une situation vécue dans le cadre familial, permettant de mieux en saisir les enjeux et de jouer avec l'effet de projection dans la fiction pour toucher et faire changer.

ÉLEVER SANS GENRE

Sur Instagram, avec le temps, une des questions que j'ai fini par recevoir le plus concerne les enjeux de ne pas créer une cisnormativité par défaut quand on élève un·e·x enfant. Bien souvent, ce sont des parents cisgenres elleux-mêmes qui me demande conseil, preuve heureuse d'un questionnement parmi les allié·es·x.

La cisnormativité imposée aux enfants dans leur parcours de développement personnel est souvent vécue comme un frein au moment de la prise de conscience trans. Il s'agit donc de réfléchir à un nouveau contexte pédagogique, un nouveau système pour y remédier. Le but est de créer une sorte de neutralité ambiante qui permettra à chaque personne d'affirmer son individualité.

L'idéal serait d'annuler toute assignation à la naissance, une réalité effective dans plusieurs cultures autour du globe.

Oui, cela semble énorme et impossible ; pour les pessimistes, d'autres petits réflexes peuvent être pris, et au centre de tout est la communication du parent qui se nommera comme cisgenre, qui nommera l'existence de personnes trans, qui affirmera la légitimité à questionner le genre mais qui sera aussi à l'écoute des besoins de son enfant sans jugements : couleurs, jouets, vêtements, pronoms... Offrir un accès

libre à ces éléments qui sont considérés comme de vrais marqueurs du genre permet de diminuer le conditionnement du genre. Pour les personnes trans mais aussi pour les personnes cisgenres : c'est détruire le conditionnement aux activités, aux attitudes divisées entre les genres. C'est ainsi que nous retirerons tout sens genré donné à des choses qui n'en ont en fait pas ; un vêtement n'est rien d'autre que du tissu. Je comprends la difficulté à se mettre dans cette attitude de vulnérabilité pour un parent qui incarne une autorité. C'est aussi cette vulnérabilité qui permet de montrer le genre comme une donnée vivante, qui ne sera pas figée, inévitable, lourde. Finalement, il s'agit d'offrir accès aux ressources, de transmettre à l'enfant les paroles de la communauté. La position des parents comme relai est centrale pour apprendre le genre en se défaisant des biais transphobes.
Cette position est aussi importante pour apprendre la transphobie quand un enfant partage sa transidentité. Parce que si un apprentissage dégenré et libre est merveilleux et nécessaire, dans le contexte social qui est le nôtre, il n'offre pas la conscience des violences que l'enfant pourra connaître. Il s'agit de dire toute la vérité pour permettre aussi une protection en contexte social. Ne pas jeter son enfant dans le grand bain sans brassards.

LA QUESTION DES RELATIONS SENTIMENTALES ET/OU SEXUELLES

Un sujet à la transphobie involontaire dans le milieu familial est souvent la question des relations sentimentales et/ou sexuelles. Parce que la famille est souvent à même d'être témoin des relations d'une personne, l'engagement et les conseils peuvent exister. Et quand on est trans, on crée souvent tout un sensationnalisme autour de ces questions : « Alors tu lui as dit ? » ; « Ça n'a pas été difficile d'accepter qu'iel soit différent·e·x ? » ; « Tu en penses quoi, d'être avec une personne trans ? », etc. Une vraie dynamique de partage de regards cisgenres sur notre identité existe, qui dévoile un regard exoticisant, et qui fait de la transidentité un sujet de débat quand cela ne devrait pas en être un ; les seules préoccupations potentielles devraient être de savoir si la structure est saine, comme pour n'importe qui d'autre. J'entends que pour beaucoup ces propos seront difficiles à lire, qu'ils peuvent sembler ingrats. J'entends ce besoin d'un temps de changement des habitudes. Et je crois qu'il est important d'en avoir conscience. Mais plus important encore : il s'agit d'écouter et d'accepter qu'en matière de transidentité, c'est le savoir des personnes trans qui prime sur le vôtre, même si elles sont vos frères, sœurs ou adelphes, même s'il s'agit de votre enfant. Malheureusement, les liens d'autorité dans la famille compliquent parfois la transmission d'informations et peuvent faire obstacle à l'accès aux transitions.

3-

Une transphobie parfois mise en doute

La France est nourrie culturellement par l'idée d'universalisme de certaines idées et valeurs. Cette notion a largement été critiquée et remise en question, notamment par les mouvements antiracistes et anticoloniaux (que l'on remercie). Cet universalisme nourrit encore largement la politique, l'économie capitaliste ou encore le journalisme dans notre pays. Trop souvent, les sujets traités par les médias le sont par des personnes qui ne sont pas concernées, et cela est mûrement réfléchi. On voit encore trop de panels de journalistes prendre la position de la personne « qui sait », apportant les faits et une analyse, tandis que les personnes touchées comme témoins sont présenté·es·x comme émotifs·ves·x, n'apportant que subjectivité quand nous avons bien plus à dire. L'argument de l'émotivité est largement utilisé pour décrédibiliser nos voix, avec en sous-ton une vision péjorative et intellectuellement réductrice de nos narrations et de nos identités. Cette appropriation de nos narrations sous couvert d'un savoir technique et formel journalistique a pourtant des conséquences. En première ligne, la perte de la conscience du système qu'est la transphobie, dont nous avons déjà longuement parlé. Plus largement, cela transforme la façon dont les transidentités sont montrées et prises en compte en conséquence. Ainsi, le manque d'individualité dans la façon dont la transidentité est collectivement approchée crée une image d'un ensemble monolithique et absolument marginal. Il est trop souvent question d'une vision qui crée une transidentité fantoche, une marionnette de paille – qui est en fin de compte le reflet de peurs et de fantasmes plus que le reflet de la vérité de nos identités – en conséquence de ce que les personnes trans vivent spécifiquement du fait de leur rapport à leur genre. Il y a un clair continuum entre la vision erronée des personnes trans et la négation ou la déformation de nos narrations de vie. En premier lieu, il est trop souvent question d'aborder la transphobie avec des guillemets, des questions ou du doute. C'est finalement assez logique : le manque de conscience objective et la transphobie intégrée créent le réflexe de remettre en question la possibilité des existences trans, et amène à une remise en question de l'existence d'une violence et des formes qu'elle prend.

MAIS QUI SAIT ? QUI DÉCIDE ?

Que l'on ne s'y trompe pas : les remises en question et le doute ne sont que les signes d'un manque de regard et d'écoute des conséquences de la transphobie, mais aussi un manque de déconstruction des rhétoriques, du choix de mots et de leurs sens et sous-entendus.

La transphobie est une réalité, et une réalité bien plus vaste et subtile qu'il n'y paraît... Et ce ne sont pas les personnes cisgenres, encore moins les personnes qui n'ont aucune familiarité avec les problématiques rencontrées par les personnes transgenres qui peuvent décider qu'une chose est transphobe ou pas. Il est pourtant encore trop courant qu'une vraie échelle de la gravité soit instaurée quand on aborde le sujet, ou que certains mots, certains actes, certaines idées soient balayées du revers de la main : « Je ne pensais pas, je ne pensais pas à mal » ; « Ce n'était pas mon but ». Malheureusement, les intentions ne suffisent pas et les personnes cisgenres doivent avoir le réflexe de se souvenir qu'elles sont aussi concernées et qu'il s'agit d'un travail actif de réflexion et de précautions pour éviter de participer au système transphobe dont elles font partie même sans le vouloir.

Ne pas décider d'« où » est la transphobie soi-même et écouter l'expérience des personnes trans qui la voient tout le temps sont primordiaux. Il ne s'agit pas d'accuser ; il ne s'agit même pas de dire qui décide de ce qui est transphobe mais de reconnaître qui est à même d'identifier la transphobie là où elle est, et où il peut sembler n'y avoir que de la simple maladresse. L'écoute des personnes trans d'abord est un enjeu central. Il est aussi important de préciser que, même au sein de la communauté, la transphobie peut être internalisée. Qu'il y a des injonctions cisnormées dans la transition, que l'enbyphobie existe même entre nous qui ne formons pas un ensemble homogène et automatiquement éduqué... une subtilité qui démontre aussi l'emprise des normes apprises. Ce n'est pas un choix, il ne s'agit pas d'un jeu de blâme mais de rendre claires des dynamiques qui existent. Il s'agit de prendre en compte l'intégralité de ce qu'être trans signifie : ce n'est pas une caractéristique isolante mais une donnée qui conditionne l'inclusion et la sociabilisation des concerné·es·x. De fait, nous vivons la transidentité et tout ce qui en découle : les transitions, le rapport aux normes de genre... et la transphobie. Par ailleurs, si ce sont nos paroles qui priment, il est aussi important de dire qu'il n'y a pas d'universalisme trans et que les prises de position intracommunautaires sont aussi très variables et pas toujours inclusives, pas toujours déconstruites. Réussir à jongler entre la sociologie et la conscience des biais individuels est un travail important.

À QUAND LA PROCHAINE FOIS ?

Nous n'échappons pas à la transphobie. Je pense que beaucoup de personnes trans n'ont pas conscience à quel point les violences peuvent cibler nos identités sous tant de formes. Un certain temps après avoir fait leur coming out, l'écrasante majorité des personnes trans finissent par anticiper et se projeter dans les violences, par se brider parfois par peur de celles-ci, dans leurs actes, mais aussi plus insidieusement intellectuellement et émotionnellement. Il y a cette question latente : quand sera la prochaine fois ? Ça sera quoi ?

De fait, il y a peu de choses aussi frustrantes que la remise en question ou la négation de nos vécus et de la transphobie comme une réalité structurante mais invisible. Répétons ensemble cette phrase : la transphobie est une réalité structurante mais invisible. Ceux qui soutiennent le contraire prétendent que les personnes trans auraient une sensibilité exacerbée sur la question et que la transphobie n'existerait que dans un système émotif et dysfonctionnel, reflet de la différence douteuse que serait la transidentité. Ces émotions existent. Les discours de personnes trans en colère, tristes, fatiguées existent. Mais ils ne sont pas le signe d'un discours biaisé : nos émotions sont justement la conséquence directe de la vérité de la transphobie, que nous vivons toujours, partout.

La transphobie est une réalité, elle est une vérité objective. Les personnes cisgenres n'ont pas la légitimité de la voir, tout simplement parce qu'iels ne la subissent pas et ne la subiront jamais. Même les proches de personnes trans, qui peuvent être plus à même de la reconnaître, de la juger et de prendre conscience de ses conséquences ne pourront mesurer l'étendue de la pluralité et de la subtilité de ses formes.

La transphobie est comme un mille-feuille, une superposition d'arguments, d'idées, de mots. Même si l'on peut réussir à se détacher d'une couche, il en reste souvent d'autres qui demandent un travail tout aussi important de déconstruction, d'analyse et de remise en question ; ceci explique que l'on s'arrête parfois à une première étape en croyant avoir fait tout le chemin, ou même que l'on se dise que les autres couches sont de la sensiblerie, de l'exagération...

Ne nous y trompons pas : redisons-le, la transphobie (et l'enbyphobie) est une vérité objective. Écoutons les personnes concernées lorsque l'on parle de discriminations systémiques.

Une cisphobie, vraiment ?

L'inversion du trauma est une dynamique de plus en plus exprimée : dénoncer la transphobie dans des comportements spécifiques et souligner des culpabilités sociales deviendraient… de la « cisphobie ». Tout comme il est parfois dit que dénoncer les actes de violeurs, d'agresseurs risquerait de ruiner leur vie. La culpabilité est une vérité factuelle qui demande justice et dont les conséquences sont toutes inséparables de l'acte de violence perpétré. La cisphobie n'existe pas. Elle ne peut pas exister dans un contexte de cisnormativité tel qu'il existe. Par contre, l'expression de la colère face à la transphobie et aux asymétries sociales, l'expression des peurs et de la volonté d'y échapper existent. Il est nécessaire de voir ce que cela dit, et ne pas inverser la narration autour de la transphobie.

DES CONSÉQUENCES CONCRÈTES : JESSYCA, VANESSA, PAULA, MATHILDE, LAURA,DOONA, VICTIMES DE TRANSPHOBIE

On peut parler tant que l'on veut de transphobie, la conclusion et la vérité de cet ensemble de violences ne sont jamais positives, jamais bénéfiques.
Alors même que je suis activement engagée dans l'écriture de ce livre, les nouvelles me l'ont rappelé.

- Dans la nuit du 20 au 21 février 2020, Jessyca Sarmiento, femme trans péruvienne arrivée en France l'année précédente, a été tuée alors qu'elle travaillait au bois de Boulogne. Trois personnes à bord d'une Clio ont pris leur élan, l'ont renversée, puis se sont enfuies sans aucun égard.

- Jessyca n'est pas seule. Le 16 août 2018, Vanessa Campos avait elle aussi été assassinée au Bois. Les informations dont on dispose laissent entrevoir un féminicide transphobe d'une grande violence : sept à huit hommes se seraient acharnés sur Vanessa, qu'ils avaient déjà agressée auparavant.
- Le 27 août 2019, Paula Gretchen, femme trans brésilienne vivant en France, a fait une tentative de suicide médiatisée en se jetant d'un pont dans la Seine, en plein cœur de Paris. La raison ? Paula ne supportait plus la transphobie constante qu'elle subissait.
- À Bordeaux, le 8 décembre 2019, Nana a été agressée après avoir fêté son anniversaire ; un groupe de quatre hommes s'en sont pris à elle et l'ont jetée du haut d'un parapet dans un parking à étages du centre-ville.
- Le 31 mars 2019, Julia Boyer est agressée place de la République, à Paris. Cette attaque, filmée, est devenue certainement l'un des cas de violence transphobe les plus médiatiques en France.
- Le mercredi 23 septembre 2020, Doona, jeune étudiante montpelliéraine se suicide en gare Saint-Roch. Doona avait parlé de son désespoir avant de passer à l'acte, témoignant de la transphobie violente des administrations de la faculté, du rejet du CROUS qui avait suspendu sa bourse après des tentatives de suicide… L'acharnement à ne pas écouter, ne pas comprendre, ne pas accepter et aider Doona aura été la cause de sa mort. Les institutions éducatives ont poussé cette jeune femme en parfaite santé à se suicider.

Ces six femmes, ces six victimes de transphobie ne sont pas des personnes isolées qui ont manqué de chance ; leurs histoires tissent une cartographie de la transphobie. Et je n'ai nommé que celles dont les morts, les tentatives de suicide ou les agressions verbales et physiques sont connues et documentées. Combien d'autres les subissent dans l'ombre ? Et je n'ai parlé que de la France.

D'après le Trans Murder Monitoring Project, entre novembre 2018 et novembre 2019, 331 personnes trans ont été tuées dans le monde, parce qu'elles étaient trans… Tous les ans, les organismes de décompte annoncent ces chiffres fatals. En 2020, encore au moins 350 personnes trans ont été tuées, 98 % étaient des femmes trans ou personnes transféminines. Les chiffres révèlent une continuité des violences, de la misogynie, de la précarité économique, de la transphobie. Leur analyse est nécessaire pour révéler de manière factuelle une situation sociale désastreuse quand l'empathie n'existe pas. Les stigmates contre le travail du sexe, le racisme sont d'autres facteurs qui se superposent à la transphobie et participent à une déshumanisation toujours plus cruelle qui rend l'assassinat viable dans la tête des responsables.

La transphobie existe et nous tue ; elle détruit notre bien-être, nous isole, nous déshumanise.

Le 21 janvier 2019, au Brésil, la police interroge un homme au comportement suspect. Il ne tarde pas à révéler avoir assassiné Quelly Da Silva, 35 ans, une femme trans qu'il a abandonnée sur le parquet de son domicile après lui avoir arraché le cœur et laissé sur son thorax béant une image de saint catholique. Pour cet assassin, Quelly n'était pas une personne mais, comme il l'a rapporté à la police, « un démon ». Parce que Quelly était transgenre.

Tous les continents sont touchés. Il ne s'agit pas de notre problème, mais d'un problème collectif dont nous sommes les victimes. Il est temps de le voir et d'agir. Parce que quand il ne s'agit pas d'extrémités si dramatiques, c'est notre inclusion dans le monde du travail qui est rendue plus difficile et qui entraîne une vraie précarité.

LE PLURIEL DE LA TRANSPHOBIE

C'est une chose finalement assez paradoxale que la transphobie. C'est simple et net : il existe un système que nous apprenons qui nous dicte des vérités construites autour du genre, qui impliquent en creux une réserve, une opposition, une haine, un doute quand on parle de transidentité.
Et pourtant c'est si diffus, si implicite que ça semble inexistant…
Mais aussi, les formes, les motivations et les buts de la transphobie sont si nombreux sociologiquement que l'on peut véritablement employer le pluriel quand on parle de ce système.

Tout le monde est virtuellement transphobe dans notre société ; mais ce « tout » le monde cache de nombreuses nuances qui ont leur sens sociologique. On peut déjà distinguer :

- Des biais idéologiques différents, qui nourrissent différents discours transphobes : des lectures religieuses, une conception du genre et des violences de genre comme basées sur des différences biologiques, une optique idéologique qui tend à synthétiser les violences de genre et à les lire exclusivement par ce filtre, qui, en conséquence, refusent l'intégration des nuances et spécificités que les transidentités apportent au discours ;
- Des conceptions du genre par le biais de stéréotypes sexistes qui excluent et stigmatisent les personnes trans qui n'entrent pas dans leur identité ou expression de genre ;
- Un refus d'inclusion de nos combats par l'argument numérique que nous restons une minorité.

Ces motifs de rejet sont différents et s'ancrent dans un choix d'arguments et d'insultes subtilement différents. Ils ne sont pas isolés et peuvent se superposer, « se compléter » ; ils partagent d'ailleurs des sources communes, dont l'importance des structures patriarcales comme structurantes des relations et des espaces/rôles de genre ; la cisnormativité basée sur des théories pseudo-biologiques, etc.

Il y a une vraie importance de la sociologie des personnes et des arguments : les buts de différentes positions idéologiques face à la transidentité n'ont pas exactement les mêmes objectifs. Ainsi, les groupes de féministes dites radicales – également connues par l'acronyme anglais TERFs (Trans Exclusionary Radical Feminists) – suivent une idéologie basée sur une thèse de Janine Raymond publiée en 1979, *The Transsexual Empire*. Pour les TERFs, le combat est de détruire « l'idéologie » trans et de faire reconnaître les femmes trans principalement comme des hommes, d'empêcher toute revendication politique en faveur des personnes trans, et surtout d'empêcher l'inclusion de femmes trans dans les mouvements féministes. D'autres affichent verbalement le but – mais peut-être est-ce seulement une provocation virtuelle cherchant à effrayer – de supprimer les personnes trans. Dans les sphères politiques notamment, on trouve une idée plus nuancée de reconnaître l'existence d'un ensemble sociologique minoritaire et de chercher à le contrôler.

Il existe véritablement DES transphobies. Aucune n'est éthique, aucune n'est juste. Le fond commun est souvent que la transphobie se base sur l'« avis » qu'ont les personnes cisgenres sur le concept même de transidentité, mais aussi sur la réalité sociale, la vie communautaire des personnes transgenres ou encore sur les transitions. S'il est d'ailleurs une chose en laquelle je crois profondément, c'est l'importance de l'analyse de ces situations, du choix des mots, de leur poids culturel, de leur contexte. Rien de personnel, rien d'émotionnel. Une analyse objective de rhétoriques qui permet de mieux comprendre les sources de transphobie et les contrer.

> *Au fond, tout est plus simple qu'on le pense : nous, personnes trans, existons. Ce n'est pas un choix, ce n'est pas un jeu. Il n'y a pas d'avis à avoir, rien de plus à penser que le fait de constater objectivement notre existence et écouter ce que nous avons à apporter au débat public, notamment dans les rhétoriques mi-*

litantes. Mais cela n'est pas, actuellement, encore suffisant. La remise en question des normes de genre, les corporalités et les parcours de transidentité doivent être appris, connus, inclus ; ce qui demande inconditionnellement aujourd'hui une attention et un mouvement civiques en faveur de la communauté trans.

DES PROPOS INJURIEUX RÉCURRENTS

La transphobie est rarement originale. La récurrence de certains termes, de certaines expressions injurieuses est d'ailleurs utile dans la compréhension des biais idéologiques de la personne exprimant sa haine. Faisons ensemble un tour de ces mots et de ce qu'ils dénotent. L'analyse et la déconstruction du sens profond et des sens sous-entendus permettent de rendre visibles les idées, mais aussi la transphobie dans les discours. Le plus didactique sera certainement d'en faire une liste.

Avertissement : certains propos rapportés ci-dessous sont violents.

« Erreur de la nature »

Ce propos fait directement référence aux théories de la biologie genrée, qui serait la seule vraie, la seule viable, la seule juste. Il s'agit de faire sortir les personnes trans de toute réalité acceptable.

« Bête de foire »

Même ordre d'idée que le terme précédent. Cette expression fait directement référence aux cirques humains, aux « freaks shows », ces rassemblements inhumains du XIXe au XXe siècle de personnes dont les caractéristiques physiques et/ou mentales semblaient si étranges, monstrueuses ou ridicules qu'elles devaient être montrées. Les freaks shows incarnaient une sorte de catharsis rassurant la « normalité » des personnes qui y assistaient. Il s'agit encore ici de marginaliser et ridiculiser, de déshumaniser les personnes transgenres.

« Malade mental·e·x »

Ce propos a une logique : il s'inscrit dans les théories médicales qui ont été imposées aux identités trans pendant des décennies ; c'est en tant que malades mentaux·ales·x que nous avons été traité·es·x pendant tout le XXe siècle. Il existe dans notre société un profond stigmate autour de la santé mentale. La psychophobie, soit l'ensemble des violences et stéréotypes concernant les neuroatypismes, est profondément ancrée : soit ne pas être « mentalement sain·e·x ». Selon les standards culturels de ce que cette expression peut signifier d'un pays à l'autre, c'est être hors de la société car inadapté·e·x à ses codes. La maladie mentale fait peur, elle est souvent mal comprise et perçue comme une impossibilité d'avoir une vie épanouissante. Mais être trans n'est pas une maladie mentale ! D'ailleurs, depuis 2010, la France l'a déclassifié de sa liste nationale des maladies mentales. La dysphorie de genre est cependant encore considérée comme un trouble psychiatrique et l'ombre de la pathologisation hante nos prises en charge médicales et notre inclusion socioculturel.

« Monstre »

Ce terme est également assez courant. On retrouve les thèmes abordés précédemment ; la déshumanisation est ici évidente avec la référence au monstre, un motif culturel qui effraie, qui tue, qui peut être paranormal.

« Travelo »

Il est certainement l'une des insultes les plus utilisées pour dénigrer les personnes trans. Nous avons déjà abordé, page 55, la confusion courante entre le travestissement et la transidentité ; « travelo » est un terme péjoratif pour désigner une personne qui se travestit mais est également utilisé pour les personnes transgenres. Il s'agit de souligner comme un sujet de honte l'appropriation par une personne – à laquelle on colle un genre, qui n'est en fait pas le sien – de codes, d'expressions de genre associés traditionnellement à un autre genre.

« Les personnes transgenres sont instables, perturbées. »
Dans la directe ligne de la maladie mentale, on entend souvent cet avis. Le taux de tentatives de suicide dramatiquement élevé est utilisé comme « preuve ». D'autres facteurs le sont également : la colère militante, la fatigue et l'abattement que la transphobie quotidienne peut provoquer, l'isolement social que de nombreuses personnes trans expérimentent… Il y a un manque total de recul et de compréhension des responsabilités, de la nature même de ce qui est perçu comme une « preuve » mais qui est, en réalité, un faisceau de conséquences de la transphobie et des stéréotypes.

« Les personnes trans ne sont pas vraiment des femmes/des hommes. »
Nous avons déjà parlé de cette question dans le chapitre II.

« J'ai donné naissance à un garçon/une fille, pas à toi » ; « J'aurais préféré que tu meures » ; « Tu resteras mon fils/ma fille. »
Dans le milieu familial spécifiquement, la transphobie amène un rejet qui s'ancre dans tous les arguments invisibilisants ou essentialisants déjà vus ensemble, qui amènent ces remarques ; la rhétorique du deuil que nous avons déjà abordée est également très présente. Toutes ces expressions témoignent d'une incapacité à concevoir autre chose que la perception de l'individu dont on parle ; le fait de vivre avec le souvenir d'une personne dont on apprend simplement une différence, une nouvelle donnée.

DES MENACES EN ESCALADE

Les menaces de viol et de violences sexuelles

Ces violences sont à la fois la marque d'un patriarcat oppressif, le signe de l'hétérosexualité comme un système culturel et politique, mais sont aussi proférées comme une solution pour « rétablir » cet ordre hétérosexuel ou pour punir la « déviance » qu'est la transidentité.

Il existe en sociologie le concept de « viol punitif », qui touche globalement la communauté LGBTQIA+ – ces idées de « solution » et de punition n'étant pas mutuellement exclusives d'ailleurs.

Les trans panic attack

Agressions physiques, morts, insultes... les gestes existent et leur violence doit être dénoncée. Certains tentent de justifier les actes transphobes. Ainsi dans les tribunaux américains l'argument de la « panique trans » est et a été employé. Il s'agit d'expliquer qu'une agression transphobe résulte d'une panique et d'une perte de contrôle face à l'inconnu et à la peur qu'incarne une personne trans. Une façon de faire donc porter la culpabilité de la transphobie sur la personne trans. Plus qu'une justification, une incitation. Un discours implicite que la transidentité est effrayante.
Il existe une rhétorique similaire dans le cadre d'agressions homophobes avec la « gay panic » ; un faux argument qui tend à être prohibé puisque neuf états aux États-Unis l'ont interdit.

Les menaces de mort

Les cas extrêmes ne sont pas forcément les plus rares. Absolument rien ne justifie et n'excuse jamais des menaces de mort en raison de l'identité et/ou l'expression de genre, de l'orientation romantique et/ou sexuelle, de la couleur de peau, de la religion, de la profession... Rien. De même, le harcèlement que peuvent subir des personnes en réaction à une caractéristique spécifique de leur identité est pareillement toujours condamnable et n'a jamais de légitimation acceptable. Les menaces de mort elles-mêmes prennent plusieurs formes : références aux camps de concentration, allusion censées être vagues comme « Si c'était moi au pouvoir, ça n'existerait pas ». J'ai le souvenir vivace d'un message promettant « On va vous exterminer »...

Les volontés de mort et de suppression

Elles sont un extrême dans l'usage de la violence physique comme programme idéologique ou volonté d'intimidation. Les menaces de coups et blessures sont souvent rendues possibles, tout comme les menaces de mort, par l'intense déshumanisation et l'ostracisation dont les personnes trans sont la cible. Il y a une inventivité cruelle dans les descriptions des violences qui sont envoyées par message sur les réseaux sociaux, ou lancées à l'oral, ou encore partagées entre transphobes sur des groupes privés...

Il y aurait bien d'autres choses à rapporter, cette synthèse n'est pas exhaustive. Elle permet néanmoins de rendre plus visibles les horreurs qui sont entendues par les personnes trans et peut-être de faire se remettre en question une personne cisgenre qui les pense ou les dit.

4-

Quelle place pour les allié·es·x ?

Le terme « allié·e » est utilisé en contexte militant et autour des questions sociales. Autour des questions de genre et spécifiquement des transidentités, les alllié·es·x sont des personnes cisgenres s'impliquant activement pour appuyer les revendications de personnes trans, pour changer les normes qui leur ont été apprises, la cisnormativité, la transphobie... Bref, des personnes qui s'éduquent et agissent pour cette cause qui n'est pas la leur.

Le fait d'être allié·e n'est pas exclusif à la communauté trans : une personne blanche peut être alliée aux personnes racisées également. Le fait d'être allié·e, c'est en fait reconnaître à la fois ses privilèges et la légitimité des personnes concernées sur certains sujets sont un moyen d'action et un outil dans l'inversement des dynamiques de pouvoir pour atteindre une égalité. Être allié·e est une position exigeante qui ne laisse pas place à l'ego et demande une remise en question constante. Ce n'est pas facile, mais c'est nécessaire. Les allié·es·x ont un rôle actif à jouer face à la transphobie qui passe par des choses très concrètes.

Verbaliser le plus possible

Quoi ? Ses privilèges en tant que personne cisgenre. Son refus d'accepter la transphobie dans des conversations que l'on peut avoir avec des tierces personnes et dans l'espace public. Son soutien bienveillant.

Se montrer empathique

C'est certainement l'un des premiers « rôles » de l'allié.e, car la bienveillance manque trop souvent. « Comment vas-tu ? », « Quoi que tu subisses, sache que tu ne le mérites pas », « Je te vois, je te crois », « N'hésite pas à me parler si tu en as besoin, je t'écoute », « Ton identité est légitime »... Ça n'est jamais simple de parler, d'exprimer de façon si ouverte des émotions. Dépasser les tabous culturels autour des sentiments est utile autant aux personnes trans dont la solitude dans la société cisgenre est souvent étouffante qu'aux personnes cisgenres elles-mêmes. Apprendre à parler librement de belles choses est profondément thérapeutique et crée une dynamique positive. Il s'agit au fond de créer un « safe space », un espace émotionnel bienveillant et sans jugements pour la personne qui subit la transphobie : un refuge.

Apprendre quels mots utiliser et lesquels sont prohibés

Cela peut commencer par le fait de se définir soi-même, en tant que personne cisgenre, comme cisgenre. Non seulement il s'agit de se décrire objectivement, mais aussi de montrer une conscience de la diversité des vécus de genre, ce qui est souvent rassurant.

Avoir les bons réflexes

Comme demander « Quel est ton.tes pronom.s ?» et donner les siens quand on est cis. La question, posée telle quelle, est intégrée dans la communauté trans pour ne pas juger du pronom et donc du genre de la personne d'après son physique, afin d'éviter de se méprendre, de mégenrer une personne, ce qui est une violence. Alors oui, ce réflexe vous exposera à des regards étranges dans des situations où il y a une majorité de personnes cisgenres, mais il s'agit de créer de nouvelles dynamiques autour du genre. Il est temps d'arrêter de croire que le genre se voit de façon systémique, d'en faire un non-sujet... On vous demandera peut-être pourquoi cette question, on vous dira peut-être qu'elle est ridicule... Ce sera l'occasion d'expliquer, de faire de la pédagogie et de répandre les réflexes inclusifs !

Se renseigner, s'éduquer

Les sources existent : sites associatifs, réseaux sociaux, podcasts, films, livres… Je concède qu'il faut savoir ce que l'on cherche pour trouver, et qu'une grande partie du contenu concernant les transidentités est d'une qualité plus que critiquable. Mais lorsque cette volonté d'apprendre est motivée par la proximité d'une personne trans dans son entourage, l'accès à ces sources est plus simple. Une petite astuce est de chercher d'abord des associations pour les personnes trans et de voir ensuite quelle documentation celles-ci proposent. Il y a un vrai réseau dans les outils pédagogiques, qui facilite grandement la tâche une fois que l'on a mis le doigt dessus. Je recommande aux allié·es de mener cette éducation par eux-mêmes plutôt que de faire reposer la pédagogie sur les épaules des personnes trans qu'iels connaissent, cela peut leur créer une vraie charge mentale. Les personnes trans n'ont pas à être des encyclopédies au service de personnes cisgenres. D'autant que, souvent, les questions dérivent rapidement sur des aspects très intimes et que cette mission pédagogique imposée l'est dans tous les contextes, y compris les moins adaptés. Il est essentiel de s'éveiller à des questions sociales trop négligées et d'en faire profiter le plus grand nombre. Repartager les sources, les articles, les podcasts, les témoignages ; parler de ces problématiques… Attention, il est absolument crucial de ne pas parler POUR mais de parler DE ; d'où l'importance de ne pas s'avancer sur certains aspects tout en se référant à des sources spécialisées.

Être allié.e 24 h/24 et 7 j/7

C'est un engagement systémique pour détruire une discrimination systémique ; il n'y a pas le choix de défendre des personnes trans dont l'identité et/ou l'expression de genre entre dans un cadre binaire confortable et habituel à un regard cisgenre ; il n'y a pas à donner son avis sur la nature transphobe d'un événement ou non quand une personne trans parle de ses expériences ; il n'y a pas à commenter les réactions d'une personne trans face à la transphobie.

De même, des allié·es·x qui s'engagent auprès de la communauté trans seront amenés à être témoins de la colère de personnes trans contre le système discriminant qui exclut, qui ignore, qui stérilise... Dans les discours militants, la sociologie est convoquée. Dans tous les cas, il y aura clairement des discours soulignant la responsabilité, la colère, parfois avec ironie, parfois avec un ton grinçant. Il est important de ne pas tomber dans le « not all cis » – un équivalent du « not all men » qui est opposé dans le féminisme aux discours parlant de la sociologie des comportements cismasculins.

> *Être allié.e, c'est un choix. C'est une décision individuelle. Vous échapperez toujours à la transphobie et c'est une chance ; vous avez cependant un rôle à jouer. Questionnez vos idées, écoutez nos vécus ; refusez que ce que vous entendez (ou entendrez) doive être une forme de normalité. Nous avons aussi besoin de vous.*

Lutter aussi contre l'enbyphobie

Notre distingué lectorat aura peut-être remarqué que depuis le début de ce chapitre, quand il s'agit de parler de transphobie, je n'ai pas précisé systématiquement quelles personnes trans elle concerne. Tout simplement parce que binaires ou non, nous la subissons. Il n'y a pas de hiérarchie à mettre en place mais constater que oui, le patriarcat et le sexisme nourrissent la transphobie à parts égales pour une personne trans binaire ou une personne non binaire. Mais il existe une subtilité sociologique qui cible de façon spécifique les personnes non binaires. Je tenais à terminer ce chapitre sur ce point car, trop souvent, la visibilité et l'éducation concernent UNE transidentité, celle des personnes binaires. Notre communauté est bien plus nuancée et riche.

La youtubeuse Brieuc, dont la chaîne Bric-à-Brac de Brieuc est une mine d'or pour quiconque souhaite apprendre, a dédié une de ses vidéos à l'enbyphobie. Ce terme doit désigner les violences systémiques spécifiquement dirigées contre les personnes non binaires. Il existe un débat complexe sur l'existence de l'enbyphobie et sur les frontières floues entre celle-ci et la transphobie. Les deux discriminations se chevauchent, mais l'enbyphobie existe bel et bien.

Les personnes non binaires ne sont ni des hommes ni des femmes. Sur le plan strict du rapport au genre, une personne non binaire est trans ; dans les luttes politiques, médicales, c'est la transphobie qui prend le dessus et qui inclut dans les violences qui sont soulignées les personnes non binaires :

- Binaires ou non binaires, la question des papiers est la même, les dangers à sortir une carte d'identité mentionnant un genre qui n'est pas le nôtre exposent aux mêmes violences ;
- Binaire ou non binaire, nous subissons le même système cisgenre ; le milieu médical est effrayant et ne sait pas répondre à nos besoins efficacement…

Il y a une proximité, un besoin que TOUTES les transidentités soient unies et se comprennent mutuellement. Pour autant, il y a des différences.

- Dans l'accès aux transitions, une personne qui vit un genre binaire, donc proche des structures identitaires dans lesquelles les personnes cisgenres s'inscrivent, sera systématiquement mieux reçue qu'une personne non binaire. Il y a d'ailleurs un besoin de réforme dans cet accès à la transition qui est souvent purement et simplement refusé à une personne non binaire, principalement au sein de la SoFect. Les arguments sont ceux d'une « confusion » des personnes non binaires, qui seraient hors de tout ordre social et pour qui l'accès à l'accompagnement médical ne peut être viable. En effet, les équipes de la SoFect attendent pour permettre une transition d'être assurées de la « stabilité » de la personne qui fait la demande ; les personnes non binaires sont automatiquement étiquetées comme instables. On voit ici une forme de discrimination spécifique aux personnes non binaires, du fait de leur non-binarité : c'est l'enbyphobie.

- Elle se retrouve aussi dans la différence de regards et de remarques par la majorité cisgenre sur les différentes identités trans. En effet, une personne trans binaire verra son genre nié ; on cherchera à la ramener à son assignation de naissance ; on voudra démontrer qu'elle n'est pas « une vraie femme/un vrai homme »... Les personnes non binaires doivent faire face à une sorte d'impossibilité fondamentale de théoriser leur identité. Le terme même de « non binarité » n'est pas connu, bien moins que celui de transidentité.
- Et plus encore que pour les personnes trans binaires, il y aura une négation et un mépris, une moquerie pour la possibilité même d'une identité qui n'est pas présente dans nos structures socioculturelles occidentales, ou plutôt qui n'a jamais été rendue visible et intégrée. Il y a d'ailleurs la trace d'un ethnocentrisme puissant. Cette absence des personnes non binaires de notre paysage culturel n'est pas une norme humaine mais occidentale. Polynésie, Mélanésie, Amérique du Nord, Amérique centrale, Inde... Autant de régions où vivent des sociétés qui se sont formées sur un schéma social incluant plus de deux genres. L'enbyphobie est aussi cette non-volonté et ce contexte intellectuel d'absence de théorisation de la non-binarité.
- Même au sein de la communauté trans, l'enbyphobie existe. La majorité la plus visible de notre communauté se rattache à des structures binaires. Comme tout le monde, nous vivons dans une société construite sur la binarité et, de fait, il existe une frange qui revendique la binarité comme seule « vraie » structure. L'enbyphobie existe ; elle reflète aussi des dynamiques de majorité/minorité dans notre propre communauté, et le besoin d'une visibilité pour la diversité des identités de genre.

PARINYA CHAROENPHOL

Née en 1981, **Parinya Charoenphol** est une ancienne championne de boxe thaïlandaise. Médiatisée dans ce sport dès ses 16 ans pour ses victoires et son expression de genre très féminine lors de matchs, elle participe à l'ouverture du sport aux personnes trans à plus grande ampleur en Thaïlande, où plusieurs fédérations empêchaient leur participation. Ayant transitionné publiquement, elle a continué sa carrière sportive et a combattu en catégorie féminine sur tous les continents. Elle enseigne aujourd'hui la boxe thaïe et le kick-boxing et est très engagée dans la promotion du tourisme dans son pays.

CHAPITRE V

LES TRANSIDENTITÉS AUTOUR DU MONDE ET À TRAVERS LES SIÈCLES

1-

Les transidentités, vieilles de plus de quatre mille ans

À propos des transidentités, il n'est pas rare de lire ou d'entendre qu'il s'agit d'une nouveauté, d'une invention rendue possible et crédible du fait d'une supposée décadence de notre société occidentale… On entend aussi souvent que les personnes transgenres affirment cette identité pour « faire l'intéressant·e·x. », pour se donner une image de « rebelle », aller contre le courant et l'ordre social… Les arguments sont nombreux : faiblesse de l'État, déliquescence des cellules familiales traditionnelles, patriarcales, perte des valeurs religieuses, etc. Des arguments effectivement nombreux, mais surtout réactionnaires, européocentrés et totalement ignorants de réalités culturelles variées et infiniment plus riches qu'il n'y paraît à première vue.
Ces idées, cette perception des transidentités, sont celles de personnes éduquées et vivant dans un contexte culturel qui n'a jamais intégré et discuté sa propre construction des genres. L'Occident est tout entier basé sur la binarité. À ce titre, il est compréhensible que le fait de théoriser la possibilité d'une variété des genres dans son propre contexte culturel ne soit pas spontané ; mais il est absolument nécessaire d'apprendre et de faire preuve de relativisme culturel et d'envisager le temps long.

LE RELATIVISME CULTUREL, ESSENTIEL

Le relativisme culturel est une théorie sociologique qui estime que les croyances, les traditions et les pratiques socioculturelles d'un espace donné ne sont pas absolues ou supérieures, et qu'aucune société ne peut se prévaloir de cet absolu. Cette thèse appelle à remettre en perspective ses propres héritages et à les mettre sur un pied d'égalité avec tous les autres malgré des différences diamétrales. Cette position intellectuelle permet d'aborder la compréhension d'une nouvelle culture sans biais... C'est une posture encore rare, surtout dans notre Occident héritier de filtres qui conditionnent encore en partie les milieux universitaires, l'accès et la réception d'informations.

Oui, le colonialisme et le néocolonialisme, le christianisme et son histoire de missions, le racisme érigé en théories pseudo-scientifiques, le capitalisme appuyé sur des régimes politiques patriarcaux sont autant de dynamiques qui ont participé, et sont encore un frein à l'intégration purement factuelle d'informations concernant d'autres civilisations. Et la compréhension des rapports au genre à travers les siècles et les régions est l'un des sujets qui en a le plus souffert. Car notre regard et ses biais se sont imposés et le colonialisme a écrasé, détruit des cultures ayant un rapport au genre différent du nôtre, justement pour le remplacer par notre structure binaire. Partout dans le monde, un troisième, quatrième (...) septième genre était reconnu et intégré à la société ; une réalité qu'il est temps d'apprendre et de mettre en valeur.

Avant de lancer notre propos historique, et toujours dans une démarche d'expliciter le contexte de cette étude, il me semble nécessaire de mener une autocritique.

Je suis blanche. J'ai les privilèges de la blanchité. Je ne suis pas issue des contextes culturels dont je vais parler ici. À ce titre, je ne suis pas nécessairement la plus légitime. J'ai essayé, aussi bien que je l'ai pu, de m'en tenir à un propos de synthèse sourcé, historique, anthropologique. Il n'y a ici pas d'analyse personnelle ou d'avis exprimé et la liste des sources utilisées est entièrement disponible à la fin de l'ouvrage. Il est évidemment important de noter que l'expertise académique est en partie construite sur des biais racistes, transphobes… et ne constitue pas une légitimité absolue.

Un autre point central dans le relativisme culturel, permettant de ne pas imposer un ethnocentrisme, est la conscience d'un relativisme verbal. Ce n'est pas tant que les concepts de transidentité, de non-binarité et d'homosexualité n'ont pas existé à certains endroits, au contraire. C'est que leur expression et leurs appellations ont été ancrées dans leur propre contexte ; aussi, décider d'un usage de termes qui dénotent de la réalité occidentale de ces concepts est une forme de suprématie. Le terme « genre » dénote d'une organisation de l'identité qui existe en Occident. Dans certaines cultures, un tel concept existe mais n'aura pas la même importance dans la division des espaces, des activités, et le terme de « genre » n'y sera pas connu. Il est donc important de cerner ces organisations, en voyant les proximités avec la nôtre sans y calquer nos références.

En effet, nos références ont largement empêché d'intégrer et de mener des recherches extensives sur le genre comme une donnée identitaire fluide et relative ; elles ont été construites et dépendantes d'un contexte précis et des besoins humains, des contraintes sociales dans ledit contexte. Les études de genre, et cela est d'autant plus vrai en France, restent un domaine d'étude jeune, aux enjeux pourtant nombreux et dont les frontières ne font que s'étendre.

De notre côté du monde, le genre a presque été sacralisé, construit comme un monolithe, une réalité fixe ne se prêtant pas à la discussion. Il est plus que temps que cela cesse, et les mouvements féministes depuis la fin des années 1960 ont été actifs dans la remise en question de normes sociales ; il s'agit peut-être d'une déformation professionnelle de ma part, mais je suis persuadée que l'Histoire, l'anthropologie, l'archéologie doivent s'en mêler pour éclairer notre vision des genres. Et le premier bénéfice de cette approche multidisciplinaire est d'éclairer l'ancienneté des rapports au genre que l'on pourrait définir comme « trans » selon notre concept.

LES SALZIKRUM, PREMIÈRES FEMMES TRANS ?

Le Louvre conserve aujourd'hui un trésor archéologique de l'Empire néobabylonien : la stèle d'Hammurabi. Hammurabi était le souverain d'un grand empire antique couvrant une large partie de l'Irak actuel. Je vous épargne les complexités de datation en archéologie et histoire de l'art, retenons que ce fameux Hammurabi a régné entre environ 1850 et 1792 avant notre ère. On retient son nom pour ses conquêtes mais aussi pour son œuvre de législateur ; c'est cet aspect qui nous intéresse. La stèle d'Hammurabi du Louvre est un long code de loi appliqué sur le territoire qu'il gouvernait. Ce texte nous intéresse parce qu'il constitue la source archéologique la plus ancienne et la plus prestigieuse mentionnant les salzikrum.

Ce terme est l'agglomération de deux mots, l'un en sumérien, l'autre en babylonien ; il se traduit par « femme-homme ». Les études manquent, et les plus extensives datent des années 1940. Le terme même de « salzikrum » est grammaticalement un mélange des genres ; les personnes que désigne ce terme ne sont pas décrites mais on comprend relativement bien leurs fonctions et leur intégration sociale. Le code d'Hammurabi les désigne comme des femmes, associées aux prêtresses, mais les lie aussi aux eunuques, qui avaient de très hautes fonctions à la cour. Il semblerait donc que les salzikrum étaient des personnes socialement importantes, que ce soit dans l'administration royale ou dans des fonctions spirituelles, peut-être même les deux à la fois. Est également largement détaillé leur droit d'héritage et d'adoption. Les salzikrum pouvaient ainsi recevoir une dot au moment de leur prise de fonction au temple, comme les prêtresses – une pratique qui faisait effet de miroir avec la dot donnée aux jeunes femmes se

mariant. Cette dot, les biens qui la composent, était administrée en règle générale par le père du salzikrum, pendant sa vie, puis par les frères qui devaient remplir les besoins matériels de leur adelphe. Dans le cas où ce frère ne remplissait pas son obligation, un recours légal permettait au salzikrum d'avoir la pleine jouissance et gestion de ses biens. Rappelons que de tels droits n'étaient pas traditionnellement accessibles aux autres personnes considérées comme des femmes. Cependant, les salzikrum ne pouvaient pas désigner d'héritier·ère·x et transmettre leurs biens, qui revenaient automatiquement à leurs frères. Les salzikrum pouvaient adopter un fils. Dans les documents relatifs aux adoptions, ils sont toujours désigné·es·x comme mère de cet enfant. Dans le droit babylonien, les femmes cis ne pouvaient normalement adopter que des filles et les hommes cis des fils.
On a donc concernant les salzikrum un mélange des traditions de genre dans l'Empire babylonien et la spécification des droits relatifs à ce groupe sociologique. Si les salzikrum avaient été des femmes ou des hommes cisgenres, leurs droits n'auraient pas été précisés. Le droit babylonien le fait également pour les droits des eunuques, mais en lien avec leurs fonctions administratives au palais. Les salzikrum faisaient l'objet d'une législation particulière, qui semble souligner une considération sociale dans un genre. Les salzikrum semblaient objectivement être ce que l'on appellerait aujourd'hui chez nous des femmes trans.

Les études menées sur les salzikrum sont souvent confuses. On y lit l'incapacité des chercheurs à appliquer les études de genre à ce cas archéologique. Pourtant, tout concorde, et l'analyse permet de mettre en lumière une société babylonienne qui intègre et légifère le genre hors de la seule cisnormativité. Un exemple dont l'ancienneté frappe et qui est la preuve que la transidentité, au sens premier de ce terme, n'est pas une nouveauté et que son intégration, ici légale, à la société ne semble pas avoir été considérée comme impossible, comme choquante.

Les connaissances que l'on peut tirer de ce que l'on sait des salzikrum montrent aussi des dynamiques sociales et des traits que l'on retrouve couramment autour des transidentités, surtout le lien à des fonctions religieuses/spirituelles, et un rapprochement incroyablement contemporain et au cœur des enjeux militants de notre époque : l'affranchissement de la biologie.

Quoi qu'il en soit, il devient évident que les personnes trans existent depuis au moins quatre mille ans ; de quoi détruire l'idée d'un phénomène récent ou le mythe de la nouveauté !

Une archéologie du genre, comme empouvoirante

Le cas des salzikrum peut aujourd'hui être réétudié à la lumière de nouvelles connaissances, de nouvelles disciplines universitaires, et les rares études disponibles sur le sujet offrent une base à l'élargissement des connaissances sur ces femmes.

Le travail de recherches est difficile quand il s'agit de l'Histoire des transidentités. Les querelles sur l'usage diachronique du vocabulaire autour du genre sont un frein ; les prises de position sont également un facteur. Mais c'est surtout l'accès aux sources qui bloque la production d'œuvres permettant de retracer une cartographie des transidentités. Les sources écrites sont rares et récentes, elles accompagnent la visibilité d'une transidentité structurée au sein des luttes LGBTQI+. C'est véritablement cette narration qui s'est imposée et a gagné en visibilité, plus que celles s'inscrivant dans le cadre d'affirmations culturelles et raciales et de revendications politiques de minorités ethniques, notamment aux États-Unis. Des sources existent bel et bien, le code d'Hammurabi est un exemple. Ces sources primaires nécessitent un nouvel éclairage, une analyse par le genre qui est encore très rarement appliquée. Il s'agit donc de mener un travail de dépaillage des sources, de cibler et organiser une archéologie du genre. Il y a des enjeux croisés :

- D'un côté créer des passerelles pour amener le genre dans des disciplines universitaires où cet éclairage peut constituer de nouvelles compréhensions pertinentes dans le cadre d'études concernées – donc des dynamiques interdisciplinaires – ; de l'autre, ouvrir ces domaines universitaires très figés à une subjectivité, reconnaître que l'expertise d'une identité amène des questions que des personnes non concernées n'auraient pas forcément pensées et rendues visibles. D'ailleurs, cette question de la subjectivité et de l'usage du « je » dans le domaine de la recherche est une question soulevée récemment par Maboula Soumahoro, docteure et maîtresse de conférence en civilisation américaine, dans son ouvrage *Le Triangle et l'Hexagone*[21] ;
- De l'autre côté, voir et comprendre le poids d'une formalisation des questions de genre dans le milieu universitaire est important. Car un sujet qui est investi par des recherches dans des sphères officielles, institutionnelles, est un sujet qui peut ensuite gagner des espaces de réflexion plus novices, plus quotidiens, notamment par des conférences, par des publications... Ce travail de diffusion est déjà largement fait par les figures militantes, et il est important qu'il reste le principal, qu'il reste aussi celui à qui on donne le plus de visibilité : encore une fois, la voix des concerné·es·x prime. Mais le travail universitaire doit être un outil complémentaire, car il offre des espaces de pensée à des publics qui valorisent l'objectivité voulue des recherches et l'accès aux sources ;
- Enfin, il y a aussi un facteur qui tend à faire d'un sujet d'étude un sujet « qui peut » être perçu comme plus

21 La Découverte, 2020.

objectif, plus public, plus ouvert. Le revers de la médaille étant que toute thèse universitaire trouve son antithèse et que cela ouvre potentiellement des espaces de négation ou de hiérarchisation des identités trans...

Il n'en reste pas moins que les questions de genre, dont celles de transidentité, sont et doivent être un enjeu des recherches pour offrir des outils de compréhension étalés dans le temps aux concerné·es·x, des faits qui sont en eux-mêmes empouvoirants – parce qu'ils permettent une mise en confiance par l'ancienneté. C'est un fait : ce qui est ancien apparaît souvent comme paré d'une aura de légitimité ou d'intouchabilité (la mémoire de la colonisation prouve, ô combien, un système ancré dans le temps, qui apparaît comme ayant été structurant, et qui est difficile à remettre en question).

On le voit, les outils existent. Reste à s'en emparer, toujours avec l'exigence de rendre visibles un maximum de phénomènes sans hiérarchie et intérêt ethnocentré. C'est pour tenter de remplir cette exigence que ce chapitre fera un tour de tous les continents et de quelques-unes des transidentités qui s'y sont épanouies.

2-

Amériques

Aujourd'hui, l'Amérique du Nord est une région claire, au moins dans la découpe politique du continent. Canada, États-Unis, Mexique se partagent un territoire immense. Ces trois États tels qu'on les connaît aujourd'hui sont héritiers de l'histoire du colonialisme. Le Canada et les États-Unis surtout sont des pays créés, dont les fondements puisent dans les missions coloniales européennes et dans les conflits entre puissances coloniales sur ces territoires. Cette histoire est absolument centrale ; elle s'est d'abord juxtaposée à celle des cultures natives avant de chercher activement, politiquement, à les effacer avec tout un discours raciste en sous-texte. L'histoire de ces cultures natives et leurs structures sociales témoignent de leur complexité sociale, politique et culturelle avant l'établissement d'entités coloniales. Basées sur les témoignages d'Européens, des sociétés au XIXe siècle et sur la tradition orale, les sources de l'histoire précoloniale nord-américaine sont lacunaires. Il faut imaginer que toute l'Amérique du Nord était déjà habitée avant l'arrivée des Européens, divisée en grands ensembles culturels selon les climats et la topographie entre autres. Il n'y avait pas d'États unifiés mais des fédérations ou des confédérations dans certaines régions ; dans d'autres plus isolées et rudes, la structure sociale clanique semblait prédominer, avec une transmission du pouvoir basée en partie sur l'ancienneté.

L'Amérique du Nord était donc une vaste mosaïque de cultures – certaines proches par leurs pratiques et la langue dans une même région – mais le morcellement était notable. Toutefois, un trait existant dans de nombreuses cultures natives est une structure sociale et culturelle intégrant une pluralité des genres.

LES TWO-SPIRIT AMÉRINDIENS

On désigne les personnes descendantes des peuples autochtones d'Amérique (les Amérindiens) vivant une forme de transidentité par le terme « two-spirit », qui est relativement connu mais rarement pour ce qu'il désigne réellement : un rassemblement d'identités que l'on peut définir selon nos standards contemporains comme trans et/ou non binaires.

Ce terme parapluie a été choisi par les concerné·es·x eux-mêmes en 1990, lors d'un rassemblement de natifs.ves.x américain·nes·x lesbiennes et gays, ayant comme but de choisir un terme panculturel pour unifier les noms des identités natives américaines et les rendre de fait plus visibles. En effet, avant 1990, les personnes two-spirit étaient appelées « berdache » (prostitué, esclave). Ce terme, largement péjoratif, était utilisé par les Européens au moment de la colonisation pour désigner sans distinction culturelle toutes les personnes non cisgenres/binaires. Choisir entre concerné·es·x un nouveau terme s'inscrivait dans un mouvement de réappropriation de leurs identités et d'affirmation de leurs cultures contre l'influence occidentale, qui avait stigmatisé ces cultures ancestrales. Pour autant, même si le terme montre une volonté d'union interculturelle, il n'est pas utilisé dans toutes les sociétés natives américaines intégrant une forme de transidentité, et les termes locaux, ancestraux dans les langues natives, restent encore employés.

Ainsi, il existe des cultures où un·e·x enfant grandit dans un genre assigné à la naissance, mais est ensuite « reconnu·e·x » comme two-spirit, par iel-même mais aussi par les responsables spirituels de sa communauté. C'est par exemple le cas des personnes nàdleehi de la culture navajo, présente entre quatre États américains (le sud du Colorado et de l'Utah et le nord de l'Arizona et du Nouveau-Mexique). Dans d'autres cas, les personnes sont two-spirit dès leur naissance, d'après des facteurs astrologiques, par des caractéristiques d'intersexuation, pour leur ordre de naissance dans certaines familles...

ÊTRE TWO-SPIRIT, PLUS QU'UN GENRE

Être two-spirit désigne un genre autre qu'homme ou femme – tout comme « trans » ne désigne pas un genre mais un rapport à son genre. Les sociétés natives américaines étaient très nombreuses à en reconnaître et en intégraient quatre : homme, femme, féminin masculin et masculin féminin. Ce ne sont pas vraiment les organes génitaux qui comptent ; le genre d'une personne est plus défini, pour ce que l'on en sait, par son rapport aux attributs traditionnellement associés à un genre, à des fonctions sociales… Les identités two-spirit sont celles qui marquent un mélange des genres ou un dépassement du genre assigné. Le terme révèle aussi le facteur spirituel dans le rapport au genre : les transidentités sont perçues comme l'intégration de plusieurs esprits ancestraux de genres différents dans une seule et même personne. Être two-spirit est compris, connu et intégré dans les sociétés concernées. Il n'y a donc pas d'identité prédéfinie et, pour reprendre une terminologie contemporaine, les personnes two-spirit peuvent être AFAB ou AMAB ; certaines cultures ne connaissent cependant qu'une forme de transféminité ; c'est par exemple le cas chez les Mi'kmaq, des provinces atlantiques dans l'est du Canada. Des études d'anthropologie du genre dans les cultures natives américaines ont recensé environ cent trente cultures différentes rien qu'aux États-Unis, intégrant une forme de two-spirit. Le Canada n'est pas en reste et les régions polaires des îles du nord sont aussi concernées : la culture inuit intègre ainsi les sipniq (« enfant dont le genre change »), assignés filles à la naissance.

DES FONCTIONS VARIÉES

Être two-spirit n'est pas une identité perçue comme marginale et qui serait stigmatisée. Au contraire, les personnes two-spirit sont importantes et ont des fonctions sociales très spécifiques et valorisées. On ne peut néanmoins pas faire de généralité ; si le lien avec les esprits, la communication entre les mondes, est souvent commun, la façon dont ce rôle est vécu et ses attributs varient largement. Les nàdleehi (cités plus haut) exercent une activité artisanale autour de céramiques rituelles (ou non), du tissage (notamment de textiles utilisés lors de cérémonies religieuses). Dans la culture ho-chunk, les personnes two-spirit peuvent voir l'avenir, les destins individuels de leur communauté et plus largement les périls que cette dernière devra potentiellement affronter. Dans la culture yuki (en Californie actuelle), les personnes two-spirit étaient gardien·nes·x de la tradition orale, de la transmission des mythes et de l'histoire de la société, notamment par des chansons. Mentionnons également les Cheyennes, plus connus, dont la culture s'est développée sur des régions couvertes par les actuels États du Montana et de l'Oklahoma ; dans cette culture, les personnes nommées he'eman pour les femmes trans et hetaneman pour les hommes trans étaient traditionnellement les entremetteurs·ses·x de leurs communautés. Des fonctions donc très variables qui montrent toutes un rôle de lien social fort, une participation active dans les fonctions intellectuelles, mais aussi artistiques et artisanales de leur environnement de vie.

La question des vêtements chez les two-spirit

Si dans notre culture occidentale, nous associons souvent aux personnes trans le fait de changer de garde-robe, il s'agit d'un moment de transition visuelle, symbolique, qui participe à faire évoluer la perception sociale de notre identité. Dans les cultures natives américaines, il ne semble pas y avoir eu d'attribut, de vêtement considéré comme spécifique du genre des personnes two-spirit. Dans la plupart des cas, le choix de vêtements marqués et perçus comme féminins ou masculins était laissé au choix individuel mais aussi à la possibilité de changement dans le temps. Il semble également que c'est le mélange d'éléments de parures genrées qui ait été la prérogative des personnes two-spirit, notamment lors de cérémonies et rituels pour marquer la fluidité de leur identité et de leur genre. Ce mélange est le signe distinctif d'une connexion particulière au monde des esprits, rappelant de fait les fonctions souvent spirituelles des personnes two-spirit dans leur communauté.

Toutes ces informations sur les two-spirit sont largement relatives à la culture traditionnelle de sociétés différentes, mais il faut savoir que les États-Unis les ont asservies. Des structures de relations des communautés natives aux instances politiques du pays ont été installées ; des réserves aux territoires réduits, contrôlés, souvent volontairement choisis pour être très difficiles à vivre, ont été attribuées ; une volonté politique active d'assimilation culturelle à cette jeune république a été mise en place, ce qui a largement détruit ces cultures et amené des dynamiques sociales nouvelles, dont le racisme fait partie. Un racisme systémique touche encore les natif·ves·x américain·es·x. La transphobie, elle aussi, stigmatise aujourd'hui les personnes two-spirit. Cette intersection des discriminations montre le changement culturel opéré par le colonialisme étasunien, qui a volontairement oublié l'inclusion et l'apprentissage des cultures existantes en lui imposant ses propres standards et ses violences culturellement endémiques. En 2001, le meurtre de Fred Martinez, jeune nàdleehi vivant dans une communauté navajo à Cortez (Colorado), a tragiquement rendu visible la situation des personnes two-spirit aux États-Unis. L'enquête et le procès relatifs ont mis en lumière que l'assassin avait spécifiquement ciblé Fred Martinez en raison de son identité nàdleehi ; il a été condamné mais le crime n'a pas été décrété comme haineux.

Cette superposition des discriminations vécues par les personnes queers natives aux États-Unis et au Canada est aujourd'hui une réalité qui doit être rendue visible et qui éclaire les dynamiques sociales LGBTQIAphobes dans un contexte postcolonial.

3-

Afrique

Le continent africain est découpé en cinquante-cinq pays. Seule l'Éthiopie n'a pas été colonisée ni mise sous protectorat ou influence européenne de la fin du XVIIIe siècle à la seconde moitié du XXe siècle. La colonisation a fondamentalement changé les structures sociales qui existaient en Afrique. Le simple découpage des frontières contemporaines est le signe de cette manipulation du territoire par les Européens – et des populations qui y vivaient – pour servir leurs intérêts économiques. Ce découpage artificiel n'a jamais cherché à prendre en compte les réalités culturelles du terrain : pire encore, c'est certainement en Afrique que la prétendue « mission civilisatrice » qui accompagnait la colonisation s'est fait sentir avec le plus de violence. Professeurs et missionnaires y ont forcé les valeurs et les structures sociales occidentales.

Les cours d'histoire de l'art de l'Afrique ont pour moi été une véritable révélation lors de mes études. Découvrir la complexe mosaïque culturelle des différentes régions d'Afrique et la subtilité des mythologies, réfléchir en ensembles culturels, a profondément remis en question des croyances racistes et néocoloniales que j'avais apprises. Mettant à distance l'importance de l'archive et de l'écrit – trop souvent vu comme un symbole de civilisation, de modernité, de pérennité dans la tradition occidentale –, j'y ai appris la valeur de la transmission orale, qui assure une préservation des traditions et revêt aussi un aspect politique fondamental.

Ainsi, même si le manque de source[22] ne nous en donne qu'une vision partielle, de nombreuses sociétés africaines précoloniales avaient des structures et des normes de genre très complexes.

On ne peut pas en dresser un portrait unique, mais on peut imaginer qu'elles incluaient un rapport fluide au genre, un troisième genre ou une répartition des rôles sociaux non genrée.

LES OKULE ET LES AGULE CHEZ LES LUGBARAS

La population lugbara forme un ensemble culturel vivant dans une région transfrontalière du nord de l'Ouganda actuel et de la République Démocratique du Congo. Les contacts européens avec les Lugbaras ont été assez tardifs, les structures sociales traditionnelles ont été largement conservées même avec le découpage géopolitique actuel. Les Lugbaras ne forment pas un ensemble politique et social uni autour d'une figure royale ou autre. Encore aujourd'hui, il s'agit d'une constellation de communautés. Ces groupes sont supervisés, administrés par des chefs des plus grandes familles et des figures spirituelles. L'autorité est patriarcale et patrilinéaire : elle se transmet de père en fils. La généalogie a dans la culture lugbara une importance absolument centrale ; chaque famille l'apprend, la connaît et la valorise. C'est que la généalogie est plus qu'une simple donnée familiale : elle est directement liée à la religion et à l'équilibre du monde. Les croyances religieuses et spirituelles sont sensiblement différentes selon les communautés lugbaras, mais une base reste la même : toutes les familles sont directement liées à des ancêtres sacrés qui étaient des demi-dieux, eux-mêmes directement issus d'une entité ultime parfois nommée Dieu.

22 Ce sont principalement trois sources qui nous documentent : celles laissées par les Européens arrivant dans les sociétés concernées ; la tradition orale, les objets d'art et d'archéologie ; les sociétés qui ont maintenu leurs traditions ou certaines traditions malgré la période coloniale.

Comprendre les structures religieuses lugbaras qui coexistent aujourd'hui est nécessaire pour éclairer et analyser leurs structures de genre. La culture lugbara est traditionnellement animiste et la religion n'y a pas d'organisation hiérarchique formelle ; elle n'est pas politique et n'est pas transmise par des secrets ou des rites. Il s'agit d'une donnée intrinsèque à chaque élément vivant, et sa connaissance s'apprend « organiquement » avec l'apprentissage, la compréhension des phénomènes qu'elle accompagne. Cette transmission est donc égalitaire et vivante.

DES INTERCESSEURS AVEC LES FORCES SPIRITUELLES

Cette donnée a largement désarçonné les Occidentaux chrétiens mais aussi les musulmans qui ont été présents dans la région dès le Moyen Âge. Cet animisme n'est pourtant pas un phénomène unique dans les sociétés d'Afrique subsaharienne. S'il n'y a pas de clergé ou de religion organisée au sens strict chez les Lugbaras, des personnes sont prédisposées à comprendre et servir d'intercesseuses avec les forces spirituelles : celles des ancêtres mais aussi celles des énergies de la nature relative à l'animisme des Lugbaras.

Il semblerait que cette prédisposition qui distingue les shamanes n'a pas été contrainte par le genre ; plus encore, elle révèle une structure de genre particulière. Ainsi, il existait les « okule » et les « agule », deux termes qui désignent des genres. Les personnes okule ont beaucoup été décrites comme des femmes trans, les agule comme des hommes trans. L'usage de ces termes est un outil facilitant notre compréhension des parcours de genre des personnes pour nos mentalités occidentales, mais il semble que okule et agule soient lus comme des genres à part entière dans la société lugbara. Le rapport de ces transidentités à la religion lugbara est très privilégié. Il ne semble pas qu'être okule ou agule ait été systématiquement un trait identitaire qui fait d'une personne un·e·x shamane, mais certaines fonctions shamaniques étaient spécifiquement des fonctions spirituelles que seules des personnes okule ou agule avaient la capacité de remplir ; c'est par exemple le cas de la communication avec les esprits d'ancêtres. D'après Middleton, ces fonctions étaient valorisées du fait de l'importance des ancêtres, mais les okule et les agule, bien qu'ils étaient aussi des figures d'autorité et de décision, restaient marginalisé·es·x. Le contact avec les esprits était un vecteur d'informations divinatoires utiles mais pouvait révéler autant de positif que de négatif…

Et aujourd'hui ?
Les Lugbaras ont gardé des traits culturels ancestraux malgré la colonisation et les okule et agule leur importance culturelle, mais leur présence est largement moins visible, il semble que génération après génération, leur chiffre tend à diminuer. La société lugbara a désormais un profil religieux qui voit cohabiter l'animisme, le christianisme et l'islam. Les recherches d'Albert Titus Dalfovo se sont spécifiquement attachées à la dynamique apportée par le christianisme. Il y aurait en effet depuis un changement de sens aux termes, devenus associés à des affaires démoniaques, à Satan avec un sens de « qui perturbe », à une « vieille croyance » avec un sous-entendu moqueur.
Il semble logique que lorsque l'on associe à une spiritualité une honte, un mépris, et que cette attitude s'appuie sur des structures de pouvoir, ici dans le cadre colonial, le regard change sur les personnes qui s'intègrent aux croyances ciblées mais aussi, dans le temps, de la part des personnes sur leurs propres croyances ; de fait, il peut y avoir dans ces nouvelles dynamiques religieuses, mais plus largement sociales, une dynamique de diabolisation, de violence, de stigmatisation des okule et des agule, qui sont emblématiques et importantes dans les croyances ciblées. Une forme de transphobie nouvelle qui explique le manque de visibilité et en conséquence d'études sur leurs identités, même si, encore aujourd'hui, il semble que des shamanes transgenres existent chez les Lugbaras.

4-

Europe

Je l'ai dit dans l'introduction, cet ouvrage est surtout centré sur la situation d'une communauté dans laquelle je vis moi-même : la communauté trans française. Tout le propos est indissociable du contexte, des normes de genre (cisnormativité, binarité de genre, etc.) et des structures sociales françaises, qui peuvent être, dans une certaine mesure, élargis à l'Europe occidentale, avec quelques précautions et nuances. D'autres marqueurs historiques influents sont à prendre en compte pour avoir une vue d'ensemble et comprendre ce que la politique, sa construction, notre histoire a amené comme normes et comme attentes ; plus encore, quelles identités sont « concevables », comprises dans notre contexte.

À première vue, en Europe, les transidentités sont absentes. À l'exception de quelques figures de transfuges du genre dans le christianisme, les structures religieuses occidentales, en majorité chrétiennes, n'ont rendu visible que la binarité : l'hétérosexualité est devenue symbole de moralité, d'ordre, s'appuyant sur l'importance de la famille et d'une généalogie transparente. La reproduction a été sacralisée et avec elle, la cisnormativité.

Les régimes politiques en Europe ont également participé à la mise en place de cette structure cisnormée. Depuis le Haut Moyen Âge, nos systèmes politiques sont la plupart du temps monarchiques, patriarcaux, centrés sur une figure ou un couple, à la fois chef de guerre, protecteur d'un peuple, gardien de la religion et de son respect... Cette structure patriarcale a été utilisée politiquement dans presque toute l'Europe. En France, dès le XVIe siècle, l'image paternelle et protectrice du roi s'impose et culmine avec l'absolutisme. Cette grande fable du

« roman national » construit au XIXe siècle a renforcé cette image d'Épinal de souverains chaleureux, comme des pères – et avec elle, tout le modèle culturel de binarité, de contrôle et de limites fixes des normes de genres.
Et pourtant... Pour qui s'intéresse aux études culturelles de genres, il s'ouvre une constellation de surprises toutes aussi inattendues les unes que les autres, qui révèlent la présence, voire l'affirmation, d'un passé queer en Europe, jusque dans le culte catholique.

LES FEMMINIELLI, FIGURES POPULAIRES DE NAPLES

L'Histoire napolitaine est un enchevêtrement de changements politiques parfois difficiles à comprendre et à remettre en ordre. Rois normands, angevins, aragonais, indépendance et domination espagnole... Cette histoire mouvante n'a pas empêché cette métropole méditerranéenne d'être l'une des plus grandes villes d'Europe, un centre culturel, scientifique et économique du Vieux Continent. Naples a une longue histoire souvent fantasmée de briganderie et de criminalité. On en retient aussi une foi catholique au bord du mysticisme, notamment pour les dévotions publiques lors de grandes festivités, dont les principales sont celles célébrées en l'honneur de San Gennaro, le saint patron de la ville. Un contexte de contrastes violents et de divisions sociospatiales très marquées donc, dans lequel la ville a développé au fil des siècles des identités fortes dans ses différents quartiers, qui demeurent encore aujourd'hui : il existe plusieurs Naples dans Naples, et plusieurs cultures pouvant sembler à première vue antagonistes. C'est la magie de Naples d'être ce creuset culturel surprenant ; et dans cette ville qui transporte dans l'inconscient collectif l'image d'un espace concentré de structure patriarcale, de misogynie, une forme de transidentité existe parallèlement.

Les femminielli sont des personnes assignées homme à la naissance mais vivant un genre différent. Le terme « femminielli », péjoratif mais plus encore affectif, peut être traduit littéralement par « petite femme » et interprété comme « efféminé », « comme une femme ». Définir les femminielli est difficile tant ce furent souvent les observateur·rices·x qui en parlaient avec leurs références de genre. De plus, la formation des militantismes LGBTQIA+ en Italie ces quarante dernières années a normalisé les rapports de genre par le prisme de l'orientation romantique et/ou sexuelle et a assez largement amené une sociologie queer relativement mondialisée pour laquelle le concept même d'identité femminielli est étranger.
Ce que l'on sait et peut affirmer, c'est qu'être femminielli impliquait et implique encore une intégration sociale d'après les codes du féminin ; il s'agit d'avoir une expression de genre féminine. Pour autant, on ne peut pas dire qu'une femminiello est une femme trans au sens où on le connaît en France. Si les témoignages anciens manquent, les études de genre se sont tournées ces dernières années vers Naples et l'on dispose de prises de paroles directes qui témoignent plus d'une forme de non-binarité gravitant vers un pôle féminin. On peut aussi analyser en partie l'identité femminielli comme dépositaire d'une ancienne tradition païenne et un rapport à une dualité coexistante et omniprésente dans la nature ; des croyances anciennes qui restent fortes dans la culture napolitaine et que Marco Bertuzzi a largement analysées.

Des témoignages du XVIe siècle laissent entendre la présence dans le quartier espagnol, l'un des plus pauvres de la ville, de personnes vivant une forme de transidentité. Le terme « femminielli » lui-même semble être attesté depuis le XVIIIe siècle, grâce au tableau du peintre Giuseppe Bonito, *Il Femminiello,* daté de la seconde moitié du XVIIIe siècle[23]. Ce tableau est une scène de genre, une représentation

23 Plus spécifiquement des années 1740-1760. Le tableau fait aujourd'hui partie de la collection du Portland Art Museum aux États-Unis.

au costume pittoresque d'un moment de la société. Deux personnages sont peints, l'homme au premier plan échange un regard et un rire avec le spectateur et tend un collier de perles rouges à une femminielli. Cette scène est clairement ancrée dans un humour moqueur, avec une représentation physique méprisante, montrant une volonté de ridiculiser, propre au genre de la peinture appelé *pittora ridicola*, auquel Bonito s'est beaucoup rattaché. Au-delà du titre éclairant de l'œuvre, il s'agit d'une preuve historique de l'existence de personnes trans à Naples ; et même si cette représentation est humiliante, elle montre à des spectateurs de catégories sociales favorisées cette minorité de genre dans sa réalité sociale, culturelle, économique – le ridicola s'attachant à montrer l'image des couches de la société les plus fragiles, les plus précaires, avec un éclairage humoristique et satirique. L'association de femminielli aux classes les moins privilégiées n'est pas anodine : le quartier espagnol est encore l'un des plus pauvres de Naples. La présence des femminielli y est systématiquement associée dès la Renaissance, ainsi qu'au prolétariat ouvrier au XIXe siècle, du fait du partage géographique d'un même espace, des conditions socioéconomiques et une violence de classe subie commune. Il y a assez peu d'explications définitives sur cette proximité. On peut avancer l'idée que l'identité forte du quartier et la proximité dans la violence de classe ont créé un ensemble sociologique critique d'un ordre politique, social et économique asymétrique qui unissait ouvriers, prolétaires et femminielli à égalité ; une égalité renforcée par la présence ancienne et connue des femminielli dans la ville, comme une communauté précarisée à laquelle se joint une nouvelle classe sociale qui l'est tout autant. Cette critique a pu être active, ou être de l'ordre de la satire, de la métaphore.

FEMMINIELLI ET RELIGION CATHOLIQUE

Des festivités intègrent les femminielli dans la vie et les croyances de Naples et sa région, même dans le culte catholique.

Le 2 février, à Montevergine, a lieu tous les ans la *candelora*, une dévotion publique avec messes, musique et cortège. La Vierge de Montevergine est l'une des sept grandes madones de Campanie, elle est parfois appelée « nostra signora della diversità » car des femminielli participent en nombre à cette dévotion. Les médias catholiques italiens n'hésitent d'ailleurs pas à aller de leur analyse sur ce phénomène. La fin de cette dévotion s'achevait souvent par des divertissements publics, des jeux, notamment des tombolas, dont certaines étaient spécifiquement animées par des femminielli.

Ce n'est pas la seule célébration religieuse incluant les femminielli. La petite ville de banlieue de Sant'Anastasia est connue pour son sanctuaire à la Vierge dell'arco, une autre Vierge importante de l'ère vésuvienne. Ces sanctuaires centrés sur la vierge forment un ensemble de lieux de dévotion particulièrement importante et populaire dans la région. Et les fêtes des saints de ces lieux sont l'occasion de pèlerinage et de plusieurs journées de célébrations dont fait pleinement partie une danse rythmée par un tambourin : la *tammurriata*, point d'orgue du cheminement vers l'espace sacré pour célébrer la gloire de Dieu. La tammurriata est semblable à une *tarrantella*, danse emblématique du sud de l'Italie. Certaines sections sont spécifiquement des danses pour femminielli.

Les mariages des femminielli : une critique de l'ordre social ?

Cette tradition existe encore, même si sa pratique est moins importante de nos jours. Le lundi de Pâques, une fausse cérémonie de mariage est organisée avec des cortèges de femminielli en robes de mariée, accompagnées d'un homme incarnant un mari. Cette cérémonie a une valeur de critique des structures sociales traditionnelles et est en même temps une célébration et une affirmation communautaire de l'identité femminielli comme égale de toutes les autres. Il y a toujours un humour et des réactions d'amusement à ces mariages ; la société napolitaine reste bienveillante envers les femminielli. De même, il existe une véritable connivence entre les femminielli et les personnes cisgenres dans les espaces les plus pauvres de la ville. CiroCiretta, une femminiello très active publiquement dans Naples, analyse cette proximité comme venant directement du fait de la difficulté de la vie pour les plus précaires à Naples ; un esprit de résilience, d'adaptabilité et de solidarité est nécessaire pour pouvoir survivre d'un point de vue matériel et rendre intellectuellement plus perméable l'idée d'une adaptation des normes de genre à une identité qui sort de la majorité.

On l'a vu, il y a une vraie bienveillance pour cette minorité napolitaine. Les femminielli étaient, et sont encore, dans une certaine mesure perçues comme porteuses de chance, de bonne fortune – ce qui explique en partie leur place particulière dans les grandes dévotions. On sait aussi qu'il y avait à Naples la tradition d'inviter une femminiello après une naissance pour porter chance au.à la nouveau.elle né·e·x.
Les femminielli sont aussi souvent associées au travail du sexe. Plus qu'une sorte de rôle social lié à leur genre intrinsèquement, il s'agit d'une conséquence de leur précarisation et d'une appropriation de la fascination sexuelle que leur genre suscite. L'esprit de dualité qui marque la culture napolitaine est mis en lumière dans cette résilience : il n'est pas excluant de voir des femminielli être connues comme travailleuses du sexe et partie prenante de dévotions religieuses. Leur présence est acquise, connue et attendue dans la ville, et des personnalités napolitaines de sphères très différentes sont des femminielli ; c'est notamment le cas de Ketty Gabriele, figure de la Camorra dont l'arrestation en 2009 a été très médiatisée en Italie.

5-

Asie

On divise cette immense région, que l'on appelle l'Orient, en sous-ensembles :

- Le Proche-Orient, qui fait partie de l'Asie géographique, commence par la façade levantine, le côté de la Méditerranée où se trouvent le Liban, Israël, la Turquie… Cet ensemble englobe la péninsule arabique et s'arrête avec l'Irak ;
- On parle régulièrement, dans les médias, de Moyen-Orient. La définition de cet espace est plus floue. Elle comprend généralement le Proche-Orient, mais désigne un ensemble plus général et plus vaste auquel on ajoute l'Iran, parfois l'Afghanistan ;
- L'Asie centrale est composée des anciennes républiques soviétiques connues comme les « stans » : Kazakhstan, Tadjikistan, Ouzbékistan, Turkménistan et Kyrgyzistan. La découpe change selon les régions, si l'on parle de carte culturelle. Ainsi, l'ONU ajoute à l'Asie centrale des régions de Russie, de Chine, la Mongolie, le Pakistan, l'Afghanistan et des régions d'Inde ;
- Enfin, l'Extrême-Orient est la partie la plus à l'est de l'Asie. Cet ensemble est lui-même redécoupé : est-asiatique avec la Chine, les Corées, le Japon ; l'Extrême-Orient russe et l'Asie du Sud-Est, de la frontière sud de la Chine à l'Indonésie.

Cette longue leçon de géographie nous permet de faire un état des lieux rapide de ce qu'est l'Asie : une mosaïque immense, aux variations extrêmes en termes de géographies, de climats, de religions, de régimes politiques… Difficile de faire des généralités sur « l'Asie ». Notre inconscient culturel occidental en fait pourtant trop souvent : on ramène tout à la Chine, en y amalgamant des traits culturels coréens ou japonais, et les dérives racistes existent : toutes les langues et alphabets sont les mêmes, tous·tes·x les Asiatiques se ressemblent, etc. C'est oublier cette immensité qui caractérise le continent.

Historiquement, s'intéresser à l'Asie, c'est parler d'entités brillantes qui sont affirmées sur des millénaires : l'Inde védique, la Perse achéménide, l'empire Ming, l'ère Edo, des noms qui ne font qu'évoquer l'ancienneté de ces pôles humains, économiques et culturels. L'Asie est aussi un espace de communications et d'échanges. Les routes de la soie ont relié la Chine à l'Empire romain ; des textiles européens ont été retrouvés dans des tombes chinoises. Un ensemble complexe où les religions se sont mêlées, influencées... Enfin, l'Asie a aussi été une région de conflits et de colonisation depuis le XIXe siècle. Tous les pays n'ont pas été concernés de la même façon, et la colonisation en Asie est très différente de celle, plus présente dans notre inconscient collectif, de l'Afrique. Il n'est néanmoins pas possible d'ignorer cette réalité. Car c'est en Asie que se trouvent certains pays considérés comme des « paradis transgenre », pour reprendre une expression journalistique britannique désignant des pays où le contexte culturel et/ou légal serait particulièrement favorable à l'inclusion des personnes trans dans la société. La Thaïlande est l'exemple qui semble le plus évident, mais l'Iran, à l'histoire ancienne de fluidité des expressions de genre, a aussi cette réputation. Cette expression de « paradis » est pourtant largement frauduleuse : la réalité est plus complexe et moins positive qu'il n'y paraît.

LE CAS DE L'INDONÉSIE

La devise de l'actuelle république d'Indonésie est « Unité dans la diversité ». Peu de devises décrivent aussi bien, et avec une telle concision, la réalité d'un pays. En effet, l'Indonésie est une république archipel composée de plus de treize mille îles d'après l'Unesco. Une situation morcelée que la situation linguistique, culturelle, religieuse reflète. On connaît très mal l'histoire indonésienne en France, mais les principales îles ont été le siège de nombreux royaumes et l'idée d'une unification de cet ensemble existe depuis longtemps. Le fait est qu'aujourd'hui, l'Indonésie est un pays uni mais incroyablement varié. On peut véritablement parler de cultures indonésiennes, différentes d'île en île et parfois même entre les différentes provinces d'une seule île. La majorité des cultures indonésiennes a une histoire de construction genrée binaire. Ce n'est pas le cas partout.

LES BISSUS CHEZ LES BUGIS

L'île de Sulawesi est une île au profil sinueux située à l'est de Bornéo, administrativement découpée en provinces nord, centre, sud et sud-est. Dans la province sud vivent les Bugis. Convertis à l'islam au XVIIe siècle, la culture bugis est largement syncrétique. La structure de genre bugi reconnaît et inclut cinq genres : les oroane, les makkunrai, les calabais, les calalais et les bissus ; d'après des standards qui nous sont accessibles, on parle d'hommes, de femmes, de femmes trans, d'hommes trans et de personnes androgynes qui forment un genre à part. Cependant, les bissus, personnes androgynes, sont systématiquement prêtres.sses, shamanes et médiums, et entretiennent un lien spécifique avec les esprits et les ancêtres et gardent un rapport avec les croyances hindoues.
Il ne semble pas que des fonctions aussi systémiques soient associées aux femmes et aux hommes trans dans la culture bugis. Les bissus sont reconnu·es·x ainsi sous plusieurs conditions : d'après des organes génitaux – une intersexuation ayant une visibilité génitale assigne automatiquement le genre bissu et l'expression de genre est laissée fluide et au choix de la personne. Ce n'est pas le seul facteur : en grandissant dans l'enfance, les caractéristiques sociales, l'appropriation de codes sociaux par une personne participent à son genre et à sa définition qui se fait dans le temps, plus que simplement à la naissance.

LES TO BURAKE TAMBOLANG CHEZ LES TORAJA

Toujours sur l'île de Sulawesi, dans les montagnes du sud et sud-ouest, la culture toraja, elle aussi syncrétique (islam, christianisme, animisme local reconnu comme la religion traditionnelle toraja), inclut plus de deux genres. Les personnes « to burake tambolang » vivent une forme de non-binarité. Une part importante du cycle social est marquée par des récoltes, des célébrations de fertilité et plusieurs cérémonies récurrentes liées aux esprits. Les to burake tambolang sont souvent des personnes hiérarchiquement haut placées dans les structures religieuses et spirituelles toraja et officient durant ces cérémonies. Ce rôle de premier rang en fait des personnalités respectées et importantes dans les décisions de leurs communautés, devenant des personnalités politiques en plus d'être leaders spirituels.

Malgré tout, la situation des personnes trans en Indonésie est très fracturée entre la ville et la campagne et l'affirmation d'identités transgenres « mondialisées » et celles inscrites dans des contextes culturels locaux. Cette dernière division peut sembler abstraite. Par sa pluralité culturelle, l'Indonésie voit s'affirmer des identités trans très différentes : certaines, qui utilisent le terme « waria », réclament des droits et des besoins, notamment autour des transitions que l'on connaît et que l'on réclame en Occident également ; d'autres sont incluses dans un contexte culturel donné, telles les deux cultures déjà mentionnées (bugis et toraja).

À l'heure actuelle, il n'existe pas de reconnaissance officielle des transidentités en Indonésie ni de lois assurant une protection globale contre les discriminations, violences physiques et psychologiques, autour du monde professionnel.

Il est possible de transitionner médicalement et d'obtenir un changement de mention de genre à l'état civil. Pour cela, il est obligatoire d'avoir fait une chirurgie génitale et d'obtenir une validation d'un juge. Il existe une stigmatisation des chirurgies pour les warias en Indonésie, perçues comme un outil pour séduire. De fait, les warias sont précarisées, et socialement marginalisées – beaucoup plus que les personnes trans dont l'identité est incluse dans les structures sociales locales comme à Sulawesi. La fracture est très nette et les conditions de vie très différentes selon le contexte, les régions, ce qui rappelle une fois de plus le morcellement profond du pays.

Dans les principales villes, les discriminations sont rapportées comme nombreuses par les associations locales et les institutions internationales. En avril 2020, une femme trans a été brûlée vive à Jakarta ; Mira, 43 ans, accusée d'avoir tenté de voler un portefeuille, est immolée après une altercation par un groupe d'hommes. Le chef de la police de Jakarta a décrété que les responsables ne seraient pas poursuivis pour meurtre, ils ne voulaient pas « initialement » tuer Mira. Les violences physiques semblent être monnaie courante selon les régions et la conséquence d'une considération sociale très humiliante, très dévalorisante. Ici encore, de tels actes ne sont pas observés et rapportés dans les régions où une forme de transidentité est incluse dans la culture locale. Le morcellement culturel est ici encore au cœur d'une situation contrastée comme il en existe très peu ailleurs dans le monde.

Des fatwas contre les personnes trans

Ces contrastes violents se retrouvent aussi dans les rapports entre groupes religieux dans le pays. L'Indonésie est le pays le plus musulman au monde ; les mouvements politiques se réclamant de la charia et cherchant son application sont parfois au pouvoir. Attention aux dérives islamophobes, la situation est plus complexe ! La province d'Aceh est la plus radicale dans son application de principes religieux en politique. Il s'agit de la seule province indonésienne où l'homosexualité est punie légalement et où les personnes trans font face à des châtiments corporels dont la réalité a été prouvée en 2018. Ce n'est pas la seule province où des groupes religieux font pression ; à Jakarta, des centres de réhabilitation ont été ouverts. Politiquement, les autorités religieuses ont promu plusieurs fatwas qui cherchent directement à empêcher l'épanouissement de personnes queers dans le pays. En 1997, une fatwa fut établie par les ulémas indonésiens (docteurs en jurisprudence islamique), qui condamne moralement la transidentité comme une indécence publique. Le texte estime que les personnes trans doivent vivre dans le genre qui leur est assigné, doivent engager des démarches pour être « guéries » ou faire face à leur sort, être « ridiculisées et harcelées ». Une autre fatwa fut décrétée en 2015, définissant les personnes LGBTQIA+ comme un « affront à la dignité publique indonésienne ». Le climat politique est donc plus qu'hostile, avec un statut fédéral qui permet une fragmentation politique marquée et brutale.

Le gouvernement indonésien a une attitude de tolérance et de reconnaissance des cultures endémiques aux différentes provinces du pays, des particularismes religieux mais aussi des structures sociales locales – ce qui explique que des rois hindous vivent et règnent encore dans certaines régions. De fait, avec le respect de ces traditions, certaines identités trans sont incluses et respectées, mais ce n'est pas une tolérance ciblée et volontaire.

Doit-on généraliser l'attitude des autorités musulmanes indonésiennes ? Non. Objectivement, elle est majoritairement hostile, mais des initiatives locales montrent qu'il s'agit de lectures idéologiques des textes et de positions politiques manipulant des principes religieux.

Une école pour les femmes trans

Dans la ville de Yogyakarta, l'école Pesantren Waria al-Fatah a ouvert en 2008. Il s'agit d'une école islamique réservée aux femmes trans. Depuis son ouverture, l'école a connu plusieurs raids et attaques, ainsi que des pressions de groupes politiques pour fermer. Elle reste un lieu d'accueil et d'éducation pour les personnes trans très précaires dans le pays ou pour qui l'accès aux universités est virtuellement impossible. Les responsables religieux dans l'école affirment que les personnes trans font partie à part entière de la communauté des croyant·es·x et que leur rejet va contre les principes d'humanité que l'islam porte. Ils soulignent également que la présence islamiste en Indonésie est relativement nouvelle et s'est affirmée avec les relents nationalistes de ces dernières décennies, allant contre les valeurs fondamentales d'inclusion et de pluralité en Indonésie. Je crois bon de rappeler que l'islamophobie ne doit pas nous mener à des conclusions sur le sujet, les lectures et courants de pensée sont nombreux dans chaque religion, et l'affirmation d'acceptation des personnes trans dans des pays à majorité musulmane existe, le cas de l'école al-Fatah en est un exemple et il n'est pas unique. Par ailleurs, les communautés chrétiennes en Indonésie ont elles aussi des attitudes multiples ; le rejet dans les foyers catholiques et protestants de jeunes personnes trans est courant. À Jakarta, le diocèse a mis en place l'institut Daya Darhma qui assure accueil, écoute et soutien aux personnes trans. Une initiative mise en place en 2019 et qui surprend encore les fidèles dans la capitale.

La situation en Asie est donc marquée par des contrastes violents. Si la précarisation des personnes trans est brutale, il ne faut pas en avoir une image de désolation et de solitude ; plusieurs groupes pour les droits sociaux existent et malgré les annulations d'évènements publics, les associations assurent une vie communautaire et une solidarité. L'Indonésie nous offre un exemple de pays aux tensions politiques et idéologiques, avec une volonté de centralisation de l'autorité dans un pays éclaté physiquement et culturellement. Ce contexte tend à l'aplatissement des minorités et se tourne vers des idéologies de contrôle. Une tension entre les dynamiques politiques contemporaines et la situation culturelle ancestrale.

6–

Océanie

Au XVIIIe siècle, les navigateurs européens découvrent le Pacifique, ses îles, ses civilisations. Les récits de voyage vantent ce paradis sur terre (d'où le nom « Pacifique ») où les habitant·es·x sont des « bons sauvages », resté·es·x innocent·es·x et naïfs-ves-x. Ça ne dure qu'un temps. Le siècle suivant, on juge les régions accueillantes mais où un ordre social immoral et dépravé s'est installé ; une paresse et une fermeture à la civilisation doivent être corrigées. Ainsi, Français et Anglais envoient massivement leurs missionnaires : c'est une vraie mission de mise à mort des traditions ancestrales qui est menée. Cette région, pensée comme un idéal exotique, est en même temps un espace à contrôler et à normer selon les standards européens. Cette colonisation a été largement représentée par des artistes européens, au premier rang desquels figure Paul Gauguin. Les peuples polynésiens, eux, ont gardé en mémoire les épidémies apportées par les blancs. À Molokai, une île sœur située à quelques kilomètres d'Hawaï, une mémoire orale et des lieux de souvenir se sont créés autour des vagues de lèpres apportées par les Américains continentaux, les missionnaires notamment.

De nombreuses structures ancestrales sont entretenues, notamment des structures de genres qui sortent de la binarité. On peut véritablement parler d'une constellation pacifique, tant les sociétés de la région incluant un troisième genre sont nombreuses et culturellement et/ou géographiquement proches. Si l'on peut faire de nombreux parallèles entre les vécus de ces personnes, leur nom varie immensément selon les langues.

Dans nos consciences françaises biaisées, on retient d'ailleurs souvent l'existence de personnes trans à Tahiti, parmi d'autres régions auxquelles on associe plus la transidentité. Une existence vaguement connue mais rarement comprise pour ce qu'elle est dans son contexte culturel.

LES MAHU À HAWAÏ ET À TAHITI

Utilisé à Hawaï et à Tahiti principalement, le terme « mahu » est traduit approximativement par « hommes-femmes ». Il désigne des personnes presque systématiquement assignées hommes à la naissance. L'identité mahu est aujourd'hui très souvent associée à une expression de genre féminine ; plus largement encore, il semblerait que le sens et la perception de l'identité mahu a glissé à Tahiti pour devenir plus proche de femme trans alors que sa réalité première était un troisième genre, ni féminin ni masculin. Utilisées sur deux îles polynésiennes différentes, à Hawaï comme à Tahiti, les identités mahu sont proches à l'origine mais les rôles sociaux qui leur sont attribués sont différents. Par ailleurs, la sociologie contemporaine montre des différences majeures dans l'inclusion des mahu de Tahiti et ceux d'Hawaï – le fait d'influences colonialistes et culturelles différentes.

À Hawaï

L'identité mahu n'est plus aussi présente et visible qu'elle le fut il y a encore même cinquante ans. Les mahu eurent une présence particulière en lien avec des traditions culturelles et spirituelles. En effet, iels étaient associé·es·x à l'apprentissage et aux cérémonies de la danse hula, très importante, liée à la fois à l'ordre social et à la mythologie hawaïenne. La chercheuse Joann Kealiinohomoku a été pionnière dans les études culturelles sur le sujet. Le hula est une danse qui illustre des récits légendaires et/ou historiques de la société hawaïenne. Elle a évolué avec la colonisation mais reste importante encore aujourd'hui sur l'île.
Plusieurs hypothèses tentent d'expliquer l'origine du hula ; toutes en font une danse mythique, liée à des divinités et le fruit d'une victoire, le marqueur d'une création. Création de l'île d'Hawaï, résultant de la

rencontre entre la divinité de l'Océan et celle du Feu ; danse divine permettant d'apaiser la divinité des volcans... Une déesse du hula existe même, qui aurait reçu les secrets et la maîtrise parfaite de la danse – plus que la créatrice de la danse elle-même.

LE HULA, PLUS QU'UNE DANSE, UN ART VIVANT

Ces origines mythologiques ne concernent pas seulement la danse mais aussi les chants qui l'accompagnent. Le hula est en effet un art vivant qui intègre les pas de danse, la musique et ses instruments, les chants, mais aussi les parures utilisées. Ces chants, que l'on nomme oli, auraient été récités par les divinités responsables de la création de la terre et des êtres humains. Ainsi, le hula est un phénomène culturel central à Hawaï qui célèbre la vie, le lien avec les divinités intrinsèquement liées à l'humanité. Sa pratique et sa transmission ont une part de spirituel.

Outre cette réalité mythologique existe aussi un lien étroit entre le hula et l'ordre social et politique d'Hawaï dans le passé. Avant la colonisation, la monarchie hawaïenne utilisait le hula comme un moyen de raconter les histoires de sa dynastie, de l'unification politique, mais aussi des légendes servant à édifier les spectateurs·rices·x, servant de morale quant à l'ordre social.

Le hula est alors enseigné dans des écoles appelées « halau », où la transmission est très hiérarchisée ; la personne gardienne des traditions et qui les transmet est nommée kumu, un terme qui peut signifier mémoire, savoir, professeur·e·x – on parle de kumu hula. Or il semblerait qu'avant la colonisation, la fonction de kumu hula allait souvent à des mahu, les plaçant à un point particulièrement symbolique et important dans la culture hawaïenne.

Avec la colonisation et la présence grandissante de personnes blanches sur l'île, l'ordre social a changé. La monarchie est abolie et Hawaï annexée aux États-Unis en 1898. Le hula est stigmatisé comme un symbole de paganisme, notamment par les missionnaires ; il est présenté comme indécent dans sa forme ; des costumes à l'occidentale sont imposés... Avec la colonisation, une binarisation de la société est souhaitée par les élites américaines. Les mahu sont stigmatisé·es·x et leur intégration aux nouvelles structures enrayée par des arguments moraux et religieux.

C'est la fracture entre les colons désormais aux manettes et les natifs·ves·x pour qui l'identité mahu reste une réalité encore aujourd'hui. Il reste encore des kumu hula mahu sur l'île.

À Tahiti

La danse hula y est également un trait culturel important et ancien, même si l'on observe des variations dans la danse mais aussi dans ses interprétations et ses origines. La vahiné qui danse le hula est d'ailleurs devenue une image d'Épinal dans l'inconscient métropolitain, à laquelle on a arraché son sens, son contexte culturel, pour lui coller une hypersexualisation.

La transmission du hula à Tahiti est différente de son organisation à Hawaï et l'association hula/mahu est moins évidente. À Tahiti, il semble qu'ancestralement, les mahu sont plus associé·es·x à une expression de genre fluide que ce fut le cas à Hawaï avant la colonisation, même si cela a largement changé aujourd'hui. De même, dans la société tahitienne ancienne, les mahu ont comme à Hawaï des fonctions liées au domaine spirituel, mais de façon plus mystique et solitaire que les kumu hula, qui sont au centre d'activités collectives. À Tahiti, les mahu sont perçu·es·x comme des sortes d'intermédiaires capables de contacts avec les esprits des ancêtres, une fonction particulièrement importante dans une société où la généalogie tient une grande place dans l'organisation sociale et les rôles sociaux, notamment chez les élites tahitiennes d'avant la colonisation. Une vraie déférence pour les ancêtres qui rend la possibilité d'un contact et de leurs augures importants.

Outre cette fonction, le lien particulier des mahu aux forces surnaturelles les rend aussi capables de divination et de prédiction ; des fonctions spirituelles importantes notamment parce qu'elles sont censées être données par les divinités mais aussi parce qu'avant la colonisation, Tahiti fut longtemps divisée entre communautés qui se firent la guerre. Les mahu participaient donc de façon au moins cérémonielle, si ce n'est concrète, aux conseils donnés aux souverains. Ils avaient un rôle social clair et important, mais teinté d'une forme de déférence et de crainte. Cette image a directement participé à l'image de sorciers portée par les Européens au fil de leur découverte de la société tahitienne.

Pour autant que ces fonctions spirituelles étaient respectées et pouvaient être inquiétantes, les mahu faisaient intégralement partie de la société et de son équilibre. Une réalité devenue plus subtile et moins évidente à l'heure actuelle.
Les études sociologiques sur les mahu sont relativement nombreuses en France. Parmi les faits mis en avant, la grande visibilité des mahu encore aujourd'hui. On peut parfois lire une idée, non vérifiée scientifiquement, qu'il y aurait une personne mahu dans chaque famille tahitienne. Leur présence reste donc une réalité plus visible et évidente qu'à Hawaï.
Les rôles sociaux ont cependant largement changé et la colonisation a aussi fortement influencé le regard porté sur ce troisième genre. Les fonctions spirituelles ne sont plus d'actualité, Tahiti ayant été christianisée de façon relativement rapide, mais cela n'empêche pas cette présence de structures de genre ternaire. D'après une étude de Philippe Lacombe cependant, la bienveillance n'est plus une réalité absolue et des réalités sociales différentes ont créé des sous-catégories dans les transidentités tahitiennes. Ainsi, le terme « mahu » serait aujourd'hui utilisé pour des personnes généralement plus âgées, ancrées dans les structures sociales, travaillant notamment dans la fonction publique ou le tourisme.

Figure spirituelle et sexe, hautement incompatibles

Les mahu seraient encore considéré·es·x avec respect, contrairement aux personnes désignées par le terme « rae·rae » : personnes assignées hommes à la naissance mais ancrées dans des codes culturels féminins. Les rae rae sont souvent plus stéréotypé·es·x et méprisé·es·x, plus précaires et associé·es·x à une image de féminité artificielle – sous-entendant des pratiques de transition médicale –, au travail du sexe avec une vision dégradante de ces activités.

La différence entre mahu et rae rae viendrait d'une différenciation dans le rapport au comportement sexuel. Ainsi, il semble que l'affirmation d'une activité sexuelle pour les personnes d'un troisième genre va contre l'image ancestrale de figure spirituelle. Un amalgame entre transidentité et homosexualité participe aussi à cette différenciation et au mépris pour des comportements considérés comme homosexuels.

Ainsi, l'existence des mahu dans les sociétés hawaïenne et tahitienne montre deux exemples de traditions et de structures de genre qui ont heureusement survécu à une présence coloniale – la situation d'insularité est souvent présentée comme un facteur contribuant. Les études contemporaines nous éclairent aussi sur une adaptation à une situation socioéconomique mondialisée et capitaliste. Ou comment cette réalité culturelle évolue avec le temps, comme bien d'autres.

MARTHA P.JOHNSON

Figure iconique, **Marsha P. Johnson** est née en 1945 et morte assassinée en 1992. S'identifiant au cours de sa vie comme gay, trans ou drag-queen, Marsha P. Johnson est surtout connue pour sa participation à la révolte de Stonewall. En 1969, après une descente de police dans un bar gay, les habitué·es·x du lieu décidèrent de s'opposer aux récurrentes arrestations arbitraires. Ces émeutes lancèrent les années suivantes les premières Marches des fiertés. Johnson, avec d'autres personnes trans racisées, participa directement à la fondation d'associations qui ont permis l'éclosion d'un mouvement social qui a amené une avancée dans nos droits.

CHAPITRE VI

COMMUNAUTÉ TRANS : FORCE DE VIE, FORCE DE LUTTE

L'histoire est, à mon sens, une donnée non seulement utile, mais nécessaire. Elle nous permet un éclairage pluridisciplinaire qui rend visible et compréhensible l'existence de personnes dont l'identité sortait de structures majoritaires ou faisait partie d'un système de genre dont le sens a aujourd'hui été perdu. Non seulement il est passionnant de comprendre et d'avoir un aperçu des sociétés anciennes et de leur fonctionnement, mais surtout, voir et nommer, c'est donner existence à quelque chose.

J'arriverais difficilement à expliquer l'effet que les découvertes successives de l'existence de personnes trans dans le temps ont eu sur moi, ayant fait de l'Histoire mon domaine d'étude. Mais cette idée que ces personnes me comprennent, ou m'auraient comprise, m'a fait me sentir plus légitime : des personnes comme moi ont toujours existé. Plus objectivement, ces connaissances offrent une déconstruction utile de nombreux stéréotypes et permettent d'analyser des structures sociales bien plus complexes qu'on le pense et qu'on l'apprend constamment. L'Histoire permet en partie de structurer les discours contemporains, en tout cas les miens ! De cette dernière phrase, nous pouvons amener deux faits qui nous seront utiles pour toute la suite de ce chapitre :

- D'une part, lorsque l'on parle de transidentités, les discours, les débats, les discussions sont inévitables, qu'on se le dise ; tous ne sont pas pertinents ou utiles et les « avis » subjectifs sur la transidentité n'ont pas à exister ;
- D'autre part, les choses doivent être dites et expliquées : le militantisme est donc incontournable et nécessaire. Il n'existe pas une seule façon de parler, une seule plateforme pour le faire, il y a mille et un sujets précis à aborder pour donner une compréhension globale du sujet. Beaucoup de travail en perspective, des tons complémentaires et très différents à adopter.

Dans ce chapitre, nous nous intéresserons à ces militantismes, aux idées qu'ils portent et qui les structurent, aux initiatives et tons pour les éclairer. Il s'agira aussi de faire un distinguo entre ce militantisme et la vie communautaire, deux réalités qui se superposent souvent. Ce chapitre sera aussi en lui-même militant (comme si tout le reste du livre ne l'avait pas été !), car des responsabilités et des injustices autour du militantisme et des existences trans seront pointées du doigt. Tout un programme !

1-

La solitude trans, une réalité universelle ?

Si je prends le temps de mentionner la grande diversité de nos prises de parole, c'est bien que nous sommes nombreux·ses.x à le faire. Cette réalité semble s'opposer drastiquement à l'idée ancrée de solitude intrinsèque du fait d'être trans. La vérité est en demi-teinte, et ces nuances doivent être clairement rendues visibles.

La solitude trans est une réalité multifactorielle : d'un côté, les personnes trans représentent globalement 1 % de la population et dans certains espaces, de fait, sont moins présent·es·x. Elles se retrouvent un peu perdu·es·x, en situation de détresse sociale. Mais c'est davantage le manque de visibilité de nos existences qui participe à cette solitude. Nous sommes certes une minorité sociale, mais cela ne doit pas signifier le silence ou créer des quotas de prise de parole au nom d'un statut minoritaire. Nous avons le droit de parler autant que nous le souhaitons et au sein d'espaces aussi larges que tout le monde – ce qui n'est pas encore le cas. Ainsi, non seulement le sentiment de solitude nous prive de présence physique et affective mais aussi de références culturelles, identitaires, politiques qui nous donneraient la légitimité d'exister dans notre société.

C'est une réalité qui peut être difficile à saisir pour des personnes cisgenres, qui n'ont pas de problème de représentations, de visibilité ; pour les personnes trans qui, en général, connaissent un parcours semé d'embûches, savoir que d'autres personnes comme elles existent, que leur identité est une réalité, avoir accès à des informations importantes, à des témoignages émotionnellement rassurants et empouvoirants, permet un épanouissement plus paisible.

Pourtant, cette réalité est largement à relativiser, en dépit de ce que laissent croire les représentations de personnes trans, le plus souvent véhiculées par des personnes cisgenres, donc non concernées. L'industrie du cinéma adore par exemple user du trope de la personne trans seule, isolée, marginale et triste. C'est parfois vrai, et le dire est important pour pouvoir changer les dynamiques qui en sont la cause, mais ce n'est pas une réalité universelle, elle n'est pas vraie et constante dans le temps. Si cette solitude est souvent invoquée dans l'inconscient, c'est parce que la majorité cisgenre ignore et ne voit pas la communauté, les liens d'entraide, les structures, les initiatives, les lieux. À cela, plusieurs raisons :

- La croyance que la différence implique la marginalité, voire qu'elle mérite l'isolement ;
- Le manque de conscience des besoins spécifiques des minorités qui existent au-delà des structures sociales majoritaires – chaque minorité a ses besoins spécifiques et se crée de vraies dynamiques intracommunautaires et toute une vie culturelle. Cette incapacité à concevoir des systèmes hors de la majorité est somme toute un réflexe assez logique quand soi-même on s'intègre « harmonieusement » à cette majorité ;
- Enfin, il y a la volonté de la part de cet ensemble que l'on nomme « la communauté trans » de garder sa discrétion pour éviter d'attirer l'attention et donc les potentielles violences de personnes qui ne sont pas concernées.

Vous n'êtes jamais vraiment seul·e·x

La vie communautaire est un merveilleux tissu de soutien, d'écoute et d'initiatives. Une vraie effervescence d'action et d'interaction existe. Citons la programmation riche du bar La Mutinerie à Paris, le Festival des Merveilles qui propose une diffusion cinématographique variée en plus d'expositions d'artistes qui sont aussi des personnes trans ou encore récemment la fondation du Fonds d'action solidaire trans. Il n'y a pas que Paris qui bouge : Lyon, Montpellier, Nantes, Tours, Lille... Toutes ces villes et bien d'autres ont des collectifs, des associations, des groupes d'autosupport, des initiatives festives et/ou politiques.

Les réseaux sociaux sont aussi extrêmement actifs avec des comptes pédagogiques, des groupes de parole ; plus largement, ils offrent une fenêtre de visibilité de personnes transgenres dans la pleine acceptation et visibilité de leur identité, sans qu'elles soient forcément dans l'action militante. Toutes les personnes trans n'ont pas forcément de contact avec ces cercles communautaires, et ceux-ci n'existent pas partout physiquement, mais la réalité est largement plus contrastée que cette idée de solitude constante.

Je crois qu'une des façons les plus simples de comprendre et agir face à cette réalité est de s'éduquer, d'écouter les besoins et les émotions des personnes concernées ; pour des parents, de comprendre cette vie communautaire et d'en faciliter l'accès aux plus jeunes quand cela est matériellement faisable. Aux personnes trans qui lisent ces lignes, je tiens à le redire : vous n'êtes jamais vraiment seul·e·x ; n'hésitez jamais à contacter une association, à parler à des personnalités que vous suivez sur les réseaux sociaux, etc. Nous sommes ensemble, et ensemble nous arrivons à de très belles choses.

2–

Les structures et initiatives communautaires

Plutôt que de dresser une liste exhaustive de toutes les initiatives communautaires, forcément fluctuante, il me semble intéressant d'en analyser les grandes trajectoires, les principales formes, et de communiquer les dates et structures qui existent physiquement et virtuellement.

LES ASSOCIATIONS

Elles sont certainement les structures auxquelles le plus grand nombre pense lorsqu'il s'agit de réfléchir à des actions militantes, autour d'un groupe sociologique spécifique. Pour tout un tas de raisons, les associations sont surtout centrées sur les villes. Leurs lignes de conduite, leurs actions varient largement ; certaines font de l'écoute et du soutien légal comme Outrans à Paris ; d'autres viennent plus spécifiquement en aide à des personnes trans migrantes, travailleuses du sexe, extrêmement précarisées comme Acceptess Transgenre qui existe aujourd'hui dans plusieurs villes en France. Plus largement, beaucoup de ces associations sont des lieux de rassemblement, d'écoute et de soutien proposant des groupes de parole, de rencontre, de diffusion d'information et d'accompagnement dans diverses situations. L'association Chrysalide est ainsi très active à Lyon pour les étapes de

transition administrative et médicale et propose des ressources en ligne. C'est également le cas de l'association Trans Inter action à Nantes. Ces associations sont de vraies références et des espaces de solidarité et d'action. Celles qui ont été mentionnées ici sont spécifiquement des associations trans ; il existe aussi des associations plus généralistes et venant en aide à la communauté LGBTQIA+ au sens large. Des critiques existent, à juste titre, sur ces associations plus générales où la présence de personnes trans est plus marginale, notamment dans de nombreux centres LGBT à Paris et en région.
Chaque association a généralement un portail internet sur lequel les dates d'action physique, de permanences en locaux sont disponibles ; elles partagent aussi des contacts directs : adresses mail, numéro de téléphone utiles à connaître. Aujourd'hui, les associations trans sont aussi des forces d'action militante et politique. Leur visibilité et leur statut institutionnel, les moyens que certaines peuvent rassembler sont un véritable moteur du militantisme trans et d'actions politiques.

LES COLLECTIFS

Un collectif est un groupe d'action aux missions variables, mais à la différence d'une association, il n'a pas de statut légal à part entière. Il s'agit d'une réunion informelle de personnes ayant un but commun, pouvant être politique mais dont le fonctionnement est totalement à la responsabilité des participant·es·x. Les deux structures sont difficiles à faire vivre : dans les associations, le fonctionnement légal est compliqué, il s'agit d'une machine qui demande un investissement temporel et humain très prenant et pour lequel le manque de moyens financiers venant de l'État est criant ; les collectifs sont d'autant plus difficiles à faire vivre que leur fonctionnement repose entièrement sur les épaules des personnes à leur tête, sans reconnaissance officielle. Pour autant, de nombreux collectifs sont aujourd'hui des références dans le monde militant ; c'est le cas du collectif intersexes et alliés·es·x. D'autres proposent une vraie vie festive, du soutien et des occasions de sociabilisation, importantes ; mentionnons ici FestiG à Tours, ou Trans Bloc à Paris, qui accompagne et soutient les étudiant·es·x trans à Paris et propose des évènements universitaires sur les transidentités. Les collectifs sont également des structures d'action politique. C'est par exemple le cas du collectif Femme trans gang qui propose des actions militantes à la superposition des questions de transidentité et de féminisme et des actions d'entraide comme des collectes et distributions de vêtements.

LES INITIATIVES PERSONNELLES

Il est aussi important de parler des personnes qui, individuellement, mènent des actions liées à la communauté. Sur les réseaux sociaux ou « dans la vraie vie », nous sommes nombreux·ses.x à agir. La liste serait très longue. YouTube et Instagram sont deux plateformes de choix pour gagner en visibilité et offrir un contenu permanent, audio, visuel et écrit sur le sujet.

Sur YouTube

Les chaînes sont nombreuses et offrent un contenu ludique et solide, facile d'accès et de partage. Le Bric-à-Brac de Brieuc est une chaîne YouTube qui s'intéresse aux normes sociales de genre, à la non-binarité, qui parle aussi de communauté. La chaîne Crazyden est, quant à elle, très concrète sur des sujets comme la transition médicale, mais offre aussi du contenu autour de la vie sociale, familiale avec beaucoup de bienveillance. Mentionnons encore HParadoxae, qui, en plus de parler d'identité trans et de genre, visibilise de nombreuses questions autour du handicap physique. La liste est loin d'être exhaustive ; du fait des liens de solidarité qui existent, de la proximité des contenus entre différent·es·x créateur·rices·x, se plonger dans le contenu d'une personne rend souvent visible celui d'autres. Ainsi, de vraies passerelles permettent de découvrir de plus en plus de choses.

Sur Instagram

C'est certainement sur Instagram que la plus grande diversité de contenus autour de la transidentité est rassemblée (il est vrai que Instagram étant mon propre média d'action privilégiée, je suis peut-être biaisée…). On y trouve des comptes militants proposant des analyses et conseils pédagogiques comme le mien, @agressively_trans. En plus d'être pédagogique, @salinleon travaille beaucoup avec l'impact de la photo pour passer des messages politiques et est centré sur la parole d'un homme trans en Suisse. On a aussi sur cette plateforme du contenu artistique et pédagogique comme le travail exceptionnel de l'artiste canadienne Sophie Labelle, ou de Laurier the Fox, un illustrateur nantais. On retrouve dans l'œuvre de ces deux artistes une bienveillance et un propos accessible, des messages importants que l'image permet de faire passer efficacement. Le compte @bienveillance_en_spray propose des petites bandes dessinées courtes, claires et accessibles pour présenter des concepts liés à la transphobie, aux démarches de transitions… Toujours du côté de l'art, le travail d'Aimé Pestel se concentre notamment sur les corps et la sexualité des personnes trans sans le regard fétichisant et la curiosité cis souvent liée à ces sujets. D'autres comptes existent pour montrer spécifiquement la transphobie sur les réseaux sociaux ou en rapporter les témoignages directs : c'est le cas, entre autres, de @parolesdetransphobes ou de ptrans_vs_grindr. Enfin, Instagram offre aussi un contenu humain, qui permet à des personnes trans de documenter et de partager leur propre histoire et parcours. Un partage d'expérience important, qui permet aussi l'identification, la communication et la création de liens d'amitié : les comptes personnels et militants @journalduntrans ou celui de l'acteur Jonas ben Ahmed en sont deux exemples intéressants.

Depuis que j'ai commencé à militer sur Instagram en décembre 2018, j'ai vu énormément de changements sur cette plateforme : des liens forts se sont créés, des rencontres m'ont vraiment permis d'apprendre et de me faire des ami·es·x. En plus de participer à structurer et partager ma pensée identitaire sociale et politique, j'y trouve un espace de partage et de soutien comme je n'en ai pas au quotidien. Bien sûr, tout n'est pas rose, mais globalement, Instagram est un concentré de contenus et de ressources qu'il serait plus difficile de trouver physiquement.

Sur Twitter

Twitter est également une plateforme très active, qui permet plus que Instagram une diffusion d'informations factuelles et politiques rapide et concise. Cependant, nombreuses sont les personnes à noter une ambiance bien plus violente et sans filtre dans les opinions transphobes qui y pullulent également.

LES ÉVÈNEMENTS

Au-delà des collectifs et associations, beaucoup de personnes se démènent pour offrir des évènements autour des transidentités qui participent directement à notre vie communautaire et à une effervescence intellectuelle. Rencontre/discussions en non-mixité, tables rondes, conférences, publications autonomes d'articles, de zines, podcasts, courts métrages, photographie, festivals… Les initiatives sont de plus en plus nombreuses et assez incroyables quand on réfléchit au peu de moyens dont disposent les particuliers pour les organiser. Dans la forme et le fond, elles s'affranchissent des contraintes du cis gaze pour reprendre le contrôle des narrations. Bien souvent, sans cela, des lignes directrices, des partis pris nous sont imposés, nous empêchant de parler de nos vécus. J'ai le souvenir récent d'une productrice qui me contacte pour enregistrer un témoignage sur une émission du service public. Le contexte m'est présenté ; je propose un cadre à mon intervention, souhaitant parler des décès de mes amies trans, de transphobie… Mais on ne m'a pas laissé le choix : je devais parler de mon corps et de ma dysphorie. Aucun choix, pour parler de soi, de son identité… Par ailleurs, ces évènements sont aussi souvent d'une grande profondeur, car ils n'ont pas les contraintes éditoriales de contenu produit par des médias plus traditionnels et ils portent directement la richesse de pensée et d'identité des personnes qui les conçoivent ; c'est notamment le cas des conférences données par Ari de B., également connue comme Habibitch, et qui parle d'identité queer, de genre, mais aussi d'appropriation culturelle et d'affirmation des identités racisées dans la communauté queer.

Toutes ces initiatives forment un ensemble. Même si tout le monde évidemment ne se connaît pas, je crois qu'il existe une vraie attention au contenu et une volonté commune de partager, réfléchir et créer. Ainsi a eu lieu en février 2020 la Nuit rose, une webradio queer qui a largement abordé et donné la parole à des personnes trans, proposant des discussions de 18 heures à plus de 4 heures du matin. J'ai moi-même l'occasion de donner des conférences une fois par mois, sur l'invitation d'associations ou de collectifs ; je suis seule et je n'ai aucun moyen mais c'est aussi la visibilité et la solidarité dans l'organisation qui permettent autant de belles initiatives qui ont toujours une vraie conséquence positive pour les personnes trans, et aussi pour les personnes cisgenres qui y trouvent une occasion de s'éduquer.

3-

La France et les communautés : histoire d'une peur construite

En France, le mot même de « communauté » fait peur, inquiète et suscite l'hostilité. Notre histoire profonde d'absolutisme, de centralisation et d'universalisme politique, l'image de l'empire colonial et du rayonnement culturel français dans le monde ont directement participé à la création de structures sociales, politiques et culturelles qui fantasment la France ; l'image d'une nation sans autre nuance que la régionalité (et encore, les efforts de destruction des langues régionales relativisent cette idée) ; un ensemble qui ne se penserait que français ; mais plus encore, n'étant composé que d'individus incarnant ce que l'héritage historique de notre pays a vu et considéré comme la norme et l'ordre moral. La France n'est évidemment pas le seul pays pour lequel une telle construction existe mais... Disons que la question de la pluralité fait l'objet d'une vraie névrose ou d'une hypocrisie : la possibilité de ménager des espaces où quelques personnes incarnant une identité de minorité pourront exister... Mais en servant de faire-valoir, de « bon·ne.x trans » sans vraie latitude pour affirmer sa propre réalité, en entrant dans des schémas de confort cisgenre. J'ai bien conscience que quelques sourcils pourront se froncer à la lecture de ces mots, mais oui, il existe en France de nombreuses communautés qui s'organisent une vie réservée. Non, cela ne signifie pas un isolement du pays ni une fracture sociale et politique. Non, cela ne constitue pas des poches de rébellion ou de disparition de la France sur le territoire français. Se constituer en communauté, c'est célébrer son identité qui est toujours plurielle. C'est chercher à aménager un espace de reconnaissance et d'affirmation de cette pluralité. C'est aussi un réflexe pour organiser une prise de parole autour des besoins spécifiques de chaque composante effective du pays.

La peur des communautés en France ignore souvent une réalité : nous ne sommes jamais entièrement hors du système majoritaire. Je ne parle ici que de la communauté trans, n'ayant pas la légitimité de m'exprimer à propos d'une autre communauté. Nous, personnes trans, vivons la grande majorité de notre temps parmi les personnes cisgenres. Il s'agit seulement de trouver des espaces qui aident au quotidien et qui permettent une pleine expression et visibilité de notre identité ; parce que l'on n'échappe pas à qui on est : demander à des groupes sociaux entiers de ne pas « être », c'est antisocial et humainement violent. L'existence d'un ensemble que l'on nomme la « communauté trans » n'a pas à être remise en question ; elle existe et les personnes qui n'en font pas partie n'ont pas à avoir d'avis. Son importance est forte dans nos quotidiens et je crois plutôt qu'il faille la faire comprendre pour pouvoir empêcher justement les expressions ignorantes de personnes qui ne la fréquentent pas, et n'ont pas de légitimité à la rejoindre d'ailleurs. Des personnes pour qui cette communauté n'a pas d'influence ou de présence.

Divergences chez les trans ?

Nous avons déjà largement mentionné ce qui compose en partie et ce qui fait vivre cet ensemble que l'on peut nommer « communauté trans ». Dans l'inconscient collectif, si l'on parle de communauté, l'image d'un ensemble homogène et uni est convoquée. Est-ce la réalité pour les personnes trans ?

Réponse rapide : non. Dès le début, la communauté trans est un rassemblement de personnes vivant des identités différentes. Et les tensions existent déjà à ce niveau ; elles existent aussi dans chaque identité qui forme l'ensemble « trans ». N'importe quel ensemble est soumis à des disparités et des divergences, mais du fait du statut sans cesse rappelé de minorité sociale, la moindre expression d'une opposition est instrumentalisée et utilisée comme une pseudo-preuve.

Nos identités ne sont pas moins réelles parce que sur certains points politiques nous avons des divergences ; de fait, elles existent, comme dans toute autre communauté.

LE CONCEPT D'INTERSECTIONNALITÉ

La communauté trans est définie et analysée sous le seul prisme de la transidentité. Cela semble logique a priori ; pourtant, il me semble absolument nécessaire que cela ne soit pas uniquement le cas. La communauté trans rassemble dans les faits des personnes qui sont trans, mais aussi racisé·es·x, handicapé·es·x, neuroatypiques.x, juifs·ves·x, musulman·es·x, travailleur.ses.x du sexe, etc. Bref, des personnes dont l'identité implique des problématiques supplémentaires en plus de celles que la transidentité amène sur le tapis. Je crois fondamentalement que l'on ne peut pas s'imaginer en communauté et se créer une conscience collective sans prendre en compte toutes ces données en même temps.

La réalité est que de nombreuses personnes trans, en plus d'avoir envie, besoin d'une communauté trans, se tournent vers d'autres groupes, d'autres militantismes qui participent à toutes les facettes de leur identité. Il y a donc une convergence et une superposition des militantismes dans l'existence même de nombreuses personnes : c'est ce que l'on appelle l'intersectionnalité, un concept sociologique nommée par la juriste américaine Kimberlé Crenshaw pour parler de la superposition entre le racisme et la misogynie vécue par les femmes noires aux États-Unis[24]. Le concept a aujourd'hui largement dépassé ce sens initial. On peut aussi parler de convergence, de co-substance des luttes, de superposition… Vous avez l'idée, choisissez votre terme, la réalité est la même et l'expression première peut ainsi continuer de visibiliser spécifiquement la lutte pour laquelle elle avait été pensée.

D'UNE DISCRIMINATION À L'AUTRE

Je suis une femme trans.

- Je subis la transphobie parce que je suis trans, que je l'affirme et que mon apparence et mes comportements sortent d'un canon cisnormé de la féminité – ce simple fait stigmatise déjà ma personne : « travelo », « pédé », « monstre », tous ces termes déjà évoqués sont les signes d'une non-conformité à des constructions qui entraînent tout de suite une stigmatisation de cette différence qu'est la transidentité.
- Mais je subis aussi le sexisme parce que je suis une femme, et que je corresponds à l'image culturelle traditionnellement admise d'une forme de féminité ; j'ai déjà été touchée dans les transports, je me fais suivre dans la rue en entendant que je « suis bonne ».

Ces deux discriminations coexistent du fait de mon identité. Elles entraînent des violences particulières et similaires, qui peuvent se superposer. Par exemple, les personnes trans sont davantage discriminées à l'embauche et moins payées que les personnes cisgenres ; c'est aussi le cas des femmes cisgenres moins payées que les hommes cisgenres. Face à cette situation, j'ai besoin d'être militante pour les droits des personnes trans ET d'être militante féministe. J'ai besoin d'être une transféministe.

---

24 Kimberlé Crenshaw, *Demarginalizing the Intersection of Race and Sex: A Black Feminist Critique of Antidiscrimination Doctrine, Feminist Theory and Antiracist Politics*, University of Chicago Legal Forum, 1989.

Cette double discrimination, la violence systémique subie, le fait de ne pas être entendue et d'être rabaissée, m'ont amenée à entendre la réalité et les besoins politiques contre le racisme, le validisme (qui touche les personnes handicapées), le néocolonialisme, le travail du sexe, etc. Subir une violence systémique m'a rendue plus empathique et capable d'appliquer la logique que je subis à d'autres identités. Alors je ne suis clairement pas parfaite – être trans ne m'a pas rendue consciente et éduquée, je fais des erreurs et j'apprends chaque jour –, mais ce contexte m'a mise dans des dispositions d'écoute particulières. Cela rend aussi visible le continuum des violences et nécessaire le besoin de militantisme interconscient et interagissant : je suis moi-même une alliée d'autres personnes.

LA CONVERGENCE À L'ŒUVRE

Cette convergence est-elle une réalité institutionnelle, une ligne d'action dans les militantismes ? La réponse rapide est non. D'abord en raison du contexte socioculturel global dans lequel nos militantismes évoluent et sont structurés. En France, même dans les cercles militants, la donnée raciale reste dominée par des personnes blanches ; de fait, l'inclusion des personnes racisées est trop souvent oubliée, ou pire, considérée comme anecdotique. C'est aussi la raison pour laquelle le militantisme antiraciste est encore si souvent silencié. La composante religieuse est également marginalisée. Le climat islamophobe et les stéréotypes visant les musulman·es·x rendent souvent même inconcevable l'idée de personnes trans musulmanes. Ces personnes existent pourtant bel et bien. Nos propres biais, même quand ils sont systématiquement déconstruits ou sujets à un effort d'éducation, restent omniprésents et forment un obstacle clair à une convergence des paroles et des actions.

Un autre facteur qui peut limiter la prise en compte de la convergence est la difficulté compréhensible à parfois conceptualiser tout ce que peut impliquer un sujet. Parlons de transidentités : il faut savoir penser à toutes les identités de personnes trans, tous les genres : la donnée socioéconomique, les questions de santé, d'accès aux soins, la représentation, les violences subies... Même pour des points plus spécifiques, il y a toujours un véritable nuage de sujets qui participent directement à un champ militant. Ma modeste expérience m'a appris que lorsqu'il s'agit de contenu partagé, public, il faut impérativement faire ce travail de conceptualisation de la manière la plus exhaustive possible car il permet une structuration plus riche et pertinente des discours. La meilleure des démarches est d'avoir en amont une attitude de rassemblement de sources multiples, politiques, pédagogiques, directes, qui incarnent cette convergence : recueillir, partager la parole de concerné·es·x.

Enfin, il me semble nécessaire de souligner la volonté active de ne pas mener de militantisme inclusif. Il y a dans le féminisme, par exemple, une diversité de lignes d'action parmi lesquelles des courants qui s'autodéfinissent comme féministes estiment que le voile est une arme de soumission, que le travail du sexe est un viol tarifé, ou encore que les personnes trans sont des menaces. J'ai expliqué plus haut la nécessité et la pertinence selon moi de la convergence et de l'action conjointe. Il est toujours difficile d'affirmer que l'on détient la vérité mais je préfère dire que je crois que l'inclusion est toujours plus juste et bénéfique que le contraire.

Le cas des TERFs (Trans Exclusionary Radical Feminists)

Les TERFs (féministes radicales excluant les personnes trans) sont aussi connues par l'acronyme FARTs (pour Feminist Appropriating Reactionary Transphobe ; transphobes réactionnaires s'appropriant le féminisme), mais *fart* en anglais veut dire pet, c'est drôle). Elles forment un ensemble idéologique dont la pensée est largement basée sur une thèse américaine écrite par Janice Raymond et publiée en 1979 : *The Transsexual Empire : the making of the She-male*. Raymond y développe la théorie que les femmes trans ne seraient pas, en fait, transgenres mais choisiraient de s'approprier l'identité féminine pour infiltrer les milieux féministes et y imposer un ordre sexiste et patriarcal afin de les détruire. L'identité des hommes trans n'est pas abordée dans cet ouvrage, les non-binarités non plus. Plusieurs critiques ont mis en lumière l'influence de la pensée religieuse sur cet écrit, et aussi celle de la peur de l'espionnage soviétique aux États-Unis, pendant la guerre froide : c'est cette idée d'une infiltration potentielle, omniprésente, cette peur d'éléments « ennemis » idéologiques qui circule dans les milieux féministes qui se déclarent radicaux.

Outre le fait que l'ouvrage soit fondamentalement lacunaire, il présente le genre comme une donnée absolue et continue, soulignant au passage l'obsession de Raymond pour l'aspect chirurgical et psychiatrique du sujet. À l'époque, le livre est largement acclamé, notamment par les spécialistes de la psychiatrie américaine. Aujourd'hui, les mêmes idées sont encore reprises et les mêmes attaques sont formulées, mais la pensée TERF s'est étendue. Si la non-binarité reste rarement pensée par elles, les discours sur les femmes trans sont devenus plus violents encore, avec une stratégie de ridicule et de ciblage sur des personnes visibles et affirmant leur transidentité. Les hommes trans, quant à eux, sont souvent définis comme des lesbiennes trahissant le genre féminin et voulant fuir le sexisme, gagner en privilèges.

Quand bien même la construction théorique des discours TERF est intellectuellement limitée et partiale, cette frange de la transphobie est de plus en plus active et structurée, après avoir été peu significative en France, grâce à l'usage de réseaux sociaux et au soutien de groupes influents, populaires, de personnalités n'hésitant pas à étaler leur transphobie idéologique – des médias dont certains très connus faisant des relais à leur pensée[25].

L'objectif de fond est finalement assez clair : empêcher la possibilité même de s'affirmer et de transitionner en tant que personne trans.

Petit conseil pratique : il est assez simple d'identifier la pensée TERF, car des termes de leur discours reviennent souvent : le fait de s'identifier comme féministe radicale, l'usage de l'acronyme TRA pour parler de personnes trans sans utiliser le terme lui-même, parler de théorie « gender critical », le refus affiché de se dire cisgenre et l'usage du terme « femelle ». Comme ça, vous savez, vous pourrez vous en protéger.

Les TERFs représentent un extrême que les féministes gagnent à condamner. Il n'en reste pas moins qu'elles sont présentes et qu'il existe des froideurs, des oppositions, des oublis quand il s'agit de structurer une unité et un mouvement politique, militant d'autosupport, d'interécoute au sein du féminisme. C'est le cas dans l'inclusion des personnes trans ; c'est aussi le cas pour d'autres identités que nous avons déjà mentionnées.

25 *https://www.marianne.net/agora/tribunes-libres/trans-suffit-il-de-s-autoproclamer-femme-pour-pouvoir-exiger-d-etre-considere* et *https://charliehebdo.fr/2020/01/societe/feminisme/enquete-transactivisme-ca-devient-impossible-parler-vagin-regles-clitoris/*

Quoi qu'il en soit, il existe une volonté affichée de convergence mais il reste énormément à faire pour y parvenir. Nous devons nécessairement être autocritiques et interroger le fonctionnement de nos milieux ; c'est toujours plus simple de pointer du doigt une erreur chez les autres plutôt que chez soi, mais que ce soit dans le féminisme ou dans la communauté LGBTQIA+, les manques sont nombreux sur un tas de questions. Au sein même de cette « grande famille » qu'est la communauté LGBTQIA+, misogynie et transphobie existent.

> *Est-ce donc à penser que l'objectif, l'idéal est une unité absolue et constante des militantismes ? Oui et non. Rappelons que le but n'est pas l'assimilation, mais la visibilité accrue de combats ayant des proximités et des sources communes de discriminations. Outre l'aspect politique, il s'agit à la fois d'engager un travail individuel pour écouter, comprendre, apprendre et compatir, et de développer un projet de société visant à valoriser le multiculturalisme, à chercher une égalité réelle des genres et à en comprendre la pluralité complexe. Il est donc évident qu'une proximité, une convergence doivent exister, tout en conservant la spécificité de nos projets.*

LA NON-MIXITÉ : UN BESOIN INCOMPRIS

Pour autant, il faut conserver à d'autres endroits nos projets spécifiques et notre vie communautaire ; les deux démarches ne sont pas incompatibles, elles se complètent : il s'agit d'une question de moment, d'espaces et de personnes.

Ce besoin d'action et de rassemblement intracommunautaire que l'on nomme la non-mixité est central. Il est nécessaire et pourtant largement méprisé, considéré comme insultant et même dangereux. On en revient à cette peur du communautarisme ; l'idée même qu'une communauté se structure autour de la conscience de son particularisme est vue comme une menace, qu'elle décide d'agir pour elle et avec seulement ses membres est un outrage et une transgression de l'ordre en place. On imagine des complots, des insultes contre la nation, on imagine la libération d'une haine contre certaines personnes... Les fantasmes autour de la non-mixité sont nombreux.

LA NON-MIXITÉ EXISTE DE FAIT DÉJÀ PARTOUT

Éclaircissons déjà un point essentiel : des groupes de potes qui veulent se retrouver sans leurs partenaires jusqu'aux bancs du Sénat, la non-mixité existe déjà. Elle n'est acceptable que lorsqu'elle perpétue des normes en place :

- Des copines qui se rassemblent pour boire des mojitos incarneront une non-mixité regardée comme allant de soi – et dont les activités sont méprisées ;
- Des copines qui se rassemblent pour parler d'actions et d'engagement politiques, féministes, en le revendiquant comme tel, sont menaçantes et rejetées par les personnes n'ayant pas accès à l'évènement ;
- Une réunion de chef.fes d'entreprise est une non-mixité de classe et souvent de genre, mais semble aller de soi, alors même que les violences de classe et la précarité économique se creusent. Pire, l'idée d'inclure dans de tels espàces des personnes qui seraient légitimes à y exprimer une idée est vue comme ridicule. C'est ainsi que les décisions finissent par être prises par une poignée de privilégiés qui n'a pas forcément conscience des conséquences de ses actions et a perdu un sens du lien social, du bien commun, alors même qu'il s'agit de groupes qui ont parfois des responsabilités qui demanderaient transparence et inclusivité.

Dans les faits, il y a une hypocrisie sociale : la non-mixité est acceptable tant qu'elle n'est pas consciente et investie par des minorités. Là, elle devient alors du communautarisme, on crie au complot contre l'ordre républicain, la laïcité ; ces minorités devraient être constamment assimilées et soumises à d'autres voix que les leurs.

UN OUTIL POUR PARLER LIBREMENT

Dans les faits, la non-mixité est très concrètement un outil qui permet à des personnes qui partagent une identité de se rassembler et de parler librement, sans crainte. Personnellement, si je dois prendre la parole pour parler de mon identité dans une pièce au milieu de personnes cisgenres, je me fais plus petite, je pèse chaque mot, je crains les réactions. En non-mixité, tout cela disparaît. Je sais que je peux parler, qu'une empathie réciproque et consciente des enjeux du sujet abordé se met en place. C'est vraiment un espace privilégié pour se libérer de la transphobie et savoir que l'on peut y échapper ; car c'est aussi ce que l'on recherche en participant à des évènements en non-mixité : on échappe presque totalement aux personnes qui ne vivent pas notre identité et qui peuvent dire, faire, penser et laisser transparaître une violence, un dégoût, un mépris. Il y a un vrai besoin d'humaniser la non-mixité qui offre une pause.

Nous ne pratiquons pas de sacrifices et de rites obscurs. Il ne s'agit pas d'une fantaisie, d'un caprice pour punir des personnes que l'on pointerait du doigt comme les méchant·es·x, mais de créer des espaces de réflexion spécifiques ou de communication émotionnelle qui nécessitent un contexte clos. Une réalité qui existe d'ores et déjà au sein de nombreuses associations et qui a une efficacité prouvée, un pouvoir thérapeutique, cathartique dont on a besoin.

L'HYPOCRISIE DE CEUX QUI N'EN ONT PAS BESOIN

Par ailleurs, il existe une autre hypocrisie : on ne peut pas à la fois compatir en entendant des témoignages de transphobie – ou d'une autre violence systémique – et interdire l'accès à des outils qui permettent de gérer ces violences et d'en alléger le poids. Il s'agit très clairement d'un signe de privilège : le fait de ne pas avoir besoin de cette non-mixité.

De plus, objectivement, la non-mixité n'a aucune conséquence sur les personnes qui n'y sont pas incluses !

Les opposants à la non-mixité avancent plusieurs raisons :

- *Cela est injuste.* On peut y voir la réaction d'ego de se voir refuser un espace – une réaction d'autant plus forte si la personne est elle-même particulièrement privilégiée socialement et ne subit pas dans son quotidien d'entraves à certains espaces et activités ;
- *Cela empêche l'accès à des informations utiles à tous·tes·x.* Cela peut être vrai en partie, mais il existe suffisamment de ressources hors de ces évènements pour que cet argument ne tienne pas. Lorsqu'il s'agit de discussions plus personnelles et intimes, les personnes non concerné·es·x n'ont pas besoin de tout savoir ; il existe suffisamment de témoignages disponibles pour ne pas avoir à investir les espaces de non-mixité dans une espèce de voyeurisme. Enfin, des points précis dans les discussions peuvent générer de la pensée collective quand cela aurait été le cas en mixité ;
- *Cela empêche des personnes alliées et bienveillantes d'exprimer leur compassion.* C'est vrai, énormément de personnes sont bien intentionnées, bienveillantes, et nous avons absolument besoin de vous (merci d'exister et d'être là). Mais être allié·es·x, c'est d'abord comprendre les besoins spécifiques des concerné·es·x et les respecter. Par ailleurs, forcer sa présence contre une organisation, une envie ou un besoin sous prétexte de bienveillance, ça n'est pas très bienveillant en réalité. Enfin, même pour la plus bienveillante des

personnes, le rapport est différent entre personnes concernées et avec des allié·es·x ; nous avons le droit/besoin de nous en nourrir.

Pour autant, au sein même des mouvements militants, l'organisation de la non-mixité n'est pas toujours inclusive et la transphobie peut y être perpétrée. Des évènements « pour femmes » excluent régulièrement les femmes trans ; des sujets, notamment gynécologiques, qui concernent des hommes trans et personnes non binaires qui ont un utérus et un besoin de prise en charge médicale les rejettent également…

4-

Militantisme souvent choisi, parfois imposé

L'INJONCTION À L'EXPLICATION POUR LES MINORITÉS

Un autre sujet lié à la vie communautaire et au militantisme réside dans le fait que toutes les personnes trans ne militent pas, ne veulent ou ne peuvent pas le faire ; elles n'ont pas non plus un devoir d'éducation envers les personnes cisgenres et ne savent d'ailleurs pas répondre à toutes les questions (moi la première, et c'est bien normal).

Il existe une véritable pression à la pédagogie qui pèse sur les personnes transgenres dès lors que l'identité de genre de quelqu'un·e·x est connue. Cette pression est très concrète : elle se matérialise dans le réflexe de poser des questions concernant sa transidentité à une personne trans, de façon répétée et appuyée, en général à partir du moment où sa transidentité est « dévoilée ». Cette attitude s'affranchit de toute notion de « bon moment » pour poser ces questions, ou de l'effet des questions de la personne trans questionnée ; l'objet desdites questions est aléatoire, abordant sans distinction tous les sujets qui interrogent sur la transidentité, du plus anodin au plus intime, que cela concerne la personne directement ou que cela essentialise et généralise « les personnes trans ».

Cette situation n'a rien de caricatural, de trop poussé, d'improbable : elle existe. J'en appelle au bon sens et à l'empathie : si vous rencontrez une personne trans, même s'il s'agit de la première que vous rencontrez, même si vous êtes extrêmement curieux·se·x, plein·e·x de bonnes intentions, mettez-vous à « notre » place : subir une avalanche de questions est pénible, d'autant plus dans des contextes sociaux qui ne s'y prêtent pas. C'est nous considérer comme une encyclopédie, c'est ne voir que notre identité de genre et ne même pas se souvenir que nous sommes des personnes.

Pourtant, les ressources existent pour trouver des réponses aux questions que l'on peut se poser. Ne pas aimer lire, préférer écouter les personnes concernées sous prétexte de faciliter le processus d'apprentissage est paresseux : ce ne sont pas des excuses. Si je parais dure dans le choix de mes mots, c'est que cette pression est épuisante et bien plus courante que l'on ne peut l'imaginer. Elle participe à une charge mentale qui peut rendre pénible la sociabilisation.
Sans compter que les questions et les sujets qui interrogent le plus les personnes cisgenres sont souvent indélicats, voire transphobes. Nos corps, nos organes génitaux, notre sexualité, les violences que nous pouvons subir, les rapports familiaux, nos « vrais prénoms » sont des sujets de curiosité qui peuvent être l'objet de réels blocages et de douleurs profondes.
Bien sûr, beaucoup de personnes trans seront dans les faits contentes de pouvoir partager et prendront le temps de faire de la pédagogie. L'important est cependant de ne pas croire que cela est dû, et que ça sera le cas avec tout le monde et tout le temps.
Je ne peux que conseiller de se renseigner par soi-même, d'aller à des évènements à portée pédagogique, d'attendre un moment qui se prête à cette discussion sur le genre, et qu'une personne trans l'amène elle-même ou que cela vienne dans le fil d'une discussion ; éventuellement de demander d'abord s'il est possible de l'aborder. Et si c'est non, c'est non ; le consentement, c'est tout le temps et avec tout le monde. Nous n'avons pas à nous expliquer parce que nous sommes en minorité dans la société, parce que nous sortons de ce qui est considéré comme la norme. Nous n'avons pas à subir ce voyeurisme sans nous plaindre

sous prétexte de notre différence.
Cette pression à la prise de parole est d'autant plus lourde qu'elle est liée à une injonction à justifier nos identités, mais aussi parce que construire un argumentaire qui doit convaincre, face à une attitude dubitative ou hostile, n'est instinctif pour personne : c'est difficile.
De nombreux facteurs personnels font obstacle à la prise de parole, de la timidité au manque de temps ; tous les membres d'un groupe sociologique ne seront pas en capacité de le faire : c'est normal, et ce n'est pas grave. Il ne doit pas y avoir de culpabilité à ne pas le faire. Il ne s'agit que d'un moyen de militer parmi d'autres et la position de base est que nous n'avons pas à être militant·es·x. Il s'agit d'un choix personnel. Le problème majeur est que l'on nous demande toujours de parler pour être simplement toléré·es·x. Nous avons déjà dû, peut-être bien malgré nous, devenir militant·es·x, en devant expliquer, détailler, justifier notre situation à un·e·x proche, chez le médecin, dans une situation administrative ; devoir expliquer, détailler pour échapper à une situation délicate… Nous sommes rendu·es·x militant·es·x parfois contre notre confort ou notre envie. À cela s'ajoute le fait que nos identités sont des objets politiques : s'affirmer comme une personne trans est un acte politique, un acte critique de la construction de notre société, un acte de transfuge du genre tel qu'il est compris et accepté globalement. Et cela est très loin d'être évident à vivre au quotidien. Pour de nombreuses minorités, l'intime est politique. Une réalité qui peut être lourde à vivre, qui entraîne dans des dévoilements inconfortables.

UNE TRANSPHOBIE POLITIQUE

La sphère politique et institutionnelle occidentale s'empare partout dans le monde des questions de transidentité. Il s'agit de réfléchir et d'agir légalement pour permettre ou non les transitions, les changements administratifs.
Nous, personnes trans, dépendons de ce monde politique qui décide pour nous, jamais avec nous. Dans l'histoire française récente, la

seule décision politique concernant les transidentités qui a, en partie, impliqué les avis d'associations et de militant·es·x fut la révision de la loi sur le changement d'état civil en 2016. Dans cette affaire, leurs préconisations ont été largement étouffées par des compromis ; ces démarches administratives n'ont donc pas été suffisamment facilitées. Pour toutes les discussions politiques sur ces sujets, les dynamiques restent les mêmes : nous attendons, en espérant accéder aux mêmes droits que les citoyen·nes cisgenres – ou ceux, plus spécifiques, qui nous permettent d'être représenté·es·x et épanoui·es·x.

Pour l'appareil politique, la prise de décision est rarement motivée par la volonté de répondre aux besoins pourtant parfois vitaux d'une communauté qui fait partie entière de cette société. Il s'agit plus souvent de répondre en mi-teintes, et de façon influencée par un ordre pseudo-moral, pseudo-naturel – tous ces arguments liés à la biologie ou à une perception d'étrangeté tolérée sans être pleinement comprise que nous avons déjà mentionnés, d'autant que nos élu·es·x ne sont pas plus éduqué·es·x que la majorité cisgenre. Reste encore trop souvent une aura à celleux qui fréquentent les espaces inaccessibles mais symboliques de prise de décision, une aura de sagesse qui interfère souvent avec la réalité : leur grande majorité n'a sans doute jamais même rencontré une personne trans et de fait ne sait pas ce que nous vivons... Ce qui n'empêche manifestement pas de décider !

La question se pose donc : pourquoi est-ce que les concerné·es·x ne sont pas écouté·es·x ? Notre culture des médias adore pourtant la parole d'expert·es·x : sociologues, médecins, politologues, analystes, tous·tes·x se relaient pour commenter, analyser les évènements importants de ces dernières années (élections, attentats islamistes, crise sanitaire du COVID-19, etc.). Pourquoi les personnes trans ne sont-elles pas reconnues expertes sur leur identité ? Pourquoi les psychiatres ou les endocrinologues sont-ils toujours ceux qui encadrent nos parcours, alors même que bien souvent, il existe un décalage brutal dans la façon dont la transidentité est comprise chez ces personnes ? Certes, un·e·x endocrinologue connaît peut-être mieux que personne le système hormonal humain – ce qui en fait un interlocuteur de choix pour les personnes trans qui sont hormonées –, mais n'est pas spécialiste de la construction des identités, n'interroge pas forcément toutes les normes et les héritages historiques qui font les genres comme le font les personnes trans.

Dans les faits, les premier·ères·x expert·es·x sur la transidentité sont les personnes transgenres, tant sur l'approche théorique qu'empirique et pratique – c'est d'ailleurs nos propres recherches, nos partages d'expérience sur les dosages, les produits et leurs effets secondaires qui donnent au même endocrinologue un aperçu complet de la question. Pourtant, cette idée est encore largement inadmissible pour beaucoup, car l'enjeu est politique : il s'agit de ne pas admettre dans les cercles de décision des personnes qui sortent des normes sociales et identitaires, comme l'a encore prouvé l'absence de personnes trans dans les débats sur nos droits reproductifs ou de personnes intersexes quand il s'est agi de décider de mettre fin ou non aux chirurgies mutilatrices les concernant. Évidemment, des nuances existent, surtout en fonction de l'orientation politique des décisionnaires, et quand il s'agit d'analyse et de prise en charge politique des transidentités, les disparités dans l'accès au sujet et sur les décisions à prendre changent dramatiquement en fonction de l'orientation politique. Mais la plupart du temps, le résultat est le même : oubli, indifférence ou même volonté de contrôle contre notre intérêt.

UNE VOLONTÉ DE CONTRÔLE ?

Je m'attarde sur ce point qui me semble un enjeu important : en nous refusant l'expertise acquise et la capacité de décider, nous restons sous contrôle. L'ordre moral et historique de la société est maintenu. Partout dans le monde, des personnes trans doivent encore être médicalement stérilisées comme étape à l'obtention de documents administratifs mentionnant leur genre. Idem, l'opération génitale est parfois aussi une condition sine qua non. Le Japon a même mis en place cette obligation en janvier 2019 : une situation inédite. Ce n'est plus le cas en France depuis 2017. La fin de ces mesures n'a pas été le fruit d'une volonté de bienveillance et de compréhension envers la communauté trans, mais le résultat d'une plainte du tribunal européen des droits de l'homme envers la France. La question à poser est : pourquoi stériliser les personnes trans ? L'aspect pratique est très limité, et que ce soit l'angle biologique ou symbolique, il ne s'agit que d'une forme d'eugénisme.

L'accord était déjà politique et administratif, dépendant d'une loi et amenée par un·e·x juge au tribunal de grande instance. Le but annoncé était d'empêcher une confusion sociale et administrative à l'idée qu'une personne reconnue officiellement comme femme puisse avoir biologiquement un enfant sans avoir été enceinte, mais bien par sa propre production de sperme, ou inversement, qu'un homme devenant père soit enceint et accouche de son enfant. Il y avait donc une volonté affichée de contrôler la natalité de personnes dont la procréation et le statut parental apparaissaient comme trop étranges, inconcevables pour l'ordre culturel ; cela véhiculait l'idée que les personnes trans ne peuvent pas être des parents « normaux », et même « sains » dans la société.

Mais au-delà, pourquoi vouloir absolument stériliser des personnes ayant déjà été hormonées pendant plusieurs mois ou années et/ou ayant été opérées des organes génitaux et donc déjà concrètement incapables de concevoir biologiquement ? Pour le symbole. Pour le contrôle. Pour la certitude. Cette mesure envoyait un message social lourd de sens : les personnes trans, sortant des normes du genre si structurelles à toute l'organisation sociale, sont sous contrôle. Elles restent des personnes isolées et privées de fonctions biologiques auxquelles sont associées des valeurs hautement positives : celle de donner la vie, de transmettre ses valeurs, de perpétuer notre espèce et notre culture. Qu'importe l'utilité de la décision, le pouvoir maîtrise les bêtes de foire. Je ne peux pas exprimer la colère et la tristesse que je ressens en écrivant ces lignes, en me souvenant que cela a été la réalité. A été ? Que l'on ne se fasse pas d'idées. La volonté de contrôle, cet eugénisme existe encore, et les récents débats sur la possibilité d'ouvrir la procréation médicalement assistée aux personnes trans en ont été la vitrine.

Une parentalité refusée

Non content de ne jamais avoir invité d'associations ou d'individus concerné·es·x, le gouvernement a largement plongé dans le débat : non pas en réfléchissant à comment nous permettre d'accéder à la PMA, mais à si, éthiquement, une personne trans peut se reproduire.

Non seulement il y a eu un manque clair de transparence dans la prise de décision, mais quand elle a existé, les prises de parole ont été confuses et insultantes. Pour annoncer le rejet des personnes trans du texte de loi, la ministre de la Santé et des Solidarités de l'époque, Mme Agnès Buzyn, a pris la parole. Et quelle prise de parole : « Une femme qui est un homme à l'état civil. » Son manque de connaissance absolu, doublé de sa condescendance, ses regards amusés en coin, ses rires mesquins quand elle a annoncé « ça serait compliqué [...] qu'un homme trans soit enceint » en disent long. Car la conclusion de ces discussions n'était pas la difficulté pour l'homme trans lui-même, mais pour la société à l'admettre. C'est sur cet ordre moral et culturel, une fois de plus, que l'on nous refuse la parentalité. L'accès aux ovocytes est également interdit en France : nous pouvons les congeler, mais pas les utiliser ! Et il n'est pas possible de les faire transférer à l'étranger pour les y utiliser. Je ne sais pas vous, mais en voyant tant d'incohérences et de violences, moi aussi j'ai envie de dire « c'est compliqué ». Je parle ici du gouvernement d'Emmanuel Macron, mais force est de souligner que celui-ci n'a pas le monopole de la transphobie politique. Reste une absurdité et un vide juridique : il est possible de se rendre à l'étranger...sans avoir de reconnaissance juridique en France.

UNE RÉALITÉ MONDIALE

Dans le rapport à l'administration, dans le manque d'inclusivité des lois, dans les prises de parole des responsables politiques, la transphobie existe aussi. Cette volonté de contrôle s'affirme tout particulièrement dans les pays où la montée de partis politiques populistes et d'extrême droite est la plus importante et débouche sur des législations pour effacer nos présences.

La transphobie politique est une réalité mondiale, analysons un peu ce phénomène en dépassant les frontières. La base commune est que les normes largement abordées précédemment sont appliquées sans déconstruction à la prise de décision. Hiérarchie des identités, idées de maladie mentale, psychiatrisation, génitalisation et biologisation du concept de genre sans prendre en compte la donnée culturelle pourtant absolument centrale... Partout dans le monde, le contrôle des personnes trans entraîne des violences intolérables.
Quelques exemples rapides pour en donner une idée :

- Alors que la tendance générale est de revoir et supprimer les obligations de stérilisation, le Japon est actuellement le seul gouvernement qui a décidé de créer une loi pour l'imposer. Cette loi a été votée en janvier 2019. Dans un pays qui n'avait déjà aucune mesure de protection des personnes queers, notamment dans le monde du travail, cette nouvelle mesure y instaure officiellement une transphobie d'État ;

- La Hongrie, dont Victor Orban est le Premier ministre depuis 2010 (il l'avait déjà été auparavant), est un pays dont les récentes mesures politiques sont dans la directe lignée du parti Fidesz au pouvoir : contre la mondialisation, un nationalisme conservateur et une politique largement nourrie de religion. Le lundi 30 mars 2020, le parlement hongrois a approuvé une mesure permettant à Victor Orban de gouverner sur décret, sans date de fin, sous prétexte de gestion de la crise sanitaire. Une prise de pouvoir largement relayée dans la presse mondiale comme la fin de la démocratie en Hongrie. Pourtant, les premières mesures n'ont pas été vers la crise sanitaire mondiale. Ce même lundi 30, dans l'après-midi, le porte-parole du gouvernement annonçait un projet de loi interdisant de changer d'état civil et annulant tous les changements déjà effectués dans le pays. La loi prévoirait aussi d'inscrire le genre comme une donnée biologique dont il est impossible de changer ;
- La Pologne, quant à elle, s'illustre honteusement en déclarant que plusieurs régions, couvrant un tiers du territoire polonais, sont des zones « sans LGBT », y interdisant l'expression des identités queers ; une mesure dénoncée le 16 septembre 2020 par Ursula von der Leyen, présidente de la Commission européenne : « Les zones sans LGBT sont des zones sans humanité et n'ont pas leur place dans l'Union » ;
- Dès le début de son mandat aux États-Unis, Donald Trump s'est montré acharné à rendre plus précaires et invisibles les personnes trans de son pays. Par chance, et grâce à l'action de nombreuses associations mobilisées sur le terrain, certaines de ces décisions ont pu être renversées : c'est notamment le cas du « military ban », une loi qui prévoyait le renvoi pur et simple de toute personne trans travaillant dans l'armée américaine. Trump espérait aussi pouvoir implémenter une loi permettant aux chef.fes d'entreprise de renvoyer une personne trans en raison de son identité de genre. Trump n'est pas le seul responsable politique américain dont la transphobie s'applique légalement. À l'échelle des États aussi,

des mesures sont prises. C'est le cas dans l'Idaho, où deux lois ont été votées en profitant de la panique provoquée par la pandémie de COVID-19 : un texte empêche désormais officiellement toute femme trans de pratiquer une activité sportive collective sur la base génitale, hormonale et génétique ; le texte prévoit que traitement et chirurgies n'y changeront rien. Il est également interdit de changer de mention de genre dans cet État ;

- En Iran, s'il existe une histoire ancienne de fluidité des expressions de genre, la situation derrière la façade a changé. Il est possible de transitionner, mais les personnes trans sont reconnues comme malades mentales. Si le gouvernement paie en partie les transitions, c'est parce que celles-ci sont obligatoires : un refus de chirurgie, d'hormones peut entraîner des menaces, des pressions sur la famille et des kidnappings pour opérer de force. Le gouvernement iranien a dans l'esprit de créer une société « saine », c'est-à-dire de la rendre, en apparence, entièrement cisgenre et hétérosexuelle. Pour le pouvoir en place, la transition médicale est la solution pour les personnes trans... Mais pas seulement. On sait aujourd'hui que le gouvernement iranien opère aussi des personnes cisgenres gay et lesbienne. Le raisonnement est particulièrement vicieux : un homme gay opéré de force deviendrait une femme et donc hétérosexuel, en conservant son orientation pour les hommes.

Bien d'autres exemples auraient pu être mentionnés : la Russie qui interdit tout discours et contenu public parlant d'identité queers, ou encore le Royaume-Uni qui réfléchit à interdire les transitions avant 18 ans et la reconnaissance parentale dans leur genre aux personnes trans, se basant sur des critères génitaux...

Le fait est que partout dans le monde, la transphobie s'exprime politiquement, revenant presque incessamment aux mêmes stéréotypes, aux mêmes normes. Il y a encore du boulot, et clairement, le combat est totalement asymétrique.

NOS PRINCIPALES REVENDICATIONS

Dans l'introduction à ce chapitre, j'ai été très transparente sur ma propre volonté militante. Les buts de ce livre sont multiples : permettre de dire « je sais ce que "trans" veut dire », offrir des connaissances concrètes et utiles aux personnes trans et à leurs proches, partager des pistes de réflexion plus théoriques et déconstruites sur le genre dans notre société, exprimer des besoins, des revendications portées par les militant·es·x et associations pour les personnes trans, leur faire comprendre et espérer un éveil des consciences et un engagement allié plus important.

Je suis ambitieuse, mais l'espoir fait vivre. Aussi, je tiens à conclure ce chapitre en détaillant les revendications principales et en revenant le plus souvent autour des transidentités, pour les transidentités.

L'AUTODÉTERMINATION

Pouvoir décider sur les sujets qui nous concernent, sans intermédiaire qui imposerait des conditions mais qui, au mieux, accompagnerait et informerait. Demander l'autodétermination, c'est vouloir que les démarches administratives soient déclaratives et non plus judiciarisées. Il s'agirait d'assurer leur validation systématique dans des délais rapides pour les personnes trans.

Pour le prénom comme le changement d'état civil, l'argument principal avancé à l'encontre d'une démarche déclarative serait la possibilité d'échapper à des démarches judiciaires, des soucis bancaires ou parce que les prénoms qui sont demandés apparaissent culturellement trop exubérants (ou trop peu « français » – le racisme existe). Le contrôle des casiers judiciaires est important, mais ne devrait constituer qu'une étape rapide avant la validation.

Juger de la pertinence d'un prénom est exagéré. Un prénom raconte une histoire, immortalise des instants, des personnes ; dans le cadre d'un parcours trans, son choix est un processus très émotionnel dont le refus sans empathie, sans compréhension, est brutal.

J'ai personnellement choisi Lexie-Victoire, Titania, Tomyris, Nelly. Chacun de ces prénoms est pensé, j'y tiens.

- Victoire, car être arrivée à changer de prénom, à transitionner, c'est ma victoire après des années de dépression ;
- Titania est la reine des fées chez Shakespeare, un personnage qui m'a marquée dans mon adolescence. On m'a souvent fait croire que mon identité était fictive ; en choisissant ce prénom, j'affirme son objectivité ;
- Tomyris était, quant à elle, une reine historique d'un peuple disparu : les Scythes. La légende dit qu'elle tua le grand empereur perse Cyrus. Une battante contre un empire immense ;
- Enfin, Nelly est le prénom de ma maman. Elle a été un exemple de femme forte et un soutien indéfectible qui m'a donné la force de vivre et de m'épanouir.

Mon cas n'est pas unique ; le choix de nos prénoms est important, il s'agit d'une étape concrète et symbolique dont nous avons besoin.

Pour ce qui est du changement d'état civil, la demande est encore plus nette : ne plus passer devant un juge. Symboliquement, cette démarche est d'une violence inutile et assure ici encore un contrôle. On nous demande de nous justifier, nous poussant même à exacerber la performance pour sembler « convaincant·es·x » ; je ne m'étendrai pas sur la transphobie ambiante et les refus arbitraires...
Ensuite, le changement devrait également être déclaratif, en dépit des possibles fraudes, ou autre crainte d'abus – comme si beaucoup de gens étaient tenté·es·x de profiter de cette « facilité ». Personnellement, je n'ai jamais entendu d'affaire de personnes cisgenres se faisant passer pour trans pour changer de prénom ; changer de genre serait encore plus absurde et semble absolument impensable. Même pour échapper à la justice, les difficultés qu'engendrerait ce changement sont sans mesure. Ces arguments sont contournables et sont le fruit de projections des personnes cisgenres. La question

de la création d'un troisième genre administratif n'est pas unanime. Certaines personnes la refusent, car elles craignent que la différence facilite la transphobie et la surveillance ; d'autres l'envisagent comme un outil de visibilisation et de pédagogie.

Enfin, médicalement, la situation est tout aussi claire : des spécialistes qui se rassemblent pour conseiller sur leur domaine de spécialité et éviter, par exemple, un surdosage, c'est très bien ; des spécialistes qui décident ou pas de nous suivre et de nous laisser transitionner, en fonction du fait que nous leur apparaissons suffisamment femme ou homme, cela est inadmissible. Je peux vous assurer que décider d'une chirurgie n'est jamais pris à la légère, sur un coup de tête. Nous attendons des spécialistes qu'ils écoutent et de permettent l'épanouissement de centaines de personnes. Nous attendons du pouvoir public qu'il ne fasse plus de nous des enfants légaux sous la tutelle de personnes qui ne savent pas, au fond, ce que nous vivons, mais qui calquent des connaissances psychiatriques, hormonales sur nos identités, sur nos réalités.

L'ACCÈS À LA PMA

Ce droit doit nous être accordé comme aux personnes cisgenres et hétérosexuelles. Conséquemment, le statut parental administratif doit être en accord avec notre genre ; et comme le changement d'état civil doit être déclaratif, cette démarche ne devrait être qu'une simple formalité.

Éduquer par la bienveillance et non le formatage

La mise en place d'instances de contrôle de la transphobie et autres discriminations systémiques est absolument nécessaire et doit être doublée par une pédagogie à tous les niveaux de notre société. De même que des formations éducatives sur ce qu'est la transidentité, comment accueillir une personne trans dans l'administration, les services publics, les conseils d'administration et les ressources humaines d'entreprise, des séances pédagogiques dans l'éducation, du primaire au supérieur… Pour que chacune de ces missions soit efficace, il faudrait que seules des personnes trans, membres d'associations ou habilitées, puissent prendre la parole. Je vois au quotidien à quel point un rapport direct, pédagogique, a un pouvoir. Cela crée une humanité à nos identités et permet de mieux comprendre les enjeux et les revendications qui sont les nôtres. Il s'agit aussi de permettre une information vivante et réelle – et pas un « j'ai entendu d'une personne qui a lu » ou la transmission d'informations « officielles », toutes écrites par des équipes médicales ou des services rectoraux. L'éducation est une arme de bienveillance, comme elle peut être aussi un outil de formatage : elle est la base pour changer les dynamiques entre personnes.

Volontairement, je n'ai pas été exhaustive. Ce ne sont ici que les revendications qui reviennent le plus souvent. Pour chacune d'elles, il y aurait bien d'autres explications à apporter pour en faire comprendre la nécessité. De même, il ne s'agit ici que de revendications spécifiques aux identités transgenres.

La nécessité d'une convergence et d'une vision globale des identités et personnes formant la communauté trans demanderait également une implication active dans d'autres revendications : mentionnons par exemple la décriminalisation du travail du sexe. Par ailleurs, bon nombre de ces revendications ont été reprises dans un rapport du Défenseur des droits en juin 2020, démontrant si besoin était leur légitimité et l'engagement compréhensif de cet institut de surveillance important de notre vie sociale.

> *Que retenir ? Dans l'idéal, j'aimerais vous dire de tout retenir et de rejoindre activement nos militantismes. L'avantage d'un livre est de permettre d'y revenir. Alors lisez. Comprenez que les personnes trans ont des besoins spécifiques, que leur donner des droits spécifiques n'est jamais synonyme de retirer des droits aux personnes cisgenres. Si vous ne comprenez pas la justification de toutes ces revendications, ou que la construction de la communauté trans vous semble obscure, ce n'est pas grave. Personne ne doit tout apprendre et comprendre d'un coup. Cela n'est pas possible et cela serait vous mettre une pression brutale sur les épaules. D'ailleurs, toutes les personnes trans ne sont pas déconstruites elles-mêmes sur toutes les normes de genre ; je ne le suis pas moi-même et je lutte parfois avec certaines idées et l'éducation culturelle que j'ai reçue. Ne pas comprendre n'est pas grave. Certaines choses sont difficiles à aborder. Ce qui est grave, c'est de refuser d'écouter et d'admettre que notre parole est légitime et qu'elle peut apprendre des choses, c'est de faire passer des idées, des avis, des impressions avant des connaissances.*
>
> *Transgenres comme cisgenres, retenons collectivement que tout est plus complexe qu'on ne le pense, et que ces différences invisibles existent pourtant ; elles sont belles. Comprenons notre propre besoin de déconstruction et d'éducation, engageons-nous-y positivement et n'ayons pas peur de relire autant que nécessaire pour petit à petit en apprendre toujours plus :*

tout le monde apprend toujours, tout au long d'une vie. Enfin, respectons l'intégrité de chaque personne dans sa propre identité sans calquer notre propre existence comme le mètre étalon.

CHRISTINE JORGENSEN

Née en 1926 et morte en 1989, **Christine Jorgensen** est connue pour avoir été la première femme trans largement médiatisée aux États-Unis. Militaire, déchargée lors de la Seconde Guerre mondiale, Jorgensen part vivre au Danemark où elle est au centre de procédures médicales et hormonales novatrices pour l'époque. Sa transition est dévoilée sans son consentement, mais Jorgensen décide de prendre la parole et de parler de son identité. D'abord perçue comme une incarnation des progrès de la médecine avant de subir une violente transphobie, elle continue de faire de la pédagogie et publie une autobiographie en 1967.

CHAPITRE VII

VISIBILITÉS ET REPRÉSENTATIONS, DE LA CULTURE POPULAIRE AU TRAITEMENT MÉDIATIQUE

1-

Des visibilités inégales

Avant d'avoir cette grande occasion d'être publié, mon travail d'écriture était surtout restreint aux réseaux sociaux. Ceux-ci m'ont fait connaître, ce qui m'a permis de donner des conférences, de participer à des tables rondes, de parler en interview... Bref, j'ai gagné en visibilité au fil du temps.
La visibilité, c'est bizarre. Enfin, c'est plutôt paradoxal. Et je ne parle pas tant de l'impact émotionnel de devenir « visible » – c'est étrange d'être saluée et remerciée en tâtant des nectarines à la supérette de quartier – mais plutôt de dynamiques plus impersonnelles : la visibilité est une épée à double tranchant. Elle expose à un soutien profondément humain autant qu'aux pires menaces physiques et violences verbales. Ce n'est d'ailleurs plus l'individu qui compte, mais l'ensemble sociologique ou les valeurs qu'iel représente. Paradoxe de cette perte de l'individu et de la volonté de trouver des porte-parole là où cela ne peut pas être possible.

Comment se crée une visibilité ? Par les mots, nous l'avons dit. Aujourd'hui, une dynamique s'inverse lentement : après des siècles d'une invisibilité en Occident, la communauté trans et ses membres apparaissent dans la lumière. Bien qu'encore très désincarnés, les discours se multiplient. J'en suis à la fois actrice et témoin : en deux ans de partage presque quotidien sur Instagram, les comptes d'adelphes se sont multipliés rapidement. Mais les réseaux sociaux restent une bulle : les représentations y sont très inégales dans leur qualité et, bien souvent, les mauvais mots restent employés, de même que les perceptions erronées dans les médias dits « traditionnels » et les supports artistiques et culturels largement dominés par la présence de personnes cisgenres. Une passerelle entre ces deux mondes est encore à construire pour espérer rendre viable cette visibilité à peine obtenue. Décryptons ensemble ces phénomènes.

DES MINORITÉS DANS LA MINORITÉ

Nous avons déjà vu que la communauté transgenre est un rassemblement de personnes et d'identités en fait très différentes. Dans la mesure où il existe DES transidentités, lorsque l'on parle de visibilités et de représentation, il convient de se demander en premier lieu : qui ? Qui est représenté dans ce grand ensemble des minorités de genres ? Sommes-nous tous·tes·x autant représenté·es·x ? Réponse rapide : non.

Les personnes trans dites binaires sont les plus représentées

Celles qui transitionnent médicalement sont les plus vues, pour ne pas dire scrutées. C'est vrai aussi bien au cinéma que dans les médias, des émissions de téléréalité, comme *Tellement vrai* – et autres reportages société –, aux reportages dans la presse écrite. La transition fascine, la transition obsède. Il s'agit de montrer un phénomène qui sera à la fois perçu comme étrange, lointain, mais qui semblera s'inscrire dans une manifestation de changement perçu comme « complet » pour des référents cisnormés. De fait, la volonté de non-transition est absente, les non-binarités également. L'enbyphobie se manifeste d'ailleurs dans cette asymétrie des représentations : notre impossibilité à théoriser la sortie de la binarité entraîne un manque d'identification et des stéréotypes prenant le dessus.

Les personnes trans représentées et visibles sont blanches

Il s'agit en fait de la répétition au sein de la communauté queer de dynamiques sociales largement dominantes. Être queer et blanc·he·x, c'est rester pétri·e·x des privilèges de la blanchité que la queerness n'efface pas. Aussi l'existence, la présence et les spécificités sociales des personnes trans racisé·es·x restent largement invisibles. Pire qu'une invisibilité, il y a une impossibilité à penser une réalité. Seule exception, l'inconscient raciste qui associera de façon privilégiée une image de la transidentité très stéréotypée aux personnes trans thaïlandaises et brésiliennes, sans même réfléchir au contexte dans ces deux pays. Outre ces deux cas, il s'agira d'associer la transidentité, déjà mal cernée, à une personne blanche, la blanchité étant la neutralité. La même dynamique s'opère avec les personnes trans handicapé·es·x.

L'impératif de recul et de déconstruction des apprentissages oppressifs doit être un absolu partout ; or l'absence de ce travail a des conséquences très concrètes dans les faits : on parle et on montre déjà peu « les personnes trans », mais l'entonnoir est d'autant plus serré que les filtres culturels et sociaux, qui font la sélection des personnes trans rendues visibles, écrasent une large part de la communauté. Une subdivision est faite, qui crée des minorités dans une minorité. Il s'agit ici d'une dynamique que les personnes trans les plus privilégiées répètent dans les espaces et les contenus produits par elles, et par les personnes cisgenres qui décident de créer des représentations. C'est le cas de façon quasi systémique en France. Une situation qui tend à changer, notamment dans la fiction aux États-Unis, comme nous aurons l'occasion de l'évoquer plus tard dans ce chapitre.

ÊTRE TRANS… MAIS PAS QUE

Un autre biais qui nourrit largement l'orientation des représentations est la propension des personnes cisgenres à n'envisager les personnes trans que comme trans, mais aussi à universaliser les vécus trans pour noyer l'individu dans un ensemble. Des réalités qui se manifestent dans les discussions que l'on peut avoir. Un peu comme quand on évoque le fameux « Ah, mais j'ai un autre ami homo, vous allez vous adorer », on tend rapidement à devenir « lae trans ». Combien de fois ai-je entendu « Ah, mais je connais une autre fille trans, elle habite dans un village paumé du Québec, tu dois la connaître »... Il ne s'agit pas que d'un non-sens qui est rencontré dans la vie privée : la perméabilité de l'ignorance l'amène dans tout ce qui nous concerne, y compris les représentations artistiques, médiatiques, politiques. Ce regard qui tend à isoler la transidentité crée une image d'homogénéité fausse. Il s'agit d'un raccourci logique : former un seul groupe et lui trouver ses spécificités donne l'image d'une réalité claire et facile à aborder pour les personnes qui ne sont pas concernées. De fait, c'est sur cette image homogène que sont faites les représentations culturelles, mais aussi les lois qui concernent la communauté concernée. À propos des personnes trans, c'est ce réflexe qui explique en partie les asymétries de visibilités entre personnes trans dites binaires et personnes non binaires.

Autre souci, l'homogénéisation est rarement pensée par les personnes trans. Les raccourcis à propos de personnes trans sont faits par des personnes cisgenres – ces limites deviennent un outil intéressant pour les militant·es·x qui peuvent cibler les manques. Ainsi, certaines caractéristiques spécifiques sont retenues et montrées dans les différentes créations à propos des transidentités. Elles illustrent des curiosités très ancrées dans le corps, la psychologie supposée des concerné·es·x, les changements, etc. qui n'intéressent qu'une partie de la communauté et de ses membres. Nous reviendrons sur ces motifs les plus repris associés aux personnes trans lorsque nous parlerons des traitements médiatiques et du cinéma. Retenons ici que le cas des personnes trans se rapproche de celui d'autres minorités sociales.

Il ne s'agit finalement presque jamais de réfléchir les personnes trans comme des unités individuelles mais multipolaires ; l'image s'arrêtera sur « lae trans » sans réfléchir à ses autres facteurs identitaires. On ne superposera jamais les questions de genre, de race, de classe hors de la communauté. Une démarche qui ne peut pas donner à voir et à penser les problématiques que rencontrent les personnes trans dans leur intégralité et qui sont à l'intersection de plusieurs questions sociales. Transidentité oui, mais qui entraîne précarité économique, inégalité de droits, précarité de santé physique et mentale…

La réalité des personnes trans, un objet d'étude sociologique nécessairement pluriel

L'approche multifactorielle est la seule qui permet d'approcher la réalité liée aux transidentités. La sociologie a tendance à réfléchir à un groupe, à ses spécificités et aux dynamiques qui en font un objet de violences sociales. C'est une démarche absolument nécessaire, et c'est celle qui a été menée dans ce livre. L'un des enjeux qui devraient plus souvent accompagner les recherches en sciences sociales est aussi de rappeler que les objets d'étude sont des personnes, une mosaïque d'individus ; sans cette présence humaine, on perd la pertinence et tout un pan de la démarche pédagogique : celle de réussir à créer une empathie, à rendre compte de la réalité des personnes trans. Si nous avons un certain nombre de réalités en commun, il n'est pas possible de faire un portrait type de la personne trans – ce qui est pourtant sans cesse recherché dans les médias, la fiction et l'inconscient collectif.

Comme tout le monde, nous avons des passions, des familles, de sang ou choisies. Nous avons des religions et des cultures différentes. À l'échelle de notre communauté, nous n'avons pas tous·tes·x les mêmes convictions politiques ; vouloir brosser le portrait de ce qui serait intrinsèquement « la transidentité » est naïf et peu utile ; faire entendre des narrations individuelles et chercher les points de convergence entre personnes trans me semblent plus réalistes et respectueux.

2-

Des représentations et des sources insuffisantes

Certes, la création concernant les personnes trans existe, même si elle est majoritairement aux mains des personnes cisgenres – rédactions journalistiques, plateaux de réalisation, jusque dans les départements d'études de genres et dans les publications (hors témoignages directs). Ces représentations sont-elles suffisantes ?

Au cinéma, nous avons mentionné quelques chiffres dans le premier chapitre. Le site de référencement cinématographie IMDb compte 552 366 référencements. Sur ce volume, 462 films sont directement associés au mot-clé « trans ». Il est donc possible que la production de films sur le sujet soit plus importante, hors référencements de tags. Sur le nombre, les documentaires sont majoritaires. Sur le site, seul le film *Tangerine* est référencé comme faisant jouer des femmes trans ; d'autres existent dont *Port Authority* avec Léyna Bloom, *A Fantastic Woman* avec Daniela Vega, *Boy Meet Girl* avec Michelle Hendley, *Lola vers la mer* avec Mya Bollaers. La participation directe de personnes trans dans le cinéma de longs métrages reste une exception.
Nous nous intéresserons plus loin au contenu de ces films, aux motifs et choix de réalisations. Ici, soulignons que la transidentité reste un sujet de niche au cinéma. C'est relativement moins le cas dans les séries animées et filmées. On peut évidemment se demander sur quel serait le nombre suffisant de films concernant les personnes trans ; les

critiques estiment que les personnes trans étant minoritaires, il est logique que les films le soient aussi... À ces points, on peut répondre que les problématiques importantes au-delà du chiffre sont d'ordre économique et qualitatif, nous y reviendrons. Par ailleurs, un argument souvent avancé est que les auteur·rices·x sont amené·es·x à jouer des situations qu'iels ne vivent pas ; il s'agit souvent de métiers, pas d'identités. La question de la proportion de films sur les personnes trans est liée à une non-volonté de montrer les minorités ; on produit bien plus de films d'espionnage proportionnellement au nombre d'espions dans la société, et cela ne dérange personne !

Dans le cadre de ce chapitre, j'ai utilisé ma plateforme pédagogique sur Instagram pour poser des questions à mes abonné·es·x trans. Faire un petit sondage pour cerner le rapport des personnes aux sources. À la question « En étant trans, combien ont déjà eu besoin d'avoir accès à des informations précises sur leur identité sans trouver de réponses claires et accessibles ? », 1 403 personnes ont répondu ; 90 % d'entre elles se sont retrouvées sans accès à des informations pourtant nécessaires. Certaines de ces personnes ont témoigné à l'écrit d'un vrai désespoir ou d'une frustration face à ce vide.
Une réponse confortée par une autre question posée : « Considérez-vous qu'il y a un manque de recherches et d'informations factuelles disponibles sur les transidentités ? » Ici, 1 805 personnes ont répondu, et le résultat est sans appel : 98 % des personnes trouvent que les ressources manquent. Puis la question « Combien d'entre vous ont décidé de mener des recherches et de créer un contenu accessible pour y pallier ? » a été posée. Sur le panel de 1 254 réponses, 47 % se sont lancés dans ce travail de recherche, de synthèse, d'écriture et de partage ; un effort qui illustre un besoin criant et un manque d'offre hors de la communauté. On n'est jamais mieux servi·e·x que par soi-même paraît-il. Enfin, la dernière question portait sur la nature des sources disponibles : « Combien d'entre vous ont cherché des informations sur leur identité et les ont trouvées sur 1/ des sources

produites directement par d'autres personnes trans ou 2/ des sources gouvernementales, médicales, académiques ? » 1 669 personnes ont répondu et la réponse illustre l'importance de la transmission et du travail de pédagogie intracommunautaire puisque 92 % ont trouvé leurs réponses dans des productions de personnes trans.

Petit bilan à ce stade de notre réflexion sur les visibilités et les représentations : elles sont utiles. Elles permettent une identification au pouvoir thérapeutique et cathartique immense ; elles créent un sentiment d'appartenance et d'existence. Elles sont aussi des sources d'éducation nécessaires à la compréhension objective de soi et d'aide lors de questions précises. De fait, la constatation est claire : quel que soit le besoin, les ressources manquent. Et quand elles existent, le rôle des personnes trans dans leur création est central mais trop souvent ignoré hors de la communauté.

DANS LES MÉDIAS

Un domaine de représentation et de visibilité en particulier illustre le manque de connaissance et les conséquences parfois très néfastes de celles-ci autour des transidentités : le journalisme et le traitement médiatique des personnes trans.
La présence de personnes trans dans les médias dits « traditionnels » français n'est pas nouvelle. Déjà, en 1934, le magazine *Voilà* consacrait, dans cinq numéros consécutifs, une chronique à la transition de Lili Elbe, peintresse danoise immortalisée dans le film à succès *Danish Girl*. La chronique intitulée « Un homme change de sexe : d'après les documents authentiques et scientifiques réunis par Nils Hoyer » illustre la confusion sexe/genre pour désigner la transidentité autant que la fascination pour la chirurgie génitale qu'avait effectuée Elbe avant son décès. Près de cent ans plus tard, les titres restent aussi tapageurs et fétichisants. Les archives de l'INA conservent la première apparition télévisée d'une personne transgenre en France, en 1946. Des plans

rapprochés, pas de voix off, quelques phrases de la jeune femme qui se présente. Il ne s'agit pas à proprement parler d'une chronique, encore moins d'une émission, plutôt un regard curieux qui utilise le média le plus moderne de son temps pour en assurer la diffusion. De 1946 à 2020, les émissions de télévision se sont multipliées, parfois à des heures de grande écoute et sur des plateaux populaires. En 1980, *Aujourd'hui madame* consacre une émission à Marie-Carole Hubrecht, qui témoigne de son parcours de genre, son enfance, sa transition. En 1987, la transition très médiatisée de la tenniswoman Renée Richards entraîne documentaires et débats sur les antennes françaises. La présence trans dans nos médias n'est pas récente, ou inexistante, elle reste cependant une exception et ses traitements sont répétitifs et décidés par des journalistes qui y font systématiquement jouer leur cis gaze ; une situation qui ne participe pas à créer une visibilité réaliste et qui perpétue les mêmes motifs, les mêmes fantasmes : corps, transitions, sexualité, traumatismes, agressions.

Un listing exhaustif de tous les recensements médiatiques n'est pas ici le sujet. Penchons-nous sur quelques titres plus récents de presse écrite, et spécifiquement sur les représentations médiatiques lors de suicides, tentatives de suicide ou assassinats transphobes. Les sujets ne sont ni anodins ni légers. Ils incarnent les extrémités les plus violentes de la transphobie. Si les suicides attirent modestement l'attention, ou sont tout du moins conscientisés comme une réalité plus présente pour la communauté trans que pour n'importe quel autre groupe sociologique, ils sont encore trop souvent considérés comme des drames personnels, des tragédies individuelles qui seraient la conséquence d'une situation psychiatrique fragile, d'un isolement. Non, les suicides des personnes trans sont sociaux. Ils sont une question de santé publique aux origines politiques, économiques et sociales. En août 2018, Vanessa Campos, femme trans travailleuse du sexe et migrante, est tuée dans le bois de Boulogne ; deux ans plus tard, en février 2020, c'est au tour de Jessyca Sarmiento. France Info,

Le Parisien, deux médias à forte audience, les ont mégenrées ; ceux qui ont utilisé le terme de « transsexuelle » furent encore plus nombreux. En septembre 2019, une jeune femme trans brésilienne a tenté de se suicider dans Paris en sautant dans la Seine. *Le Parisien* couvre l'évènement en parlant d'un « homme en robe ». Aucune modification n'est apportée. En septembre 2020, à Montpellier, une jeune femme trans de 19 ans, Doona, s'est suicidée en gare Saint-Roch. Le média montpelliérain *MyMetropolitan* a également mégenré Doona. Dans tous les cas, le traitement d'informations aussi profondément tristes est bâclé, montrant le manque de soin accordé à la communauté trans. Quand nos corps ne suscitent pas des lignes empreintes d'un mépris amusé, ils ne sont pas respectés. Aucune recherche auprès d'associations comme Acceptess Transgenre n'est menée avant écriture ; cela permettrait pourtant d'obtenir une identification correcte des personnes, d'éviter de leur manquer de respect et de perpétuer une forme de transphobie totalement acceptée, qui crée, à chaque nouveau drame, le même effet sur les personnes trans : plus de colère, plus de solitude, et toujours plus le sentiment de ne pas compter, de ne pas être compris·e·x. D'autant que ce ne sont encore trop souvent que nos morts qui sont l'objet d'attention des médias, qui ne font pas l'effort de creuser le sujet ou de contribuer à chercher des solutions, ou encore à visibiliser nos paroles de notre vivant.

D'où vient ce souci dans les traitements médiatiques ? Certainement d'un manque de formation. Les écoles de journalisme n'incluent pas de module de sociologie, ne font pas appel à des formations spécifiques par des associations queers ; la question des personnes trans est une zone grise dans leur formation professionnelle. C'est le point de vue de la personne cisgenre qui vient combler ce manque, qui ignore encore trop les réalités et prend donc l'automatisme de les combler par ce qu'elle croit savoir : un vocabulaire désuet, un positionnement non objectif, voire dégradant. Les médias spécialisés s'en sortent mieux mais manquent d'une diffusion et d'une consommation par des personnes hors des communautés queers. L'AJLGBT, Association des journalistes LGBT, est un exemple d'organisme regroupant des journalistes de médias divers, ayant en commun l'appartenance à ces communautés. Elle tente d'apporter une documentation destinée aux journalistes pour un meilleur traitement de l'information nous concernant.

L'engagement des professionnels cisgenres et hétérosexuel·les manque encore. Un manque qui se tient dans une logique capitaliste ; les personnes trans font vendre quand elles sont pliées à la curiosité du regard cisgenre ; notre capital rentabilité s'effondre quand il s'agit d'en sortir pour utiliser les médias à des fins politiques. Les personnes trans sont soit soumises, soit polémiques. Nos voix dérangent.

DANS LES SÉRIES

Les séries sont aujourd'hui le support de représentation le plus positif et inclusif concernant les transidentités. Plusieurs raisons peuvent être avancées.

- Le format plus court et morcelé entraîne une consommation qui crée relativement moins de réactions virulentes et immédiates que pour un long métrage qui rend visible plus longuement la minorité encore considérée comme de l'ordre du « lobby » ou de l'« agenda ».
- La production de séries est aussi en moyenne suivie d'enjeux financiers moindres, davantage considéré comme un divertissement, là où les longs métrages sont plus souvent catégorisés comme de l'ordre de l'art. Une division que je laisse à l'appréciation de mon distingué lectorat.
- Une différence absolument majeure entre séries et cinéma est la visibilité spécifique des personnes non binaires. Que ce soient les séries d'animations comme *Steven Universe* ou *She-Ra* ou des productions filmées comme *Orange is the New Black* ou *Good Omens*, elles offrent un espace unique aux représentations non

binaires. Une présence rare qui illustre d'autant plus leur absence dans d'autres productions.

- C'est également dans les séries que l'inclusion de personnages trans est la plus forte, lesquels participent à l'intrigue sans que leur identité de genre en soit le cœur ou leur seul trait marquant.

Le test de Vito Russo

Le test dit « de Vito Russo » permet d'analyser les représentations de personnes queers. Développé par le cinéaste cofondateur de l'association américaine GLAAD, ce test vise à établir une qualité/un réalisme de base dans les images de personnes queers en général. Il comporte trois points :

- Le film ou la série doit comporter un ou plusieurs personnages clairement identifiés comme queers sans forcément qu'ielleux aient à le décliner ;
- Ces personnages doivent être définis par d'autres caractéristiques, traits de caractère et intérêt que leur identité. Si ce n'est pas le cas, cela démontre une construction de personnage pauvre qui fait des personnes queers seulement des tokens identitaires et pas des personnages à part entière ;
- Enfin, ces personnages doivent être utiles à l'intrigue générale. Les représentations queers ne doivent pas devenir des ressorts comiques, dramatiques ou seulement servir un propos social mais montrer la vie de personnes marginalisées mais appartenant à la société.

De fait, les séries sont les supports qui remplissent le plus les trois critères de ce test. L'exemple du personnage de Théo dans la série *Les Nouvelles Aventures de Sabrina* me semble intéressant : Théo est un jeune homme trans qui a ses propres intrigues secondaires dans la série et dont l'identité participe à son rapport à la magie existante dans l'univers de la série. Si la transphobie est représentée, elle n'est pas la seule dynamique vécue par Théo ; le rapport à la dysphorie, le corps ou la tristesse ne sont pas omniprésents ; Théo n'est pas un personnage triste et isolé, au contraire.

AU CINÉMA

Le cinéma est extrêmement sélectif dans son choix de personnages transgenres, de situations et motifs les concernant. Les femmes trans sont plus largement représentées. Une situation qui est également vraie dans les traitements médiatiques, comme l'a constaté la chercheuse Karine Espineira.

LES REPRÉSENTATIONS DE FEMMES TRANS

Reprenons ensemble nos statistiques compilées depuis le site IMDb, en gardant en tête qu'elles sont indicatives sans être absolument démonstratives, du fait du choix d'une unique plateforme de référencement et que les films pris en compte sont ceux qui sont directement associés aux mots-clés « trans », « transgenre », « femme trans », « femme transgenre » et « transsexuelle MTF » (en anglais dans la recherche initiale). Cette recherche permet d'aboutir à une liste de quarante-neuf films. Les drames en forment la plus grande partie (32,9 %), suivis par les documentaires (19,5 %). Le reste des genres incluant des représentations de femmes trans sont la comédie, la romance, le biopic et le thriller. Dans cet ensemble, plusieurs idées sont à retenir. Les mots-clés associés à tous ces films sont majoritairement sexuels, ramènent les femmes trans à leur assignation de naissance et à l'identité masculine « gay », « male frontal nudity ». Pour ce qui est des productions, les dix films les mieux notés comme les plus vus sont tous réalisés par des personnes cisgenres. Sur ces dix films, deux seulement sont des documentaires, et une seule fiction met en scène des actrices qui sont des femmes trans. Est-ce que ces représentations ont des points communs ? Quelques-uns, mais le genre du film fait varier certains motifs.

- La sexualité et le corps des femmes trans sont une constante. Une volonté de pseudo-introspection psychologique concluant à un personnage fragile, blessé et seul est aussi très récurrente. L'idée de solitude se retrouve même dans des films acclamés mettant en scène des femmes transgenres – c'est notamment le cas dans *Une femme fantastique*.
- Un motif intéressant qui illustre la centralité du cis gaze : ignorer l'importance de la communauté dans les vies trans, qu'elle soit physique ou virtuelle. Une communauté à laquelle les réalisateurs ou scénaristes n'ont pas accès et ne pensent pas.
- L'image de la femme fatale et séductrice, incarnant un piège en gardant secrète son assignation de naissance, est aussi présente, parfois en superposition à l'image d'un personnage au fond fragile. Ce motif est popularisé dès les années 1980.
- Dans la comédie, c'est souvent la transidentité de la femme elle-même qui est utilisée comme ressort comique. C'est le cas dans le fameux *Ace Ventura* de 1994, où la transidentité du personnage de Lois Einhorn est présentée comme ridicule et dégoûtante et prétexte à une scène de dégoût avec renfort de vomi.
- Le cinéma d'horreur a lui aussi utilisé le stéréotype de la femme trans folle, instable du point de vue psychiatrique, en représentant plusieurs femmes trans tueuses en série. *Le Silence des agneaux*, *Dressed to Kill* ou encore *Sleepaway Camp* sont autant d'exemples dans des registres pourtant très différents de l'horreur.

- L'association de la femme trans et du travail du sexe est aussi un motif privilégié. Si elle reflète en partie une réalité sociologique, l'association est plus utilisée pour renforcer une image de marginalité sociale, de pathos et d'instabilité qui démontre autant la transphobie que la putophobie du cinéma.
- Les « bons » films montrant des femmes trans manquent. Rarement réalistes, souvent pathétiques, les plus récents s'orientent vers la tranche de vie, le drame familial. *Danish Girl* et *Girl* sont deux exemples de films cherchant dans l'intention à montrer une image sensible, mais tombent dans des stéréotypes d'hyperféminité, l'image d'un certain égoïsme et d'une fragilité. Les vieux clichés ont la peau dure... quand le regard cisgenre continue de décider.

Une plus grande visibilité des femmes trans

La transféminité captive plus parce qu'elle entre dans un inconscient sexuel des hommes cisgenres, que ce soit par la fascination d'une féminité perçue comme transgressive de l'hétérosexualité ou comme exacerbée selon les préjugés. Il y a aussi toute une rhétorique sociologique inconsciente autour des privilèges. Une personne qui, dans un schéma extrêmement simpliste, en viendrait à renoncer à ses privilèges et à sa place dans le groupe des hommes fascine ; sa « décision » suscite curiosité et indigne... Cela, plus l'attrait « exotique », crée un cocktail parfait pour faire de la femme trans un sujet d'observation et de tentatives d'analyse. Il y a, à l'inverse, moins de sensationnalisme autour des hommes trans qui rejoindraient le club des forts.

LES REPRÉSENTATIONS D'HOMMES TRANS

Les représentations sont moins nombreuses mais n'échappent pas aux mêmes biais que pour les femmes trans.

Trente-neuf films sont référencés sur IMDb et 43,5 % sont des documentaires.

Les hommes trans gagnent généralement en muscles, muent, prennent de la pilosité. Leur passing est souvent perçu comme convaincant et leur assure de « passer inaperçu » dans les codes de la cisnormativité. Dans un inconscient transphobe, une femme trans sera perçue comme « étriquée » dans un corps aux marqueurs vus comme restant masculins : voix plus grave, pilosité plus importante... Des éléments de réponse qui dénotent surtout une perception extrêmement biologique et transphobe du genre.

Les autres genres dans lesquels les hommes trans sont représentés sont les drames (24,2 %), suivis à égalité par la romance et la biographie, les drames familiaux et la science-fiction. L'absence notable de la comédie illustre ce regard globalement moins moqueur et méprisant sur les hommes trans. Ici encore, les productions restent cisgenres et les acteurs trans sont encore moins présents, pour ne pas dire totalement absents.

Les mots-clés associés attestent également d'une fascination pour la transition et le corps ; mais son traitement, notamment dans le documentaire, sera souvent plus factuel et moins sexualisé – même si l'association aux images de lesbiennes reste présente et nous rappelle que les hommes trans aussi sont fétichisés. D'autres mots-clés « crying » et « death » renseignent sur l'importance des histoires dramatiques dont le film *Boys Don't Cry* est l'exemple le plus connu – il a remporté l'Oscar de la meilleure actrice pour Hillary Swank, qui incarne Brandon Teena, un jeune homme trans dont l'assassinat avait été médiatisé aux États-Unis ; il n'avait pas été le seul tué à l'époque, mais son ami racisé n'a lui pas été représenté dans le film : les convergences ne sont pas encore montrées, ni côte-à-côte, plusieurs minorités et leurs violences spécifiques.

Une idée a été assez largement répétée dans cette analyse du cinéma : les personnes trans, derrière comme devant la caméra, manquent pour incarner des personnages qui vivent leur identité. Une question souvent débattue, qui déchaîne les passions. La présence des personnes trans pour incarner des personnages trans est aujourd'hui nécessaire et devrait être non discutable. Si l'on peut débattre du fait qu'être acteur·rice·x, c'est pouvoir jouer des situations qui n'ont jamais été vécues en réalité, la question dépasse la nature du jeu. Il s'agit de laisser un espace qui permet une incarnation émotionnelle certes, mais aussi physique, permettant de montrer qui sont vraiment les personnes trans, loin des personnes cisgenres grimées de façon grossière (et qui dans les faits ont souvent un jeu qui plonge dans des stéréotypes comportementaux assez ridicules).

Plus encore que cette présence à l'image, c'est aussi une présence dans les réseaux économiques des productions cinématographiques qui est en jeu. L'industrie du cinéma capitalise sur nos vies, nos corps, nos morts ; c'est une question d'éthique que les profits générés participent à la vie de notre communauté, qu'elle ne reste pas en vase clos à des personnes cisgenres qui se nourrissent de nous et laissent leur matériel de base dans une précarité matérielle. J'entends déjà les grognements de désapprobation et j'imagine les sourcils se froncer ; il s'agit ici de rester dans la logique politique du « nous avec nous » : tout ce qui nous concerne devrait être fait avec et/ou par nous. Cela est valable pour les personnes trans, mais doit aussi l'être pour toute autre représentation de minorité sociale. Si cette inclusion semble encore à beaucoup artificielle, elle doit être un engagement conscient pour pallier des dynamiques de domination aux conséquences matérielles négatives. Derrière la caméra, l'enjeu est le même, la participation active à la conception théorique de films doit aussi permettre une vigilance et une surveillance de l'intégrité du contenu qui seraient largement bienvenues.

Un argument souvent avancé est l'absence d'acteur·rices·x trans disponibles. Un argument qui révèle à la fois le manque d'accès à des espaces communautaires où de telles personnes existent, sont visibles et en attente d'embauche, mais révèle aussi la froideur à l'idée d'un engagement actif en sortant des agences d'acteur·rices·x traditionnelles. L'appel à casting est ouvert... À condition que les appels soient eux-mêmes rédigés de façon respectueuse et consciente. Un souci qui existe au-delà des questions de transidentité, révélé notamment par plusieurs comptes Instagram qui dénoncent le racisme des annonces.

Pour clore, mentionnons que les courts métrages sont un champ d'expérimentation et de présence plus important pour les personnes trans. Le récent *De la terreur, mes sœurs* fut l'exemple d'une expérimentation déjantée et politique. Cela tient, comme pour les séries, en partie au format lui-même. Les enjeux collés sur le court métrage sont moins lourds que sur les longs et permettent une plus grande liberté ; les contraintes matérielles de réalisation sont aussi moins nombreuses, ce qui ouvre le format à plus d'artistes. C'est ainsi un espace de présence pour des acteur·rices·x trans à part, échappant aux difficultés de casting notamment. Pour autant s'y répètent les biais d'une réalisation cisgenre. Le récent *Féeroce,* présenté au Festival de cinéma parisien Chéries Chéris, l'a démontré jusque dans l'écriture de son synopsis : « Simon, 8 ans : "Je veux être une fille, maman." Alma, pétrifiée, ne sait comment réagir. Elle demande de l'aide à sa voisine et c'est finalement tout l'immeuble qui va débattre sur son droit au genre. » En treize minutes et vingt secondes, des exemples de phrases stéréotypées s'enchaînent, présentées comme de simples points de vue débattus ; et ce sont finalement les adultes qui sont montrés comme ayants droit de décision. Une ligne qui aurait pu être présentée comme une volonté avec sa morale mais qui tombe à plat et ne répète que des motifs déjà vus.

ET DANS LES BEAUX-ARTS ?

Le cinéma n'est pas étranger à des codifications théoriques et formelles qui peuvent participer à un monolithisme du support à propos de certains sujets. C'est pourtant l'art qui explore le plus les transidentités. Face à cela, la division classique des arts lui oppose les « beaux-arts » dans lesquels peinture, dessin, sculpture notamment sont des zones d'invisibilité des minorités de genre. La raison en est largement historique : ces médias sont héritiers d'une organisation ancienne et politique porteuse de valeurs patriarcales. En France, la peinture, son apprentissage, son exercice et même son exposition se sont organisés autour du pouvoir royal, progressivement, au cours des XVIe et XVIIe siècles. La centralisation politique et l'affirmation d'un gouvernement absolutiste ont été déterminantes. Si la peinture a été un support de programmes iconographiques royaux hautement politiques bien avant son règne, c'est certainement Louis XIV qui a le plus encouragé une peinture de la royauté. Les sujets de la peinture se sont organisés en une hiérarchie du moins au plus noble. Les natures mortes sont l'échelon le plus bas, les scènes d'histoire, notamment antiques, sont les plus importantes. C'est l'Académie royale de peinture et sculpture, fondée par le cardinal Mazarin et le peintre Charles Le Brun en 1648, qui présidait à cette organisation des arts. Toutes ces structures démontrent une institutionnalisation patriarcale de la création. Dans le régime royal français, le roi est souvent présenté comme un père de la nation ; la monarchie est un régime masculin, hétérosexuel, cisgenre. Cette structure est répétée dans l'organisation artistique. Les sujets les plus nobles étaient interdits aux peintresses. La présence d'artistes femmes à l'Académie était une exception : seules quinze y furent admises, tous les cours ne leur étaient pas accessibles pour des raisons « morales » (notamment les cours de dessin face au nu). Cette construction ignore totalement la possibilité d'identités queers dans ses fondements mêmes.

Est-ce à dire que les présences queers sont absolument inexistantes des beaux-arts ? Non. Mais leur présence est souvent montrée par le filtre du cis et mâle gaze et à destination de publics qui en ont aussi une vision déformée. Dans la seconde moitié du XIXe siècle, l'influence de l'Académie s'est amoindrie. Le statut individuel de l'artiste et la commande individuelle par des personnes fortunées ont relativement pris le dessus. En 1866, Gustave Courbet livre à Halil Sherif Pasha une huile sur toile aujourd'hui conservée au Petit Palais : *Le Sommeil*. Sur un format horizontal, deux femmes nues s'ébattent. Un lit de satin blanc forme comme un écrin à leur amour, des perles roulent dans les draps, des roses ornent la table de nuit. Il s'agit ici d'une représentation voyeuriste d'un lesbianisme qui ne serait pas une orientation romantico-sexuelle en soi mais un fantasme d'homme cisgenre, hétérosexuel. Tout dans les choix de motifs évoque une hyperféminité stéréotypée dans un acte de transgression, objet d'une excitation hégémonique pour l'observateur masculin. Le contexte de réception joue aussi. L'œuvre n'a pas été montrée en public avant 1988, car considérée comme immorale ou parce qu'en des mains privées. Le premier propriétaire dévoilait cette œuvre à un public choisi et secret : une démonstration qui révèle la perception du sujet et des corps.

Outre ces regards déformants, l'affirmation d'une création proprement queer dans ses acteurs et/ou ses motifs est plus marginale et sort souvent des circuits institutionnels. Le portrait de Vernon Lee peint par John Singer Sargent, en 1881, est un cas intéressant. Conservé à la Tate Modern de Londres, il a été peint dans un contexte intime, presque familial, puisque le peintre et son modèle se disaient jumeaux. Plus que l'artiste, c'est Vernon Lee qui nous intéresse. Autrice se genrant au féminin mais entretenant une expression de genre strictement masculine, Lee est peinte dans un sobre costume noir qui renforce une ambiguïté, une non-définition de son genre voulue par elle-même en son temps. L'air pensif et lointain affirme une quête intellectuelle, un caractère taciturne et une volonté de dépasser une binarité qui ne correspondait vraisemblablement pas à Lee. Si en son temps, l'autodétermination du genre ne passe pas nécessairement par l'usage d'un terme spécifique, ce portrait peint dévoile une présence de genre non cisnormée à la fin du XIXe siècle. Un exemple rare en peinture. D'autres arts graphiques ont aussi pu être support d'une exploration et d'une liberté du genre. C'est le cas de la photographie, largement exploitée par l'artiste Claude Cahun. Cahun déclarait : « Neutre est le seul genre, qui toujours m'aille » et a mené dans les années 1920-1930 un travail d'autoportraits photographiques accompagnant parfois des textes qui révèlent une volonté de mélange et de déconstruction des normes de genre appliquées à son corps. Le choix de la photographie est largement révélateur : synonyme de modernité, hors des supports considérés comme traditionnels, la photographie est vectrice de liberté. Elle immortalise aussi le corps dans son immédiateté : une affirmation de soi dans sa matérialité qui permet un message politique et artistique fort sur l'identité.

Ce tour d'horizon synthétique n'est qu'une réflexion sur l'organisation et la perception de la création artistique graphique. Il s'agissait de montrer les perméabilités à la présence trans, queer plus largement, mais aussi les résistances et affirmations contre cette tradition culturelle et politique ancienne. Aujourd'hui, avec les supports virtuels, les réseaux sociaux et les médias communautaires, la création graphique parvient à s'affranchir de normes en étant directement aux mains des personnes concernées. Une multiplication de supports qui gagne la broderie, le tatouage, la gravure ou encore le street art comme de nouveaux espaces d'expression queers.

3-

La nécessité d'une reprise de contrôle : nous par nous

Pour pouvoir ainsi se détacher de ces images préconçues et de ce qu'il conviendrait d'appeler un « cisgenre gaze », en référence au « male gaze », le regard masculin qui conditionne les présences et représentations de femmes, un enjeu central autour des transidentités est la reprise en main des narrations et images par les concerné·es·x. Cette idée a déjà été évoquée au fil des pages précédentes, il s'agit d'une condition nécessaire à la création de représentations justes.

S'il est effectivement positif de voir des personnes cisgenres ayant des postes de responsabilités dans divers domaines s'engager dans des démarches de représentation de personnes transgenres, il est important de se faire un réflexe systématique de ne pas s'approprier le sujet. Il s'agit plutôt de s'envisager comme un vecteur qui amène la possibilité d'adapter des narrations sur des formats spécifiques mais pas les vecteurs du contenu lui-même.
Il s'agit ensuite de laisser l'espace aux personnes concerné·es·x, qui seront toujours les plus capables de raconter leurs propres narrations de vie ou d'avoir un accès plus pointu et approfondi aux sources qui concernent leur identité comme le montrait précédemment notre petit sondage. Une réalité bien souvent remise en doute ; il suffit pourtant de voir la multitude de personnes cisgenres qui, souhaitant s'éduquer, se tournent vers des personnes trans pour avoir accès à des ressources.

Cette pertinence première des minorités concernées par des questions sociales est une dynamique finalement logique : à propos de minorités, l'invisibilisation entraîne un manque de ressources académiques et politiques. Qu'elles concernent ici les sphères médicales (les recherches sur l'impact des hormones ou des différentes méthodes de transitions hormonales manquent cruellement) ou autres, c'est le besoin d'un accès à l'information qui engendre la création de synthèses, de recherches, de documentations... Une dynamique qui se double en France d'une absence criante de statistiques et d'enquêtes sociales sur les minorités notamment religieuses. De fait, le rapport entre personnes cisgenres et personnes transgenres, quand il s'agit d'une création de contenu par des personnes cisgenres, doit s'équilibrer : documentaires, films, émissions de radio ou télévisions, littérature... L'inclusion de personnes trans à des postes de responsabilités pour penser, concevoir et créer ces documents, quel que soit leur support, est absolument nécessaire pour assurer une justice sociale dans la capitalisation des sujets qui nous concernent, autant que pour l'intégrité intellectuelle du contenu.

L'important, c'est donc ce que « nous », ensemble trans, produisons. De fait, la création est très dynamique. L'enjeu politique du contrôle des représentations est immense. Il s'agit d'avoir la liberté de parler de soi sans biais et donc de véhiculer des images vraies, réalistes, qui permettront une communication directe sur nos identités spécifiquement et sur nos personnes en général. Une communication nécessaire entre personnes trans et avec les personnes cisgenres, pour se comprendre, pour investir des espaces de décision et, grâce à ces visibilités concernées, permettre de remplir les manques qui créent encore des situations violentes pour les personnes trans.
Faire une liste exhaustive des ressources créées par les personnes trans serait impossible ici. Le chapitre dédié à la communauté a été l'occasion de mentionner des ressources pédagogiques sur Instagram, et sur les structures associatives.

Un autre format important est celui du zine. Un zine est un support de type magazine ou journal, produit par des personnes n'ayant pas nécessairement de formation universitaire et avec une diffusion très limitée. Les zines produits par les collectifs queers sont nombreux et permettent la diffusion de recherches extrêmement pointues et engagées. L'association parisienne Queer Week organise d'ailleurs un zine fair, un festival de partage centré sur les zines. Les personnes trans ne sont pas cependant strictement dans l'angle éducatif, et hors de l'aspect théorique, militant, on peut séparer assez nettement les artistes qui abordent la transidentité dans leurs créations et celleux qui ne le font pas. La question des artistes étant des personnes trans qui décident de ne pas aborder leur identité est assez intéressante ; on ramène toujours les personnes trans à leur transidentité. Raya Martigny, mannequin notamment pour Jean Paul Gaultier, a récemment abordé cette question dans une interview pour *Elle France*. Mannequin et trans, elle a à cœur de ne pas devenir la « mannequin trans » des marques.

> *Est-ce politique pour des minorités de s'affranchir d'un statut auquel la majorité veut les ramener ? En partie, même quand cela n'est pas directement revendiqué comme tel. Il s'agit de montrer une présence libre, pour elle-même, un pouvoir créatif qui s'exprime hors d'une volonté externe. L'importance d'artiste comme Sophie en musique doit être mise en lumière : elle montre un génie créateur trans mais qui appartient à la création, à l'art, au divertissement de tous·tes·x, en amenant un espace d'identification et de sécurité pour les concerné·es·x simplement du fait de sa réalité. Une superposition de la création et de l'identité qui reste importante.*

CHRIS MOSIER

Né en 1980, **Chris Mosier** est un athlète américain. Il est devenu en 2016 le premier homme trans à rejoindre l'équipe américaine d'athlétisme pour les championnats du monde, et en 2020 le premier à participer aux sélections américaines pour les Jeux olympiques. En marge de ses performances sportives, Chris est politiquement engagé pour la visibilité des personnes trans dans le monde sportif et les stéréotypes biologiques dans le sport. Il est également un activiste engagé contre les politiques discriminatoires à l'encontre des personnes trans aux États-Unis, dans le milieu scolaire et sportif.

Conclusion

Alors que je termine l'écriture de ce livre, je suis frappée par tous les manques. Je vous avoue que je ne vois plus qu'eux.

La fin de l'écriture de ce manuscrit clôt une aventure de six mois, dans laquelle je me suis plongée avec passion et enthousiasme, doutant en filigrane de ma capacité à en venir à bout. Écrire ce livre a été incroyable. Je pense ne pas trop me flatter en disant que j'ai une somme de connaissances suffisamment importantes sur les transidentités, dans la théorie sociologique, les informations pratiques et l'approche historique pour m'être lancée. Écrire a été un exercice d'humilité me rappelant qu'il y a toujours à apprendre ; la somme des recherches effectuées au fil des semaines ne rend que plus visible tout ce qui doit encore être exploré et étudié. Je me trouve ainsi enrichie d'informations importantes et nécessaires, que j'ai un plaisir indicible à partager. Apprendre de nouvelles choses, confirmer par des sources solides ce que je savais déjà, a aussi été une entreprise très empouvoirante pour moi, en tant que femme trans et en tant que personne dont l'estime d'elle-même est souvent fluctuante. Je suis fière d'avoir su compléter cette tâche d'envergure après avoir reçu la confiance de professionnelles qui me l'ont confiée. Cette somme de connaissances est aussi une invitation à produire plus de contenu sous diverses formes tant il y a à dire ; j'espère avoir la chance de créer plus, mieux, mais aussi d'assister et de recevoir la création d'autres personnes de ma communauté.

Il reste encore beaucoup à faire, au-delà de rendre ces pages que j'ai écrites dans la solitude de mon appartement. Je me projette dans la réception du livre et j'espère qu'elle sera positive. Je réfléchis aussi déjà aux occasions que j'espère avoir d'échanger avec de futur·es·x lecteur·rices·x. Je ne vous mens pas, écrire est un processus long et difficile, et, par moments, en voir la fin est un soulagement, à d'autres une tristesse de clore un tel projet. La fin est un moment émotionnellement riche, dont j'ai envie de profiter pleinement. Il reste à tirer des conclusions, à mener quelques dernières analyses : que retenir de tout ça ?

Que le genre, c'est beaucoup plus compliqué que ce que l'on pense et que ce que l'on apprend. Tant et si bien que l'on devrait prendre l'habitude de parler des genres. Justement, ce réflexe verbal est loin d'être le seul qu'il faudrait revoir et encourager collectivement ; et bien plus que dans les mots, j'espère avec ce livre avoir pu amener à réfléchir sur le besoin de créer de nouvelles habitudes dans les idées ; un réflexe à l'inclusivité pour les personnes trans mais aussi pour toutes les autres personnes subissant au quotidien des discriminations systémiques. Il m'était en effet cher de faire de ce livre un ouvrage d'allié·e·x. Que l'empathie et la réflexion soient partagées, ne pas me restreindre à des questions qui me concernent mais pouvoir rendre visibles d'autres sujets ayant des points de proximité.
Ce mot d'empathie est important. J'espère avoir su communiquer autant d'informations objectives que d'émotions les concernant. J'espère avoir su rendre palpables ma colère et le sentiment d'injustice que j'éprouve, qui sont des forces motrices dans mon processus de réflexion. J'espère aussi avoir su faire preuve de bienveillance, d'humour même. Trouver le bon ton a été un exercice de chaque page d'autant plus difficile que les informations d'un chapitre à l'autre étaient en elles-mêmes de natures si différentes. Je voulais rendre ce texte objectif et sérieux sans être pénible ; il était important que j'y mette aussi de moi. Il vous reviendra de juger de l'efficacité du style et de l'attrait des informations. J'ai pour moi l'assurance d'avoir mis dans ces mots toute ma passion : celle de l'Histoire, celle qui m'habite à analyser toujours plus notre société et son fonctionnement, l'envie de créer ce partage d'émotions. Les miennes évidemment, mais aussi

d'autres plus largement partagées dans la communauté transgenre. À mes adelphes, j'espère que vous trouverez dans ce livre des informations pratiques dont vous pourriez avoir besoin au fil de votre parcours, quel qu'il soit. J'espère aussi que ce livre pourra vous apporter un peu de fierté, de l'assurance dans vos identités. J'ai essayé de représenter la pluralité de celles-ci et j'aimerais avoir réussi. N'oubliez jamais que vos identités sont légitimes et belles.

Aux parents et proches qui liront ce livre, merci de faire ce travail d'éducation. Votre présence est importante et vos mots et actes peuvent avoir des conséquences profondes. Souvenez-vous toujours de vos privilèges et n'ayez jamais honte d'avouer un manque de connaissances ; soyez heureux·ses·x de pouvoir le combler : tout le monde apprend tout le temps et il y a une beauté incroyable en cela.

La liste de mes espoirs pour ce livre pourrait continuer sans fin, et tenter de conclure plusieurs centaines de pages est un travail de synthèse difficile, peut-être vain quand on a déjà tout lu. Et parce que notre sujet est loin d'avoir été exploré à fond, je crois que, plutôt que clore cet ouvrage, je veux ouvrir ici un nouveau chapitre. Un chapitre qui ne serait pas de mon entière conception et ne passerait pas par mes mots, un chapitre qui ne serait pas écrit mais pensé et partagé. Un nouveau chapitre qui commencerait par vos avis, vos impressions, vos émotions. Un chapitre d'échange de vous à moi autour de toutes ces idées. Un chapitre qui se construirait aussi avec votre propre expérience et toutes les nouvelles informations que vous apprendrez en explorant plus profondément certaines des choses que j'ai voulu partager ici.

Merci d'avoir lu *Une histoire de genres*, livre pour comprendre et défendre les transidentités,
À bientôt, je l'espère.

Lexie

Remerciements

Alors que j'écris ces lignes, je n'ai aucune idée de la façon dont ce livre sera reçu. Je pourrais parler de mes craintes de décevoir, de ma conscience de ne pas avoir fait assez. Je veux cependant croire que l'existence de cet ouvrage pourra être utile, même si ce n'est qu'à une personne. Et déjà, pour ça, je veux dire merci.

Merci à Ariane, mon agent littéraire, d'avoir vu le potentiel dans mes textes et mes actions sur Instagram et dans la « vraie vie », et de s'être lancée pour que ce projet naisse.

Merci à Olivia, mon éditrice, pour son enthousiasme et sa bienveillance, son envie de faire de ce livre un bel objet. Merci à toi d'y croire et de tout le travail que tu fournis pour fabriquer cette réalité. Nos échanges ont été enrichissants et constructifs, je n'aurais pas pu imaginer une plus belle rencontre pour une première publication. À de nombreux projets à suivre !

Merci à Charlotte pour son enthousiasme et les belles photos qui ornent ce livre.

Papa, maman, Lulu, merci de m'avoir toujours répété que mon identité était légitime et que je méritais autant que n'importe qui d'autre. Merci pour votre écoute, votre prévention et votre bienveillance heureuse. Sans votre présence, tout aurait été tellement plus difficile.

Hugo, non seulement tu as été lae premier·ère à entendre chaque phrase de ce livre et tu as toujours été enthousiaste et avide de m'aider. Mais chacun de tes conseils a été précieux pour moi. Plus encore, ton soutien émotionnel, ta présence quand j'étais découragée face à ces pages ont été moteurs. Plus largement, merci d'être cette présence tendre et toujours bienveillante qui sait écouter et réconforter un quotidien où les embarras sont parfois lourds. Je t'aime.

Je tiens aussi à remercier ces personnalités militantes que j'admire. Océan, Giovanna, Rokhaya, Sharon, Judith, Léon, Juliet, Brieuc et tous·tes·x celleux que j'oublie. Certain·es·x sont des ami·es·x, d'autres des personnes avec qui j'ai la chance d'échanger dans le cadre de mes activités militantes. Vos mots, vos voix, vos connaissances sont des trésors qui m'enrichissent au quotidien et qui m'ont tant appris. Vous avez participé à la structure de ma pensée et à la construction de ce livre. Merci d'être vous.

Un merci tout particulier à Ange. Ta pertinence, ton intelligence et ton amitié ont été éclairantes et je m'estime chanceuse de pouvoir t'écouter, réfléchir et rire à tes côtés.

Merci à Sarah, titreuse de talent et amie en or.

Merci à Darío, merci à tous mes ami·es·x, pour la force que vous me donnez, et parce qu'il aura fallu du courage pour écouter mon processus d'écriture dans son cheminement chaotique.

Merci encore aux plus de 46 000 personnes qui se sont un jour dit qu'elles allaient s'abonner à mon compte Instagram, qu'elles allaient prendre le temps de lire ce que j'avais à dire. Vous m'avez donné une voix, et nos échanges au quotidien sont d'une richesse et d'une bienveillance que je n'aurais jamais imaginées. C'est votre confiance et votre attention qui ont créé ce livre.

Et enfin, merci à toi, qui que tu sois, de prendre le temps de me lire. J'espère que, tous·tes·x, vous trouverez cet ouvrage enrichissant.

Lexique

Adelphe

Le terme adelphe est ancien. En grec, il signifie principalement « union » et est utilisé pour définir des personnes issues d'une même mère. Son emploi dans un contexte queer est valorisé car il permet de définir un lien de proximité, amical, solidaire ou familial en évitant de genrer formellement ce rapport et les personnes qui le constituent.

AFAB (Assigned Female at Birth)

Acronyme anglais signifiant assigné·e·x femme à la naissance. Cet acronyme désigne une personne trans, quelle que soit son identité de genre mais en rappelant le genre qui lui a été assigné à la naissance selon des critères biologiques. Ce terme est assez largement critiqué dans la communauté trans justement parce qu'il s'agit de ramener une personne à une identité qui lui a été imposée et qui n'est pas la sienne.

ALD (Affectation de longue durée)

Il s'agit d'un statut administratif et médical permettant la prise en charge financière de soins. Il existe plusieurs listes regroupant chacune plusieurs conditions pouvant amener une reconnaissance d'ALD : maladies cardiovasculaires, Alzheimer, conditions génétiques... La transidentité en fait partie sans être reconnue comme une maladie. L'ALD est reconnue et attribuée sur les observations d'un·e·x médecin traitant. Traitements hormonaux, épilations définitives ou chirurgies sont autant de procédures qui sont remboursées à divers degrés grâce à une ALD.

AMAB (Assigned Male at Birth)

Acronyme anglais signifiant assigné·e·x homme à la naissance. Cet acronyme désigne une personne trans, quelle que soit son identité de genre mais en rappelant le genre qui lui a été assigné à la naissance selon des critères biologiques. Ce terme est assez largement critiqué dans la communauté trans justement parce qu'il s'agit de ramener une personne à une identité qui lui a été imposée et qui n'est pas la sienne.

Binarité de genre

La binarité de genre est un modèle de construction des identités intégrant seulement, ou majoritairement, deux bornes de genre : homme et femme. Il s'agit du modèle ancré et intégré aux sociétés occidentales notamment. La binarité est apprise et s'est construite selon des caractéristiques perçues et supposées liées aux réalités biologiques majoritaires et sur la division pénis/vulve-vagin-utérus. Cette binarité sous-tend aussi une répartition des rôles selon ces deux genres. La binarité n'est pas une vérité humaine absolue, et de nombreuses cultures se sont construites hors de ce modèle.

Binder

Un binder est un vêtement de compression porté par certaines personnes transgenres pour aplanir l'apparence du torse. On dit qu'une personne « se binde », pratique le « binding ». Les binders peuvent ressembler à une brassière de sport, et leur couleur varie pour s'adapter à différentes carnations ou être plus fantaisistes. Il existe plusieurs méthodes de binding, et toutes comportent quelques risques et demandent des précautions.

Cisnormativité

La cisnormativité est une disposition sociale qui estime qu'être cisgenre est la norme. La cisnormativité repose sur la dynamique numérique faisant des personnes cisgenres la majorité. Cette dynamique sous-entend également que, de fait, être ou avoir l'air cisgenre est la seule chose acceptable. La cisnormativité est directement liée à la binarité puisque les sociétés occidentales reposent sur une construction binaire où un homme doit avoir un pénis et une femme une vulve-vagin-utérus. Ainsi la cisnormativité entraîne des discriminations, un mépris pour les personnes transgenres sortant de la binarité dans leur expression et/ou identité de genre.

Cispassing, ou passing

Le cispassing est la capacité, ou non, d'une personne à « avoir l'air » cisgenre. Le cispassing repose sur des critères matériels et visuels comme les vêtements, le maquillage... et sur des codes comportementaux. On dit qu'une personne « a un cispassing » ou non ; le fait d'avoir un cispassing est pour certaines personnes trans une volonté active permettant une intégration sociale ou d'alléger la dysphorie et les discriminations mais il ne s'agit pas d'un but pour tous·tes·x ; par ailleurs, on peut refuser d'avoir un cispassing par volonté politique car celui-ci repose sur une appropriation de normes prises à la majorité privilégiée et oppressive.

Conversion de thérapie

Les thérapies de conversion sont des pseudo-traitements dont l'effet supposé est d'effacer l'homosexualité et/ou la transidentité d'une personne. Ces thérapies sont souvent financées par des groupes religieux, notamment évangéliques, mais également catholiques, juifs, musulmans. Elles tendent à être interdites mais les législations et la connaissance de leur existence manquent. Elles impliquent des tortures physiques et mentales. Les thérapies de conversion sont pour l'heure encore autorisées en France.

Deadname/Morinom

Deadname est le terme utilisé pour désigner le prénom donné à une personne trans par ses parents, à sa naissance, après que celle-ci en a changé dans le cadre de sa transition. Ce prénom qui n'est pas ancré dans un genre qui est pleinement le sien peut être source de détresse et de mal-être. Il est très important de ne pas définir le deadname comme le « vrai » prénom d'une personne trans et de chercher à le connaître : cela ne sert à rien et tend à invalider l'identité d'une personne trans en ramenant sans cesse celle qui lui a été donnée à la naissance. Morinom est une traduction française ayant le même sens que deadname.

Détransition

La détransition est le processus social et/ou médical d'inversement d'une transition de genre et de « retour » dans la plupart des cas au genre assigné de la personne. La détransition est souvent la conclusion d'un regret pour une ou plusieurs étapes de transition.

Dysphorie de genre

La dysphorie de genre est généralement décrite comme l'état de décalage entre le genre assigné à la naissance et l'identité de genre dite « vécue » par une personne trans. La dysphorie se manifeste généralement soit comme un état latent, soit par pics de crise, et a de nombreuses conséquences : mal-être physique et mental, dépression, dégoût de soi, tentative de suicide, isolement social… Elle est aujourd'hui considérée comme un trouble mental en France et est centrale dans le processus de transition.

Enbyphobie

L'enbyphobie, à prononcer en anglais N-B-phobie, est la violence spécifique que subissent les personnes non binaires. Il s'agit d'une forme de violence contre l'expression d'une sortie du système non binaire, mais aussi d'une impossibilité à la conceptualiser. L'enbyphobie n'est pas universelle puisque des cultures intègrent dans leurs structures humaines plus de deux genres.

Endocrinologie

L'endocrinologie est une spécialité médicale centrée sur les hormones, leurs sécrétions ainsi que sur les maladies associées aux hormones et aux organes producteurs. Les personnes transgenres qui transitionnent médicalement et sont hormonées sont souvent en contact d'endocrinologues pour s'assurer de la stabilité du traitement et des bonnes réactions physiques à celui-ci.

Existransinter

L'Existransinter est une manifestation annuelle organisée à Paris. Elle est généralement organisée par un rassemblement d'associations, et se tient au mois d'octobre. Il s'agit à l'heure actuelle du plus gros rassemblement public concernant les personnes transgenres et leurs droits en France. L'Existrans est devenue en 2019 l'Existransinter pour rendre plus visible l'union des militantismes trans et intersexes pendant cet évènement.

Expression de genre

L'expression de genre est le fruit d'éléments visuels auxquels on associe un genre : vêtements, gestes, parole... L'expression de genre d'une personne est liée aux goûts, aux envies et aux besoins d'une personne. Majoritairement, l'expression de genre se superpose à l'identité de genre (une femme s'appropriant des codes perçus comme féminins : robe, maquillage, délicatesse, discrétion...). L'expression de genre reste un ensemble de facteurs superficiels mais conditionnants ; tout le monde n'a pas le même rapport à celle-ci.

Fétichisation

La fétichisation est une attitude subie par les personnes trans. Fétichiser, c'est attribuer des caractéristiques et qualités supposées et créant un attrait romantique et/ou sexuel spécifique pour un groupe sociologique. Ces présupposés sont souvent des préjugés réducteurs et pouvant être violents. La fétichisation détermine souvent dans la continuité de cette disposition mentale une volonté active d'expérience sexuelle avec des personnes faisant partie du groupe visé. Cette démarche réduit de fait des individus à un rôle purement physique et sexuel.

FFS (Feminization Face Surgery)

Sigle anglais utilisé pour désigner la chirurgie faciale pour les femmes trans et personnes transféminines sans en détailler les étapes précises, et pour aller plus vite.

FTM (Female to Male)

Sigle anglais signifiant Femme vers Homme. Le terme est utilisé pour désigner un homme trans. Il est important de comprendre que ce sigle ne signifie pas que la personne est une femme qui devient homme ; ici les termes « femme » et « homme » désignent seulement le genre social ; celui perçu.

FTX (Female to X)

Ce sigle fonctionne sur la même base que FTM et MTF. Le F désigne l'assignation féminine de naissance et le X désigne l'identité de genre correspondante qui n'entre pas dans le cadre binaire masculin/féminin majoritaire. Le X est inclusif : il désigne indistinctement et selon les individus des personnes de genre neutre, sans genre, de genres fluides, qui ne veulent pas préciser leur genre, en questionnement, queers...

Gender non conforming

C'est un terme anglais que l'on pourrait traduire par « de genre non conformé aux normes sociales ». Il ne s'agit pas de dire qu'une personne n'est « pas conforme » à la société mais qu'elle appartient à une minorité de genre et souligner un rapport minorité/majorité qui amène une stigmatisation des personnes concernées. Il n'existe pas exactement d'équivalent en français même si « minorités de genres » peut s'y apparenter. Gender non conforming a l'avantage d'être inclusif d'identités de genre différentes.

Genderqueer

Genderqueer est un terme anglais basé sur queer mais précisant un rapport au genre. Une personne genderqueer est une personne qui n'est pas cisgenre, mais ne précise pas un genre spécifique. Il est de fait inclusif. Et est notamment utilisé pour les personnes en questionnement.

HRT (Hormonal Replacement Therapy)

Sigle anglais utilisé pour parler de transition hormonale en allant plus vite.

Identité de genre

L'identité de genre (on peut aussi juste parler « du genre » d'une personne ») est le facteur sociologique d'appartenance à un genre ou plus, qui forme les ensembles humains composant une société. L'identité de genre est majoritairement fondée sur des données biologiques à la naissance, considérées comme inhérentes et objectives. S'ajoutent des facteurs liés à la culture et transmis par l'éducation qui font de ce genre perçu comme biologique une vérité sociale qui conditionne l'intégration d'un individu.

Intersectionnalité/convergence des luttes

On utilise le terme intersectionnalité pour désigner des personnes qui vivent plusieurs discriminations systémiques simultanément. On dit qu'une personne vit l'intersectionnalité, qu'iel a une identité à l'intersection de ces violences. Ce terme a d'abord été théorisé en sociologie pour parler des femmes noires, de la précarité économique que le racisme entraîne ; aujourd'hui le terme est utilisé hors de ce premier contexte, ce qui est largement discuté. On parle notamment de « féminisme intersectionnel » pour désigner un féminisme qui intègre les identités féminines variées et leurs spécificités.

MTF (Male to Female)

Sigle anglais signifiant Homme vers Femme. Le terme est utilisé pour désigner une femme trans. Il est important de comprendre que ce sigle ne signifie pas que la personne est un homme qui devient femme ; ici les termes « femme » et « homme » désignent seulement le genre social ; celui perçu.

MTX (Male to X)

Sigle anglais fonctionnant sur la même base que FTM et MTF. Le F désigne l'assignation masculine de naissance et le X désigne l'identité de genre correspondante qui n'entre pas dans le cadre binaire masculin/féminin majoritaire. Le X est inclusif : il désigne indistinctement et selon les individus des personnes de genre neutre, sans genre, de genres fluides, qui ne veulent pas préciser leur genre, en questionnement, queers...

Non-binarité

La non-binarité, stricto sensu, c'est ne pas être d'un genre qui s'intègre au schéma socioculturel à deux entrées : homme et femme. Le terme désigne une identité de genre en soi, mais est aussi utilisé comme un terme parapluie rassemblant plusieurs identités qui ne sont pas binaires : ne pas avoir de genre, en avoir plusieurs...

Packing

Le packing est une pratique consistant à porter dans un sous-vêtement une prothèse émulant l'aspect de la proéminence pénienne. Le packing est pratiqué par des personnes trans nées sans pénis, notamment des hommes trans. Contrairement au tucking ou au binding, le packing n'a pas de conséquences physiques potentiellement dangereuses. Des sous-vêtements contenant une poche spécifiquement destinée à maintenir la prothèse sont vendus par des marques spécialisées.

Panique Trans

La « panique » trans est un concept sociologique d'abord américain ; on parle de « trans panic attacks ». Le terme a été utilisé pour la première fois lors du procès des assassins de Gwen Araujo, femme trans américaine tuée en raison de son identité de genre en 2002. Les assassins ont en effet plaidé avoir paniqué car effrayés, confus par la transidentité et comme dans un état second de conscience qui aurait fait de leur violence une réaction impulsive, incontrôlée et justifiée par un système moral individuel. Il s'agit aujourd'hui d'un argument régulièrement utilisé et qui a donné lieu a des acquittements ou des allègements de peine ; il ne s'agit que d'une excuse pour se dédouaner d'actes transphobes. Il existe également une « panique gay » devant justifier d'attaques homophobes.

Perception de genre

La perception de genre est la lecture de l'expression de genre d'une personne par des tiers extérieurs pour l'assimiler à un genre et, de fait, à une sociabilisation particulière. La perception de genre est faite sur le modèle des personnes cisgenres et entraîne parfois des erreurs et des pressions chez les personnes queers ou gender non conforming.

Personne cisgenre

Une personne est cisgenre quand le genre qui lui a été attribué à la naissance d'après ses organes génitaux est celui qui est pleinement le sien. On parle de cisidentité. La cisidentité est simplement une façon de vivre son genre ; elle est très largement majoritaire dans notre société et, du fait de cette domination numérique, notre société est faite pour des personnes cisgenres. Les personnes cisgenres ont des privilèges et ne subissent pas de discrimination à cause de leur identité de genre.

Personne dyadique

Une personne dyadique est une personne dont l'alignement chromosomes/taux hormonaux/organes génitaux/autres facteurs sexuels secondaires est considéré comme « adéquate » ou « normale » dans une perspective qui fait du genre une donnée appuyée, confirmée par une biologie d'un type précis. Une personne dyadique est l'« opposé » d'une personne intersexe.

Personne intersexe

Une personne intersexe est une personne qui naît avec des caractéristiques biologiques perçues comme contradictoires avec son genre assigné et son sexe. Le terme désigne un ensemble de caractéristiques très différentes : des informations génitales, chromosomiques, hormonales...

Personne transgenre

Une personne est transgenre quand le genre qui lui a été attribué à la naissance d'après ses organes génitaux n'est pas celui qui est pleinement le sien et dont elle prend conscience a un moment donné et variable selon les individus. On parle de transidentité ; il s'agit simplement d'une façon de vivre un rapport à son genre. Le terme transgenre regroupe des identités de genre différentes. Les personnes transgenres vivent en commun des moments de vie : prise de conscience, coming out, transitions, et des discriminations du fait de leur identité de genre.

Queer

L'usage du terme queer est attesté en anglais dès le XVIe siècle, le mot veut dire « étrange ». À la fin du XIXe siècle, on le retrouve notamment dans les lettres du marquis de Queensberry pour moquer et exprimer un mépris, d'abord pour des homosexuels. Rapidement, le terme est employé pour désigner, indistinctement et avec ce sens péjoratif, des personnes qui ne sont pas hétérosexuelles, qui se travestissent, qui ne sont pas cisgenres. Il garde son sens péjoratif pendant la première moitié du xxe siècle avant d'être repris par les mouvements pour la visibilité et les droits LGBTQIA+ des années 1970-1980 ; son sens est aujourd'hui principalement utilisé avec fierté et s'est libéré de son sens premier. Le terme queer est inclusif ; il intègre toutes les minorités romantiques, sexuelles, de genre.

SoFect (Société française d'étude et de prise en charge de la transidentité)

Il s'agit d'une association créée en 2010. Elle assure la composition d'équipes de spécialistes de santé de spécialités diverses, intégrées aux hôpitaux publics et décidant de la possibilité et de la temporalité des transitions médicales (hormones et chirurgies) en France. La SoFect est critiquée à juste titre et souvent évitée par les personnes trans en raison d'abus et de mauvais traitement des personnes trans.

TERF/FART (Trans Exclusionary Radical Feminists/ Feminists Appropriating Rhétoric Transphobes)

Le terme TERF est un acronyme anglais pour désigner les féministes radicales excluant les personnes trans ; FART quant à lui signifie les transphobes s'appropriant la rhétorique féministe. Les deux acronymes désignent des personnes, généralement des femmes cisgenres, se revendiquant comme féministes et militantes mais défendant un féminisme qui exclut de ses discours et de ses espaces les personnes trans. Derrière cette idéologie, il y a une thèse de Janice Raymond publiée en 1979, *The Transsexual Empire*, dans laquelle est développée l'idée que les personnes trans n'existent pas et que les femmes trans sont des hommes qui décident d'envahir le féminisme pour le détruire. Ces idées existent encore et tendent à devenir de plus en plus verbalisées et diffusées notamment par des personnalités influentes des réseaux sociaux.

Trans Chaser/chaseuse

On utilise le terme chaser pour décrire une personne cherchant des partenaires, sexuel·les·x la plupart du temps, spécifiquement trans. Ce terme pris de l'anglais désigne la mentalité de chasse qui nourrit la fétichisation et la curiosité sexuelle très mal placée pour les personnes trans ; une dynamique qui amène une vraie déshumanisation et des stéréotypes fondamentalement faux et mauvais sur la transidentité.

Transféminin/e

Une personne transféminine est une personne transgenre dont l'identité et/ou l'expression de genre est plus en adéquation avec le genre et des éléments associés au féminin sans pour autant être toujours une femme.

Transition de genre

La transition de genre est le long processus qui permet un changement physique et social pour les personnes trans. On distingue généralement deux transitions. La transition sociale est celle qui permet d'amener de nouveaux codes dans la perception et la sociabilisation genrée d'un individu ; changer de pronom et accords grammaticaux, de prénom en fait partie. La transition médicale est un ensemble qui amène des changements corporels ; traitements hormonaux, chirurgies faciale, mammaire, génitale, ou épilations laser... en font partie. Notons que les changements induits par la transition médicale facilitent la transition sociale du fait de la perception genrée du corps selon des normes culturelles majoritaires.

Transmasculin/e

Une personne transmasculine est une personne transgenre dont l'identité et/ou l'expression de genre est plus en adéquation avec le genre et des éléments associés au masculin sans pour autant être toujours un homme.

Transphobie

La transphobie est un ensemble de gestes, d'attitudes, de mots qui participent à une violence socioculturelle contre les personnes trans. La transphobie est une position de désapprobation, de jugement non objectif, de haine ou encore de peur des personnes trans spécifiquement du fait de leur transidentité. Aujourd'hui la transphobie, ou plutôt la discrimination basée sur l'identité de genre vraie ou supposée, est punissable par la loi et peut entraîner des travaux d'intérêt général, des amendes, des peines d'emprisonnement, une interdiction de port d'arme...

Tucking

Le tucking est une pratique consistant à masquer la proéminence pénienne. Le tucking est pratiqué par certaines personnes trans ayant un pénis, notamment des femmes trans ; certaines personnes cisgenres le font aussi (c'est le cas des drag queens, par exemple). On dit d'une personne qu'elle « tuck », du terme anglais signifiant replier, cacher, ranger. Comme pour le binding, il existe plusieurs techniques de tucking et des précautions doivent être prises.

Références

CHAPITRE I

- Timothy Murphy, *Reader's guide to Lesbian and Gay Studies, Fitzroy Dearborn Publishers*, Chicago, 2000.
- *Trans People in the UK, rapport gouvernemental du Government Equality Office*, 2018.
- Bill Chappell, *1.4 million adult identify as transgender in America, Study Says, National Public Radio*, 2016.
- Erik Schneider, *Les droits des enfants intersexes et trans sont-il respectés en Europe ? Une perspective, rapport présenté au Conseil de l'Europe*, 2013.
- Martin Winckler, *Tous égaux devant la médecine, surtout les hommes, Libération*, 2017.
- Andrew Flores, Jody Herman, Gary Gates, Taylor Brown, *How many adults identify as transgender in the United States ?, Williams Institute*, 2016.
- Rick Harrisson, *A drug for women tested on men, Yale schoolf of medicine*, 2016.
- Amy Westervelt, *The medical gender gap : how excluding women from clinical trials is hurting our health, The Guardian*, 2015.
- George R. Brown, article « dysphorie de genre », manuel MSD, *East Tennessee State University*, Dernière révision totale juil. 2019.
- Louis Bailey, Sonja Ellis, Jay McNeil, *Suicide Risk in the UK trans population and the role of gender transition in decreasing suicidal ideation and suicidal attempt, Mental Health Review Journal*, 2014.

CHAPITRE II

- Collectif, *Le Langage dans la communauté non binaire*, rapport publié le 14 janvier 2017 sur des données de août-septembre 2016, collectif Unique en son Genre.
- *Les Personnes transgenres et le suicide*, rapport gouvernemental de la Commission pour la santé mentale du Canada, 2019.

- Greta Bauer, Ayden Scheim, Jake Pyne, Rob Travers, Rebecca Hammond, *Intervenable factors associated with suicide risk intransgender persons: a respondent drivensampling study in Ontario*, Canada, *BMC Public Health*, 2015.
- Jody Herman, Taylor Brown, Ann Haas, *Suicide Thoughts and Attempts Among Transgender Adults, Williams Institute*, 2019.

CHAPITRE III

- Mené par Sumant Ugalmugale et Rupali Swain, *Sex Reassignment Surgery Market Size By Gender Transition, Industry Insight*, 2018.
- Amelia Abraham, *Coming out as gay in your 20s, 30s and 40s, Refinery 29*, 2019.
- Ed Yong, *Young trans children know who they are, The Atlantic*, 2019.
- Émilie Brouze, *Comment ce médecin a fait de Lyon la capitale française du changement de sexe, L'Obs*, 2018.
- Collectif, *Hormones et parcours trans*, brochure de l'association Outrans, 2017.
- Hida, *How common is intersex ?, Intersex Campaign for Equality*, 2015.

CHAPITRE IV

- Arnaud Alessandrin, Karine Espineira, *La Transphobie*, Comité Idaho, 2014.

CHAPITRE V

- Fiche sur la culture Ho-Chunk, site du Milwaukee Public Museum.
- Beatrice Medicine, *Directions in Gender Research in Americain Indian Societies : Two Spirits and Other Categories, in Online Readings in Psychology and Culture*, 2002, *Center for Cross-Cultural Research*, Washington
- Two Spirit 101, fiche explicative sur le site NativeOut, 2015.
- Two Spirit Terms in Tribal Languages, fiche explicative sur le site NativeOut, 2015.
- Sue-Ellen Jacobs, Wesley Thomas, Sabine Lang, *Two-Spirit People : Native American Gender Identity, Sexuality and Spirituality, University of Illinois Press*, Chicago, 1997.
- John Middelton, *Lugbara religion : ritual and authority among an East*

African people, Oxford University Press for the International African Institute, Londres, 1960.

- Shanna Collins, *The Splendor of Gender Non-Conformity in Africa, Medium Magazine*, 2017.
- Leslie Feinberg, *Transgender Warrior : Making History from Joan of Arc to Dennis Rodman, Beacon Press*, 1996.
- Gregory Bolich, *Transgender History and Geography, volume III, Psyche's Press*, Raleigh, 2007.
- Albert Titus Dalfovo, *Religion among the Lugbara : the Triadic Source of its Meaning*, journal *Anthropos*, 2001.
- Sara Danker, Sasha Narayan, Jens Berli, *A Survey Study of Surgeons' Experience with Regret and/or Reversal of Gender-Confirmation Surgeries, Oregon Health and Science University*, Portland, 2018.
- Jade Snow, *What Native hawaiian Culture can teach us about Gender Identity, Yes magazine*, 2015.
- Philippe Lacombe, *Mahu et rae rae de Tahiti : de la singularité des contextes locaux à l'universalité des questions que le genre*, revue *Hermès*.
- Philippe Lacombe, *Les Identités sexuées et le troisième sexe à Tahiti*, 2008, *Les Cahiers du Genre*, 2013.
- Eleanor Kleiber, Keali'i MacKenzie, *Gender Identity and Sexual Identity in the Pacific and Hawai'i : Introduction*, 2012.
- Joann Kealiinohomoku, *Hopi and Hawaiian music and dance: responses to cultural contact, Smithsonian Institution Press*, Washington, 1992.
- Joann Kealiinohomoku, *Theory and methods for an anthropological study of dance, Cross-Cultural Dance Resources, Flagstaff*, 2008.
- Karine Espineira, *Lili Elbe : le mythe et la légende vont-ils percer à Hollywood ? Observatoire des Transidentités*, 2016.
- Karine Espineira, *Les Constructions médiatiques des personnes trans, in Les Enjeux de l'information et la communication*, 2014.
- Kevin Halim, *The Vicious Cycle We Have Created for Transgender Women in Indonesia, Magdalene Magazine*, 2019.
- David Rose, *How Islamists stigmatise Indonesia's transgender waria, This week in Asia*, 2018.
- Tanti Noor Said, *Gender Politics and Sexuality : Indonesian transgender in the context of Indonesia and Western Europe, Journal Perempuan*, 2015.

- Evelyn Blackwood, *Gender Transgression in Colonial and Postcolonial Indonesia.*
- Kanupryia Kapoor, *In Indonesia, transgender women find haven in Islamic boarding school, Reuters*, 2018.
- Ronna Nirmala, *Rights Groups demand justice after transgender woman fatally set on fire in Jakarta, Benarnews*, 2020.
- Irwan Martua Hidayana, *On gender diversity in Indonesia, The Conversation*, 2018.
- Katherine Wilson, *Femminielli Napoletani*, entretien avec CiroCiretta, *Medium Magazine*, 2017.
- Paolo Valerio, Eugenio Zito, *Les « femminielli » archaïques et queers, Le Courrier*, 2017.
- Catherine Buck, *Traditional italian Madonna devotion attracts third gender « femminielli », newwaysministry*, 2018.
- Augusto Ferraiuolo, *The tammorra displaced : music and body politics from churchyard to glocal arenas in the Neapolitan area, Cultural Analysis* volume XIV, Berkeley University, 2015.

CHAPITRE VI

- Kimberlé Crenshaw, *Demarginalizing the Intersection of Race and Sex: A Black Feminist Critique of Antidiscrimination Doctrine, Feminist Theory and Antiracist Politics, University of Chicago Legal Forum*, 1989.

CHAPITRE VII

- Nonbinarygrownupkid, Quelques statistiques sur les représentations d'hommes trans au cinéma, post Instagram, 2020.
- Nonbinarygrownupkid, Quelques statistiques sur les représentations de femmes trans au cinéma, post Instagram, 2020.
- Karine Espineira, *Les Trans comme parias, traitement médiatique de la sexualité des personnes trans en France*, Thèse de doctorat de l'information et de la communication, 2012.

Achevé d'imprimer en Espagne par Rotativas
pour le compte des Éditions Marabout (Hachette Livre)
58, rue Jean-Bleuzen, 92178 Vanves Cedex

Dépôt légal : février 2021
ISBN : 978-2-501-14967-9
4653051 – Ed. 01